KB070729

타인보다 더
민감한 사람

THE HIGHLY SENSITIVE PERSON

Copyright © 1997 by Elaine N. Aron

All rights reserved.

Korean Translation Copyright © 2017 by Woongjin Think Big Co., Ltd.

Korean edition is published by arrangement
with KENSINGTON BOOKS through Imprima Korea Agency

내 안의 잠재력을 깨우는
자기 발견의 심리학

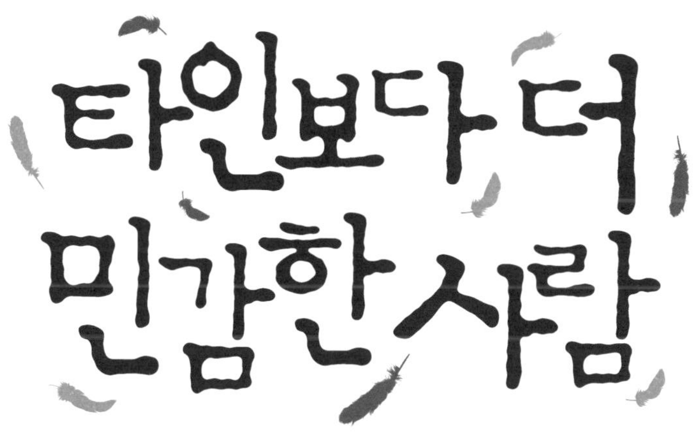

타인보다 더 민감한 사람

일레인 N. 아론 지음 | 노혜숙 옮김

웅진 지식하우스

한국의 독자들에게

◇ 스스로 민감한 사람이라고 생각합니까

당신이 이 책을 읽는 이유는 '민감함'이라는 표현이 뭔가 가슴에 와 닿는 것이 있기 때문일 것이다. 나는 유난히 민감한 특성을 가진 사람들이 분명히 존재하며 당신 혼자만 그런 것이 아니라는 사실을 그 어느 때보다 확신을 갖고 말할 수 있다. 실제로 숫자가 증명해준다. 이 책은 15년 전 어느 이름 없는 출판사에서 초판 6000부를 출간했는데, 5주 만에 모두 팔렸고, 샌프란시스코 베이 지역에서는 베스트셀러가 되었다. 나중에 좀 더 큰 출판사에서 보급판을 출간한 후 프랑스어, 스페인어, 그리스어, 포르투갈어, 덴마크어, 네덜란드어, 독일어, 일본어, 중국의 베이징어와 광둥어, 헝가리어, 히브리어, 그리고 한국어 등 17개국에서 번역되었다. 네덜란드와 이스라엘에서도 많은 독자들이 이 책을 읽었으며 전 세계에서 100만 부 이상 팔렸다.

이 책을 읽은 독자들은 자신의 성향을 알고 크게 안심했다는 이야기를 했다. 그들은 서점에 선 채로 혹은 앉아서 눈물을 흘리며 이 책을 읽었다. 또 어떤 사람은 한 달에 두세 번이나 읽었다고 말했다.

민감한 사람들이 "나 자신을 찾았다"라고 하는 말은 무슨 의미일까? 그들의 말에 따르면, 그리고 내가 직접 경험한 바에 의하면, '나에게 무슨 문제가 있는 걸까?'라고 속으로만 고민하던 문제를 이해 가능한 방식으로 설명할 수 있게 되었고, 더 이상 상처받지 않게 되었다는 의미이다. 우리는 단지 아주 민감할 뿐이다. 우리가 결함이라고 생각해온 성향은 이제 더 이상 결함이 아니다. 무엇보다 가장 중요한 것은, 이 책이 사람들에게 주는 영향이다. 독자들은 자신의 삶이 분명히 달라졌다거나 민감한, 또는 민감하지 않은 파트너와의 관계가 실망감에서 존경심으로 바뀌었다고 말했다. 부모들은 '유별난' 아이를 이해하게 되었다고 말했다.

"우리 아이는 단지 민감한 겁니다!" 심리 치료사들은 이제 내담자들과 민감성에 대해 이야기하고 있으며 내담자들의 치유 작업이 크게 향상되었다고 했다.

◇ 민감성에 대한 학문적 연구

심리학계에서도 '민감함'에 대해 주목하기 시작했다. 우리 분야에서 가장 권위 있는 학술지에 민감성이 내향성(일부 매우 민감한 사람들에게 해당되지만 전부는 아닌), 두려움, 억압(주로 고통스러운 어린 시절을 보낸 사람들에게 나타나는 문제), 또는 숫기 없음(역시 일부 매우 민감한 사람에게 해당되지만 전부는 아닌)과 구분되어야 하는 기본적인 특성이라고 설명한 내 논문(〈감각 처리 민감성〉, 1997년 8월)이 실렸다. 내가 말하고자 하는 메시지는 '매우 민감한 사람들에게 마치 무슨 문제가 있는 것처럼, 태생이 내성적, 신경과민, 숫기 없는 사람들인 것처럼 취급하지 말라'는 것이다. 논문은 분명한 효과가 있었다. 나는 논문이 발표된 후 미국 심리학 협회의 '숫기 없음'에 대한 토론회에 참석했다. 내 친구와 동료 연구자들은 민감성을 뚜렷한 성향으로 인정했으며, 숫기 없음이 더 이상 문제가 되지 않는 '안정된 사람'들에 대해 토의했다. 나는 질의응답 시간을 통해 청중석에 앉은 많은 심리학자들과 심리 치료사들이 나의 책과 연구를 자신들의 작업에 이용하고 있다는 것을 분명히 알 수 있었다.

이 책과 연구가 가능했던 것은 거의 기적에 가깝다. 그 성향이 실재한다면 심리학 분야에서 어떻게 그렇게 오랫동안 도외시되었을 수 있겠느냐고 회의론자들이 의심하면, 나는 다음과 같이 분명한 근거를 제시했다. 그 성향은 매우 민감한 사람들만이 내면적으로 알 수 있는 것이다. 하지만 매우 민감한 사람들은 자기 생각을 다른 사람들에게 적극적으로 주장하지 않는다. 매우 민감한 사람이 아닌 심리학자들이 겉으로 드러나는 우리의 모습을 보면 당연히 내향성, 숫기 없음, 심함, 신경증 등으로 잘못 묘사할 수 있다. 매우 민감한 사람 중에는 그런 특성들을 함께 갖고 있는 사람들도 있지만 모두가 그렇지는 않다. 또한 매우 민감한 사람이 아닌 사람들 중에서도 많은 사람들이 그런 특성들을 갖고 있다. 따라서 그런 특성들을 민감성과 동일시하면 안 된다.

프롤로그에 나오는 자가 진단 테스트를 포함해서 대부분의 내용은 연구 조사를 바탕으로 했다. 우리는 민감한 사람들과 면담을 하면서 그들 중에는 특별히 행복하고 건강하고 창의적인 사람들로부터 불안하고 수줍고 불행한 사람들에 이르기까지 매우 다양한 유형의 사람들이 있다는 것을 알았다. 심리 치료사이자 학자인 나는 민감한 사람들의 불행이 특히 어린 시절에 경험한 스트레스에 기인한다는 것을 누구보다 잘 알고 있다. 종종 훌륭한 가정에서 자랐다고 해도 그들의 부모는 아마 '남들과 다른' 아이를 어떻게 키워야 하는지 몰랐을 것이다. 게다가 불우한 환경에서 자랐다면 민감한 특성 때문에 어린 시절을 더욱 힘들게 보냈을 것이다.

우리가 연구한 결과에 의하면, 짐작했던 것처럼, 불우한 어린 시절을 보냈다고 말하는 민감한 사람들은 비슷한 환경에서 자란 민감하지 않은 사람들보다 더 우울하고 불안하고 수줍었다. 하지만 안정적인 환경에서 자란 경우 민감한 사람들은 민감하지 않은 사람들과 마찬가지로 긍정적이고 활달했을 뿐 아니라 어떤 면에서는 더 행복하고 건강했다. 다른 연구 조사에서도 같은 결과를 얻었다.

민감한 특성을 갖고 있는 사람들은 불우한 환경에 좀 더 취약하지만, 안정적인 환경에서는 다른 사람들보다 더 많은 장점을 누릴 수 있다.

민감한 사람들은 감정이 풍부하다. 좋은 일이 있으면 더 행복해하고 나쁜 일이 있으면 더 좌절한다. 이 점에 대해서는 내가 이 책에서 충분히 강조하지 않았는데 그 이유는 감정적인 것을 비이성적인 것과 동일시하는 통념 때문이다. 하지만 생각해보면, 어떤 일이 일어났을 때 우리는 가장 먼저 감정으로 반응한다. 그 감정이 우리로 하여금 어떤 일이 있었는지에 대해 곰곰 생각해보게 만들고, 같은 상황이 다시 생기면 그 지식을 사용할 수 있다. 게다가 우리는 뭔가를 배울 때 감정적으로 관여하면 더 효과적으로 배운다. 이처럼, 정보를 보다 세심하게 처리하는 사람일수록 감정이 풍부하다.

물론 민감한 사람들은 대부분 자신의 감정을 다스리는 법을 알고 있다. 많은 사람들이 '민감한 사람'이라고 하면 불안하고 우울하고 쉽게 화를 내는, 지나치게 감정적인 사람을 떠올린다. 이런 사람들은 보통 힘든 어린 시절을 보낸 경우가 많다. 하지만 일반적으로 다른 사람들보다 강한 감정을 느끼기는 하지만(툭하면 울음을 터뜨리는 것처럼), 대부분은 상황에 적절하게 감정 표현을 조절할 수 있다. 그럴 수 없으면 울거나 웃거나 화를 내거나 겁을 먹는다.

◇ 민감성을 띤 소수 집단이 있다

이 책이 처음 출간된 후에 밝혀진 새로운 사실은, 대부분은 아니지만 많은 동물들 중에 항상 민감한 특성을 갖고 있는 소수집단이 있다는 것이다. 민감한 특성이 자손 대대로 이어져 왔다면 환경적으로 매우 유리한 면이 있음에 틀림없다.

그렇다면 왜 모두가 민감하지 않은 것일까? 민감한 특성은 알다시피 단점이 있다. 우선, 무슨 일을 하건 시간이 오래 걸린다. 예를 들어, 다른 사람들보다 결정이 느리고 서두르는 것을 좋아하지 않는다. 민감하다는 것은 또한 우리 몸이 더 많은 것을 지각한다는 의미로, 따라서 쉽게 지쳐버린다.

만일 모두가 민감하다면 민감한 특성으로 이익을 볼 수 없을 것이다. 교통 체증으로 길이 막힐 때, 민감한 사람은 다른 길로 돌아서 같은 목적지로 갈 수 있다는 것을 알아차린다. 하지만 그 우회로마저 막히지 않으려면 다른 사람들은 그런 길이 있다는 것을 눈치채지 못해야 한다. 이를테면 민감한 동물은 다른 동물들이 찾지 못하는 피신처나 사냥 방법을 발견한다. 따라서 민감한 특성은 어떤 인구에서나 항상 소수에게만 주어져야 한다는 결론에 이른다. 안 그러면 그 특성으로 특별한 혜택을 볼 수 없기 때문이다.

◇ 우리의 뇌는 다르게 움직인다

과학자들은 자기공명 영상법을 사용해서 우리가 특정 정신 활동을 하는 동안 뇌의 어느 부분이 활성화되는지를 관찰한다. 지금까지 연구자들은 민감한 사람들과 민감하지 않은 사람들을 비교할 때마다 뇌가 움직이는 방식에서 두 그룹이 서로 다르다는 것을 발견했다. 예를 들어, 한국처럼 보다 공동사회적인 문화의 국민들은 부분이 아닌 전체를 보아야 하는 과제를 수행하는 능력이 더 우수한 것으로 잘 알려져 있다. 하지만 미국과 같은 개인주의적 문화의 국민들은 그와 반대로 나타난다. 전체가 아닌 부분을 보아야 하는 일들은 북미인들에게는 쉽지만 아시아인들에게는 어렵다. 하지만 매우 민감한 사람들은 이러한 문화적 영향을 받지 않는다. 그들의 뇌는 어떤 과제를 수행하더라도 똑같이 움직인다. 즉, 매우 민감한 사람들은 문화에 관계없이 사물을 있는 그대로 본다.(이런 말을 들으면 왠지 기분이 좋다.)

또 다른 연구에서는 고도의 지각 능력을 요구하는 과제를 해결할 때 민감한 사람들의 뇌가 민감하지 않은 사람들의 뇌보다 더 활발하게 움직이는 것을 볼 수 있었는데, 짐작할 수 있는 것처럼, 주로 집중력과 지각 처리 과정과 관련된 부분이었다.

◇ 자신을 잘 돌보는 법

이 책은 당신 자신을 돌보는 방법에 대해 제안하고 있다. 내가 바라는 것은 민감한 사람들이 자신이 다른 민감하지 않은 사람들과 다르다는 사실을 분명히 이해하고 내가 제안한 방법으로 자신을 더욱 잘 돌볼 수 있게 되는 것이다.

최근에 나는 우리 자신을 보다 잘 보살필 수 있는 또 다른 방법을 발견했다. 그것은 가능하면 다른 민감한 사람들과 함께 어울려 시간을 보내는 것이다. 민감한 사람들끼리 만나면 모두들 조용하고 친절하고 서로를 배려하기 때문에 마치 예배에 참석한 것 같다고 한다. 그들은 서로를 격려하면서 다른 사람들과 다른 점을 인정해주고 각자 자신을 주의해서 보살펴야 한다고 상기시킨다. 한국에도 민감한 사람들이 만날 수 있는 웹사이트나 모임이 생기기를 바란다.

여기에서 짚고 넘어갈 점은 민감한 사람들이 특히 힘들어하는 근무 환경이 있다는 것이다. 예를 들어, 일을 하면서 칭찬은 듣지 못하고 종종 비판을 받거나 단조롭고 고된 일에 시달리는 것은 민감한 사람들이 감당하기 어렵다. 실제로 나는 종종 민감한 사람들이 자신의 민감성을 낭비하는 일을 하면서 보낸 세월을 후회하는 이야기를 듣곤 한다. 만일 당신이 그러한 곤경에 빠져 있다면 다른 직업이나 경력을 생각해봐야 할 것이다. 당신의 특성을 활용하는 일을 찾아보도록 하자. 이것은 인생의 성공이 걸려 있는 문제이다.

◇ 당신은 이제 혼자가 아니다

나의 또 다른 저서인 《사랑받을 권리The Undervalued Self》에 많은 한국 독자들이 보여준 관심은 깜짝 선물과도 같았다. 나에게는 매우 소중한 한국인 친척들이 있기 때문에 여러분들이 특히나 가깝게 느껴졌다. 나는 심리 치료사로서 알고 있는 모든 것을 그 책에 쏟아부었다. 일반인들 중에 전문적인 상담을 받는 사람들은 많지 않고, 상담을 받는다고 해도 어디에 초점을 맞추어야 하는지 모를 수 있기 때문이다.

《사랑받을 권리》는 일반 독자를 대상으로 쓴 책이지만, 특히 민감한 사람들은 자신을 과소평가하는 경향이 있다. 우리는 소수에 속하고 종종 무시를 당하거나 오해를 받는다. 게다가 원래 비판을 진지하게 받아들여서 곱씹어 보고 심각하게 반응하는 경향이 있다. 부정적인 피드백은 보통 민감하지 않은 사람들을 환기시킬 수 있을 정도로 강한 충격을 주기 때문에, 민감한 사람들은 마치 두들겨 맞는 것처럼 느껴질 수 있다. 자신이 한 일에 대한 평가를 스스로에 대한 가치 평가처럼 느끼는 것이다. 열등감은 보통 어린 시절에 생기는 것이고, 민감한 사람들에게는 더 많은 영향을 준다.

《사랑받을 권리》를 통해 한국의 독자들을 만날 수 있었던 행운에 더해서, 이 책을 나처럼 민감한 사람들이 읽을 것이라고 생각하면 무척이나 행복하다. 당신은 이제 혼자가 아니다. 더 이상 자신이 매우 민감하다는 사실 때문에 고민할 필요가 없음을 알게 될 것이다. 그리고 민감함을 장점으로 살릴 수 있는 길이 수없이 많음을 이 책을 통해 느낄 수 있을 것이다.

차례

프롤로그

◇ 우리는 남들과 다르다

"울보!" "겁쟁이!" "분위기 망치지 마!"

이런 말들이 귀에 쟁쟁한가? "너무 민감하게 반응하면 너 자신만 손해야"라는 선의의 훈계를 들어본 적이 있는가?

만일 당신이 나와 같은 사람이라면 이런 말들을 종종 들으면서 자신에게는 분명 유별난 구석이 있다고 느꼈을 것이다. 나는 남들에게 감춰야 할, 열등한 인간이 될 수밖에 없는 치명적인 결함이 나 자신에게 있다고 믿었다. 내가 뭔가 잘못된 거라고 생각했다.

사실 당신과 나, 즉 우리는 분명 뭔가 다른 점이 있다. 만일 32쪽의 '자가 진단 테스트'에서 12개 이상 ○표가 나오거나, 아니면 1장의 자세한 설명이 자신에게 해당되는 것 같다면 당신은 아주 특별한 사람이다. 즉 당신은 '매우 민감한 사람'이다. 그리고 이 책은 당신을 위한 것이다.

신경계가 민감하다는 것은 정상이며 그 자체만으로는 아무런 문제가 되지 않는다. 전체 인구의 15~20퍼센트 정도가 그런 특징을 갖고 태어나며 당신도 거기에 속하는 것일 뿐이다. 당신은 주변의 미세한 부분까지 감지하므로 여러 면에서 유리하다. 반면 자극적인 환경에 오래 있거나 신경계가 소모될 때까지 시각과 청각이 공격을 당하면 다른 사람들보다 쉽게 피곤해진다. 따라서 매우 민감한 사람들은 장단점을 동시에 갖고 있는 셈이다.

그러나 이러한 특성을 바람직하게 생각하지 않는 문화에서 당신은 부당한 취급을 받았을지도 모른다. 부모나 교사들은 당신에게 커다란 결함이라도 있는 것처럼 대하며, 그 특성을 '극복'할 수 있도록 도와주려고 했을 것이다. 다른 아이들에게 따돌림을 당했을지도 모른다. 어른이 된 후에는 직장 생활이나 인간관계에 어려움을 느끼고 자신감과 자존심에 상처를 입었을 것이다.

이 책은 5년에 걸친 연구와 심층 상담, 임상 경험, 수백 명의 매우 민감한 사람들을 대상으로 한 개인 상담과 수업, 그리고 심리학에서 다루어져 왔지만 확실하게 짚어내지 못한 사실들을 토대로, 민감한 특성과 관련된 상세한 정보를 제공할 것이다.

1장에서 3장까지는 민감한 사람들의 특성에 대한 기본적인 사실들과 우리의 신경계를 지나치게 자극하고 긴장시키는 상황에 어떻게 대처해야 하는지를 배울 것이다. 그리고 민감한 특성이 개인의 과거사와 경력, 인간관계와 내면세계에 미치는 영향, 스스로 생각해보지 못했던 장점을 알아볼 것이다. 그리고 유난히 숫기가 없거나 적절한 직업을 찾지 못하는 등 일부 매우 민감한 사람들이 현실에서 직면하게 되는 문제들에 대해 조언을 할 것이다.

이제 멋진 여행을 하게 될 것이다. 내가 도움을 주었던 사람들 대부분이 이 책에 나오는 내용으로 자신들의 삶이 확실하게 달라졌다는 사실을 전해달라고 했다.

◇ 적당히 민감한 사람들에게

첫째, 만일 매우 민감한 사람인 부모나 배우자나 친구가 있어서 이 책을 읽게 되었다면 대환영이다. 그들과의 관계가 훨씬 좋아질 것이다.

둘째, 무작위로 남녀노소 300명에게 전화 설문 조사를 해본 결과, 20퍼센트 정도는 심각할 정도로 민감했고, 22퍼센트는 적당히 민감했다. 이 책은 적당히 민감한 범주에 드는 사람들에게도 역시 도움이 될 것이다. 그런데 42퍼센트의 사람들은 전혀 민감하지 않다고 말했다. 그들은 라디오 볼륨을 올리거나 자동차 경적을 울려대는 사람들이다. 그러니 절반에 가까운 민감한 사람들이 세상에서 소외감을 느끼는 것은 당연하다고 할 수 있다.

사람들은 누구나 매우 민감해질 수 있다. 예를 들어 산속 오두

막에서 혼자 한 달 동안 지내다가 세상에 돌아오면 민감해질 수밖에 없다. 그리고 나이가 들면서 점점 더 민감해진다. 사람은 누구나, 알게 모르게 경우에 따라 매우 민감하게 반응한다.

◇ 터무니없는 편견은 잊어라

민감하지 않은 사람들은 우리가 그들과 다르다는 말을 하면 소원함을 느끼고 상처를 받거나 어떤 면에서는 우리가 더 우월하다는 의미로 받아들일지도 모른다. 그들은 말한다. "그러면 내가 둔감하다는 거예요?" 문제는 '민감하다'는 말이 이해가 빠르고 의식적이라는 의미도 된다는 점이다. 그러나 민감하지 않은 사람이라도 기분이 좋고 방심하지 않을 때는 이해가 빠르고 의식적이 된다. 그들은 또한 혼란스러운 상황에서 타인을 잘 배려하기도 한다. 반면 매우 민감한 사람들은 아주 평온한 상황에서는 섬세한 차이점들을 더 잘 느낀다. 그러나 지나치게 긴장을 하면 이해심이나 의식과는 거리가 멀어져, 당황하고 기진맥진하며 혼자 있고 싶어 한다.

나는 이러한 특성을 어떻게 불러야 할지 몰라서 오랫동안 고심했다. 내성적이다, 심하다, 억압적이다 등등 심리학자들이 우리에게 잘못 갖다 붙이는 말들을 반복하고 싶지는 않았다. 아무도 우리의 특성을 공평하게, 더구나 긍정적인 방향으로는 생각하지 않는다. 그래서 단지 자극에 대해 예민한 반응을 보인다는 중립적인 의미의 '민감하다sensitive'라는 용어를 사용해서 매우 민감한 사람들에 대한 지금까지의 편견을 뒤집어보기로 했다.

한편 어떤 사람들은 민감한 특성을 결코 긍정적으로 생각하지 않는다. 민감성에 대한 터무니없는 잘못된 인식이 만연하고 있다. 특히 성별에 관련해서 혼동을 한다.(여자아이들과 마찬가지로 남자아이들도 민감하게 태어난다. 하지만 남자에게는 민감한 특성이 없고 여자에게만 있는 것으로 생각한다. 그러한 혼동으로 인해 남성이나 여성 모두 비싼 대가를 치른다.) 따라서 그런 인식에 맞설 준비를 해야 한다. 우리와 같은 사람들은 많이 있다. 우리는 전에 만난 적이 없지만, 이제 서로 알게 되었으니 앞으로 이 문제에 대한 사회적 인식이 좀 더 나아질 것이다. 1장과 6장에서는 매우 민감한 사람들의 중요한 사회적 역할에 대해 좀 더 자세히 이야기하겠다.

먼저 이 책에서 매우 민감한 사람들에게 도움이 될 수 있는 네 가지 접근법을 짚어보자.

1. 자각

우선 우리가 민감하다는 사실이 무엇을 의미하는지 확실히 알아야 한다. 그리고 민감성이 우리가 지닌 다른 특성들과 어떤 관련이 있고, 사회의 부정적인 태도가 우리에게 어떤 영향을 미쳤는지를 알아야 한다. 그다음에는 우리의 민감한 신체에 대해 정확히 알아둘 필요가 있다. 우리 몸이 제대로 기능하지 않거나 약한 것 같다고 하면서 그냥 넘겨서는 안 된다.

2. 재구성

우리는 이 세상에 매우 민감하게 태어났다는 사실을 인정하고 그 사실에 비추어서 과거의 상당 부분을 적극적으로 재구성해야 한다. 부모, 교사, 친구, 동료, 그리고 우리 자신조차 민감한 특성에 대해 이해하지 못했기 때문에 많은 '좌절'을 겪어야 했다. 따라서 자긍심을 회복하기 위해 과거의 경험을 재구성할 필요가 있다. 매우 민감한 사람들에게는 자신감이 특히 중요하다. 자신감이 생기면 새로운, 그래서 매우 자극적인 상황에서 지나치게 긴장하는 일이 줄어든다. 재구성하기는 각 장 끝 부분 '나의 민감함 다시 보기'를 통해 연습하게 될 것이다.

3. 치유

그래도 해결되지 않을 경우에는 더 깊은 상처를 치유해야 한다. 우리는 어렸을 때 매우 민감했다. 가정과 학교 문제, 어린 시절의 질병 등 모든 일을 다른 사람들보다 힘들게 겪었다. 게다가 다른 아이들과 달랐고, 그래서 분명 고통스러웠을 것이다. 매우 민감한 사람들은 특히 과거의 상처를 치유하는 내면의 변화를 겪으면서 강한 감정의 동요를 느낄지도 모른다. 그렇다면 조심스럽게 천천히 해야 한다. 하지만 더 이상 미루는 것은 자신을 기만하는 일이다.

4. 바깥세상과의 접촉을 조절하는 방법

우리는 세상에 참여할 수 있고 또 참여해야만 한다. 세상은 진정으로 우리를 필요로 한다. 단, 지나치지도 모자라지도 않아야 한다. 민감하지 않은 사람들이 주는 혼란스러운 메시지와는 무관한 방법들을 이 책에서 발견하게 될 것이다.

◇ 나의 이야기, 민감했기에 가능했다

나는 심리학자이고 대학교수이며 심리치료사이자 작가이다. 하지만 무엇보다 중요한 것은 나 자신도 매우 민감한 사람이라는 사실이다. 나는 절대로 위에서 내려다보며 불쌍한 영혼을 구제해보겠다는 태도로 이 글을 쓰고 있는 것이 아니다. 나는 내 경험을 통해 매우 민감한 사람들이 가진 특성뿐 아니라 그 가치와 어려움에 대해서도 잘 알고 있다.

어렸을 때 나는 집안의 떠들썩한 분위기를 피해 숨곤 했다. 학교에서는 대체로 운동, 게임, 아이들을 피해 다녔다. 내 전략이 성공해서 혼자 남겨지면 안도감과 수치심이 뒤섞인 착잡한 감정을 느꼈다. 중학교에서는 활달한 친구 한 명이 나를 보호해주었다. 고등학교에서도 그 친구와의 관계는 계속되었고 나는 대부분의 시간을 공부하면서 보냈다. 대학교에서는 훨씬 힘들었다. 너무 일찍 시작해서 4년 만에 끝난 결혼 생활을 포함해, 나는 여러 차례 학업을 중단했다가 마침내 PBK(미국 우수 대학생 및 졸업생 클럽-옮긴이)의 회원으로 캘리포니아 대학교를 졸업했다. 하지만 툭하면 화장실로 달려가 숨어서 우는 나를 발견할 때마다 '이러다 혹시 미쳐버리는 것은 아닐까' 생각했다.(조사 결과 대부분의 매우 민감한 사람들이 걸핏하면 숨어서 우는 것으로 나타났다.)

대학원 과정을 시작하고 연구실을 제공받았을 때에도 나는 그곳에 혼자 틀어박혀 울면서 평정을 찾으려고 애썼다. 그 때문에 공부를 계속하라는 강력한 권유에도 불구하고 박사과정을 포기했다. 그로부터 25년이 지난 후, 나의 특성을 알고 내게 나타나는 반응들을 이해하게 된 뒤 비로소 박사과정을 끝낼 수 있었다.

스물세 살에 지금의 남편을 만나, 글을 쓰고 아들을 키우는 아주 평온한 생활에 안주했다. 나는 '바깥세상'에 나가지 않는 것이 다행스럽기도 했지만, 한편으로는 부끄러웠다. 좀 더 공부를 하고, 능력을 인정받고, 이런저런 사람들과 만날 수 있는 기회를 잃어버렸다는 사실에 조금은 아쉬움을 느꼈다. 하지만 쓰라린 경험을 했기 때문에 다른 선택이 없다고 생각했다.

하지만 피할 수 없는 일도 있었다. 약물 치료를 받으면 회복될 것이라 생각했던 내 몸이 신체적, 정서적으로 흔들렸다. 나는 다시 한번 나를 다른 사람들과 다르게 만드는 '치명적 결함'과 마주하고 있었다. 그래서 심리 치료를 받기로 했다. 운이 좋았다. 심리 치료사는 몇 차례 만나 내 이야기를 들은 뒤 이렇게 말했다. "힘들어하는 게 당연해요. 당신은 매우 민감한 사람이니까요."

나는 처음에 그 말이 무슨 병을 의미하는 것인지 의아했다. 그녀는 충분히 생각해본 적은 없지만 자신의 경험으로는 사람마다 자극을 견디는 지구력이 다르고, 또 좋건 나쁘건 경험하는 깊이에 분명한 차이가 있는 것 같다고 했다. 그녀는 민감성을 정신적 결함이나 장애로 보지 않았다. 왜냐하면 그녀 자신이 민감한 사람이었기 때문이다. 나는 그녀가 방긋이 웃던 모습을 기억한다. "내가 정말 알고 싶어지는 사람들은 대부분 그래요."

나는 몇 년 동안 유년기에 겪은 여러 가지 문제들을 돌아보며 치료를 받았는데, 그 시간은 헛되지 않았다. 결국 민감한 특성으로 인한 영향이 문제였다. 나는 스스로 결함이 있다고 생각하고 있었다. 사람들이 나를 보호해준 것은 나의 상상력과 감정이입, 그리고 창조력과 통찰력을 좋아했기 때문이라는 사실을 알지 못했다. 그 결과 세상으로부터 격리되었었다. 하지만 나 자신에 대해 알게 되었을 때 비로소 세상 속으로 들어갈 수 있었다. 이제 나는 세상의 일부가 되었고, 한 사람의 전문 직업인이 되었으며, 민감성이라는 특별한 재능을 함께 나누면서 커다란 행복을 느끼고 있다.

나의 특성에 대해 이해하면서 생활에 변화가 오자 이 문제를 좀 더 알아보고 싶었지만 자료가 별로 없었다. 나는 가장 가까운 주제가 내향성(혹은 내성적인 성격)이라고 생각했다. 심리학자 카를 융은 내향성에 관해 매우 예리한 글을 썼고, 그것을 '안으로 향하는 경향'이라고 설명했다. 그 자신도 매우 민감한 사람이었던 융이 쓴 책들은 큰 도움이 되었지만, 내향성에 관한 학문적 연구들은 주로 내성적인 사람들이 사회적이지 못하다는 사실에 초점이 맞추어져 있었다. 나는 내향성과 민감성을 동일시하는 것이 잘못일 수도 있다고 생각하게 되었다.

자료가 거의 없었으므로 당시 몸담고 있던 대학의 사보에 공고를 내기로 했다. 나는 자극에 매우 민감하거나, 내성적이거나, 감정 반응이 빠르다고 스스로 느끼는 사람들을 면담하겠다고 했다. 곧 기대 이상으로 많은 지원자들이 찾아왔다. 그 후 지방신문에 내 연구에 관한 기사가 실렸다. 그 기사에는 연락처가 없었는데도 100명이 넘는 사람들이 전화를 했고 편지를 보내왔다. 그들은 나에게 감사한다거나 도와달라거나 아니면 단지 "나도 그래요"라고 말하고 싶어 했다. 한동안 사람들은 계속해서 연락을 해왔다.(매우 민감한 사람들은 때로 한참 동안 생각한 뒤에 행동을 취한다.)

나는 그 면담(40명을 각각 두세 시간씩)에 기초해서 설문지를 만들어 북미 전역의 수천 명에게 배포했다. 그리고 무작위로 300명에게 전화를 걸어 설문 조사를 했다. 다시 말해 이 책은 나 자신과 매우 민감한 사람들에 대한 반복적인 관찰과 연구, 대화와 개인 상담, 그리고 그들과의 심리 치료를 토대로 하고 있다. 나에게는 수천 명에 이르는 매우 민감한 사람들의 사생활을 연구할 기회가 있었다. 그럼에도 다른 책들보다 '아마' 그리고 '어쩌면'이라는 단어가 자주 나오더라도 매우 민감한 사람들은 이해해주리라 믿는다.

이 연구를 하기로 결정하고, 글을 쓰고 가르치면서 나는 일종의 개척자가 되었다. 이것 역시 매우 민감한 사람들의 속성이다. 그들은 종종 이 세상에 필요한 것을 먼저 발견한다. 자신의 장점에 대한 신념이 커질수록 아마 더 많은 사람들이 그들 나름의 민감한 방식으로 자신을 표현하게 될 것이다.

◇ 이 책의 활용법

이 책은 매우 민감한 사람들을 대상으로 하고 있지만 그 사람들을 이해하고 싶어 하는 친구, 친척, 상담자, 고용주, 교사 또는 건강관리 전문가들에게도 도움이 될 것이다.

이 책은 우리를 포함한 많은 사람들이 공통적인 특성을 갖고 있다는 사실을 전제로 한다. 그러면 우리가 정상이라고 느낄 수 있고, 다른 사람들의 경험과 연구에서 도움을 받을 수 있다는 장점이 있다. 하지만 각자의 개성은 감안하지 않았다. 매우 민감한 사람들은 공통적인 특성을 갖고 있지만, 각자가 전혀 다르기도 하다. 책을 읽으면서 이런 점에 유념하기 바란다.

당신은 아마 모든 것을 자신이 매우 민감하다는 입장에서 바라보게 될 것이다. 기대하는 바이다. 완전히 몰입하면 자기 자신에 대해 다시 배우고 새로운 방식으로 이야기하는 데 도움이 될 것이다. 만일 다른 사람들이 당신을 걱정하고, 당신에게 소외감을 느끼거나 화를 낸다면 그들에게 인내심을 구하자.

본문에는 매우 민감한 사람들에게 도움이 되는 훈련이 나온다. 하지만 반드시 해야 하는 것은 아니다. 자신의 직관을 믿고 따르면 된다.

어떤 훈련은 강렬한 감정을 불러일으킬 수 있으므로, 그런 일이 일어난다면 전문가의 도움을 받기 바란다. 만일 현재 어떤 치료를 받고 있다면 이 책의 내용이 그곳에서 하는 작업과 적절하게 들어맞을 것이다. 따라서 이 책은 당신이 꿈꾸는 새로운 자신, 즉 우리 문화가 요구하는 사람이 아니라, 이미 당신 자신일 수도 있는 그런 사람이 되기까지 소요되는 시간을 단축시켜줄 수도 있다.

지금 당신이 책장을 넘기며 새로운 나와 당신과 우리의 세계로 들어오는 상상을 하니 가슴이 설렌다. 오랜 세월 자신은 혼자라고 생각했을 텐데 이제 동행이 생겼으니 얼마나 다행인가.

나는 민감한 사람인가

다음의 각 질문에 느끼는 대로 답하시오. 자신에게 어느 정도 해당된다고 생각하면 ○, 확실하지 않거나 전혀 해당이 안 된다면 ×로 답하시오.

- ☐ 나는 주위에 있는 미묘한 것들을 인식하는 것 같다.
- ☐ 다른 사람들의 기분에 영향을 받는다.
- ☐ 통증에 매우 민감하다.
- ☐ 바쁘게 보낸 날은 침대나 어두운 방 또는 혼자 있을 수 있는 장소로 숨어 들어가 자극을 진정시켜야 한다.
- ☐ 카페인에 특히 민감하다.
- ☐ 밝은 빛, 강한 냄새, 거친 천, 또는 가까이에서 들리는 사이렌 소리 같은 것들에 의해 쉽게 피곤해진다.
- ☐ 풍요롭고 복잡한 내면세계를 갖고 있다.
- ☐ 큰 소리에 불편해진다.
- ☐ 미술이나 음악에 깊은 감동을 받는다.
- ☐ 양심적이다.
- ☐ 깜짝깜짝 놀란다.
- ☐ 짧은 시간 내에 많은 일을 해야 할 때 당황한다.
- ☐ 사람들이 불편해할 때 어떻게 하면 좀 더 편안하게 해줄 수 있는지 안다.(조명이나 좌석 배치를 바꾸는 것 등)
- ☐ 사람들이 한 번에 너무 많은 것을 요구하면 짜증이 난다.

- [ ] 실수를 저지르거나 뭔가 잊어버리지 않으려고 노력한다.
- [ ] 폭력적인 영화, 드라마 장면을 애써 피한다.
- [ ] 주변에서 많은 일들이 일어나고 있을 때 긴장을 한다.
- [ ] 배가 아주 고프면 강한 내부 반응이 일어나면서 주의 집중이 안 되고 기분 또한 저하된다.
- [ ] 생활의 변화에 의해 동요된다.
- [ ] 섬세하고 미묘한 향기, 맛, 소리, 예술 작품을 감상하고 즐긴다.
- [ ] 내 생활을 정돈해서 소란스럽거나 당황하게 되는 상황을 피하는 것을 우선으로 한다.
- [ ] 경쟁을 해야 한다거나 무슨 일을 할 때 누가 지켜보고 있으면 불안하거나 심해져서 평소보다도 훨씬 못한다.
- [ ] 어렸을 때 부모님과 선생님들로부터 민감하거나 숫기가 없다는 말을 들었다.

점수 계산: 질문에 12개 이상 ○로 답했다면 당신은 매우 민감한 사람일 것이다. 하지만 어떤 심리 테스트도 정확하지는 않다. 만일 당신이 한두 가지 질문에만 해당된다 해도 그 정도가 심하다면 자신을 매우 민감한 사람으로 생각해도 무방하다. 또한 계속 읽어가면서 1장에 나오는 매우 민감한 사람에 대한 심층 묘사에서 자신을 발견한다면 스스로 민감하다고 생각할 수 있다. 이 책에서는 우리 자신을 좀 더 잘 이해하고, 민감하지 않은 요즘 세상에서 행복해지는 법을 배우게 될 것이다

1장

심리학이 정의하는 '민감함'

매우 민감한 사람들은 다른 사람들보다 참을성이 없고, 신경질적인 사람으로 여겨진다. 하지만 알고 있는가. 우리 사회에서 가장 높은 평가를 받는, 위대한 창의력, 통찰력, 열정을 보여준 많은 사람들이 매우 민감한 사람이라는 것을. 안타깝게도 민감한 사람들은 자신이 어떤 놀라운 능력을 가지고 있는지 잘 모르고 있다.

이 장에서 민감한 특성에 대한 기본적인 사실과 그 특성 때문에 우리가 다른 사람들과 어떻게 다른지 배울 것이다. 그리고 우리의 타고난 또 다른 특성들을 발견하고 우리 문화가 우리를 어떻게 생각하는지 알아볼 것이다. 크리스틴을 만나보자.

◇ 자극을 걸러내지 못한다는 진단을 받은 크리스틴

매우 민감한 사람들을 연구하던 중 크리스틴을 만났다. 총명하고 눈이 맑은 대학생이었다. 하지만 면담을 시작하자 그녀의 목소리가 떨리기 시작했다. "미안합니다." 그녀가 기어들어 가는 목소리로 말했다. "사실은 선생님을 만나고 싶어서 신청을 했습니다. 선생님은 심리학자니까 저에게 뭔가 이야기해줄 게 있을 것 같아서

요." 그녀의 목소리가 갈라졌다.

"제가 미친 걸까요?" 나는 그녀를 동정하면서 관찰했다. 그녀는 분명 자포자기한 듯했으나 여태까지 한 말에서는 어떤 정신 질환이 있다는 인상도 받지 못했다. 그때 나는 이미 크리스틴 같은 사람들에게 다른 방식으로 귀를 기울이고 있었다.

"저는 사람들과 다른 것 같아요. 항상 그랬어요. 우리 집이 특별했다는 뜻은 아니에요. 어려서 학교에 다니기 전까지는 거의 문제가 없었거든요. 물론 엄마는 제가 항상 까다로웠다고 말하지만요."

그녀는 한숨을 내쉬었다. 내가 안심을 시키자 이야기는 계속되었다. "하지만 유치원에 다니면서 모든 것이 두려워졌어요. 음악 시간조차도요. 아이들이 그릇과 냄비를 두드릴 때 저는 손으로 귀를 막고 울었죠."

시선을 돌린 크리스틴의 눈에는 눈물이 그렁그렁 맺혀 있었다.

"초등학교에서는 언제나 선생님이 귀여워하셨어요. 하지만 모두들 나를 '특이한' 아이라고 했어요." 그녀는 그 '특이함' 때문에 고통스러운 건강진단과 심리검사를 받아야 했다. 원래 지적 장애가 있는지 알아보기 위한 검사였는데, 그 검사로 인해 그녀는 영재학교에 입학했다.

그렇지만 사람들은 여전히 '뭔가 잘못되었다'고 생각했다. 청각 검사, 간질 발작을 알아보는 뇌 검사까지 했지만 정상이었다. 크리스틴은 결국 "자극을 걸러내지 못한다"라는 진단을 받았고, 그로 인해 자신에게 결함이 있다고 생각하게 되었다.

◇ 미세한 부분까지 감지하기 때문이다

그 진단이 완전히 틀린 것은 아니다. 매우 민감한 사람들은 다른 사람들이 느끼지 못하는 미세한 부분들까지 흡수한다. 그래서 다른 사람들은 아무렇지 않게 받아들이는 시끄러운 음악이나 북적대는 군중도 매우 자극적이고 부담스럽게 받아들인다.

사람들은 대부분 사이렌 소리, 번쩍거리는 불빛, 이상한 냄새, 어수선한 주변을 무시해버린다. 하지만 매우 민감한 사람들은 그런 것들로 인해 불안해진다. 많은 사람들이 시장이나 박물관에서 하루 종일 발이 아프게 돌아다녔어도 저녁 파티에 초대를 받으면 나갈 준비를 한다. 하지만 매우 민감한 사람들은 그런 날 혼자 있고 싶어 한다. 모든 것이 귀찮고 신경이 날카로워지기 때문이다. 사람들은 대부분 어떤 장소에 들어가면 가구나 사람들을 먼저 본다. 하지만 매우 민감한 사람들은 자신도 모르게 들어가자마자 그곳의 분위기가 화목한지 험악한지, 공기가 맑은지 탁한지, 꽃꽂이를 한 사람이 어떤 성격인지 등을 파악한다.

매우 민감한 사람들은 자신이 어떤 놀라운 능력을 가지고 있는지 잘 모르고 있다. 내적인 경험은 잘 비교가 되지 않기 때문이다. 오히려 다른 사람들보다 참을성이 없는 것처럼 여겨진다. 하지만 사회적으로 가장 높은 평가를 받고 있는, 위대한 창의력과 통찰력 그리고 열정과 동정심을 보여준 많은 사람들은 사실 매우 민감한 사람이었다.

대신 매우 민감한 사람들에게는 다른 약점들이 있다. 민감하다는 것은 또한 조심스럽고 내부 지향적이며 혼자 있는 시간이 필요하다는 것을 의미한다. 민감하지 않은 다수의 사람들은 이것을 이해하지 못하고, 우리에게 겁쟁이라거나 숫기가 없다거나 허약하다거나 또는 비사교적인 것이 큰 문제라고 말한다. 그런 말을 듣고 싶지 않아서 우리는 다른 사람들처럼 행동하려고 한다. 그러다가 순간 긴장하고 신경이 날카로워진다. 그러면 그들은 우리를 신경증 환자나 정신병자로 분류한다. 처음에는 다른 사람들이, 그리고 다음에는 우리 스스로 그렇다고 믿게 된다.

살다 보면 언젠가 어려운 문제에 부딪히는 게 당연하지만, 매우 민감한 사람들은 그런 자극에 훨씬 힘들게 반응한다. 만일 이런 반응을 자신의 결함으로 바라본다면 인생의 위기를 맞았을 때 우리는 속수무책이 되고 자신을 무용지물로 느끼게 된다. 예를 들어 크리스틴은 대학에 입학한 해에 그런 위기를 맞았다. 그녀는 고등학교를 다닐 때까지 집에서 멀리 떠나본 적이 없었다. 그러다가 낯선 사람들 사이에서 수업을 듣고 책을 빌리러 다니느라 항상 기진맥진했다. 그리고 갑자기 열렬한 사랑에 빠졌으며, 남자 친구의 가족을 만나기 위해 일본으로 갔다. 그것만으로도 그녀에게는 이미 벅찬 일이었다. 그런데 일본에서 지내는 동안, 그녀의 표현에 의하면 '돌아버렸다'. 크리스틴은 스스로 안달하는 성격이라고 생각해본 적이 없었지만, 일본에 도착하자 갑자기 두려움에 휩싸여 잠을 이룰 수가 없었다. 그러다가 우울증에 빠졌다. 그녀는 자신의 감정에 겁이 났고, 자신감은 곤두박질쳤다. 철부지 남자 친구는 그녀의 '혼란'을 감당할 수 없었고, 그로 인해 관계를 끝내고 싶어 했다. 크리스틴은 어찌할 바를 몰랐다.

그녀는 흐느끼면서 이야기를 끝내고 나를 바라보았다. "그때 민감한 특성에 대해 연구한다는 소식을 들었어요. 저도 해당되지 않을까요? 그렇죠?"

나는 잠깐의 대화로는 확실하지 않다고 말했지만, 그녀의 민감성이 그 모든 스트레스를 유발했을지도 모른다고 생각했다. 그리고 크리스틴이 뒤늦게나마 그녀 자신에 대해 이해할 수 있도록 도와주었다.

◇ '민감하다'는 어떤 뜻일까

1. 인간에게 '적정 수준의 긴장'은 필요하고 바람직하다

사람은 대화나 축구 시합 등 무슨 일을 하든지 신경계가 적당히 활발하게 깨어 있을 때 최고로 기능한다. 그렇지 않으면 둔하고 무력해진다. 그래서 무감각한 상태를 변화시키거나, 라디오를 듣거나, 친구에게 전화를 걸거나, 새로운 사람을 만나거나, 직업을 바꾸는 것이다!

그와 반대로 신경계가 지나치게 긴장하면 지치고 서툴러지고 당황한다. 생각도 할 수 없고 몸도 말을 듣지 않는다. 이런 상황을 다스리기 위한 방법에도 여러 가지가 있다. 휴식을 취하거나 술을 마시거나 아니면 약을 복용해서 정신적으로 긴장을 차단하는 것이다.

적당한 긴장은 그 중간 수준이다. 실제로 '적정 수준의 긴장'이 필요하고 바람직하다는 사실은 가장 분명한 심리학적 발견 가운데 하나이다. 어린아이라도 마찬가지다. 누구나 지루한 것을, 그리고 너무 지치는 것을 싫어한다.

2. 고등동물 사이에서 일부만 민감하게 태어난다

이 차이는 실재하며 정상적이고 대체로 선천적이다. 그리고 생쥐, 고양이, 개, 말, 원숭이, 사람 같은 모든 고등동물들에게서 이런 차이를 발견할 수 있다. 같은 종 내에서 자극에 매우 민감하게 태어날 확률은 약 15~20퍼센트 정도이다. 같은 종이라도 몸집이 더 클 수 있는 것처럼 더 민감하게 태어날 수 있는 것이다. 사실, 동물들을 기르면서 주의 깊게 관찰해보면 서로 민감한 것끼리 짝짓기를 했을 때 민감한 특성이 몇 세대에 걸쳐 유전이 되는 것을 볼 수 있다. 간단히 말해 유전적인 기질 중에서도 민감성은 가장 분명하게 눈에 띄는 차이를 만들어낸다.

◇ 민감해서 유리한 점과 불편한 점

이러한 긴장 정도의 차이로 인해 매우 민감한 사람들은 다른 사람들이 보지 못하고 지나쳐버리는 것을 알아차릴 수 있다. 청각, 시각 또는 통증 같은 신체적 감각도 마찬가지다. 그러나 이것이 청각이나 시각 같은 감각이 더 발달했다는 뜻은 아니다. 매우 민감한 사람들 중 다수가 안경을 쓴다. 그 차이는 뇌로 가는 길이나 뇌 속 어딘가에서 정보를 좀 더 자세히 처리하는 기능에 의해 나타나는 듯하다. 그래서 모든 것을 더 많이 흡수하고, 좀 더 자세히 구분할 수 있는 것이다. 예를 들어 과일을 크기별로 분류하는 일을 다른 사람들이 두세 가지로 분류할 때 매우 민감한 사람들은 열 가지로 구분해낸다.

이렇게 좀 더 미세한 차이를 알아냄으로써 매우 민감한 사람들은 보다 직관적이 되고 반의식이나 무의식적으로 정보를 찾아내 처리한다. 결국, 어떻게 알았는지 모르지만 '그냥 안다'. 게다가 이렇게 정보를 좀 더 자세히 처리하는 과정에서 과거나 미래에 대해 좀 더 생각하게 된다. 사물이 어떻게 지금처럼 되었는지, 또는 앞으로 어떻게 변할 것인지 '그냥 안다'. 이것이 '육감'이다. 물론 사람의 눈과 귀가 정확하지 않은 것처럼 판단이 잘못될 수도 있다. 하지만 직관이 종종 맞기도 하므로 매우 민감한 사람들은 좀 더 양심적이고 신중하며 현명할 뿐 아니라 예언자, 예술가, 발명가가 되는 경향이 있다.

반면 이 특성은 강한 자극에 단점을 드러낸다. 대부분의 사람들에게는 적당한 긴장감을 주는 것이 매우 민감한 사람들에게는 강력한 긴장감을 유발한다. 대부분의 사람들이 강한 긴장을 느낄 때 매우 민감한 사람들은 기진맥진하며 심하면 탈진해버린다.

민감하건 민감하지 않건 사람은 누구나 지나치게 긴장하는 것을 좋아하지 않는다. 너무 긴장을 하면 아무것도 할 수 없다. 물론 위험신호를 보낼 수는 있다. 그러나 극도의 공포심은 누구에게나 생길 수 있으며, 신생아의 경우에는 그럴 때 도망칠 수도 싸울 수도 없고 위험을 인식하지도 못한다. 하지만 뭔가 새로운 것을 보고 긴장하면 울음을 터뜨림으로써 어른의 도움을 받을 수 있다.

매우 민감한 사람들은 소방서처럼 그렇게 중요하지 않은 경보에 반응하는 경우도 많지만 민감한 특성 덕분에 단 하나의 생명이라도 살릴 수 있다는 측면에서 보면 유전적으로 유리하게 태어난 셈이다. 물론 민감한 특성이 지나친 긴장을 유발하면 몹시 성가시다. 이렇듯 장점이 있으면 단점도 있는 법이다.

민감성이라는 특성은 많은 열매를 맺는다. 민감한 특성으로 인해 생각하는 방식이 달라지기 때문이다. 다음은 매우 민감한 사람들에게서 볼 수 있는 일반적인 특징들이다. 다음의 특징들을 모두 갖고 있는 사람은 없지만 민감하지 않은 사람들과 비교해보면 상대적으로 다음과 같은 경향이 두드러진다.

- 틀린 것을 잘 잡아내고 실수를 하지 않으려고 한다.
- 매우 양심적이다.
- 한 가지에 집중할 수 있다. 단, 방해를 받지 않아야 한다.
- 특히 조심성, 정확성, 속도, 그리고 작은 차이를 포착하는 능력이 요구되는 일을 잘한다.
- 심리학자들이 의미 기억이라고 부르는 수준까지 깊이 파고든다.
- 종종 자기 성찰을 한다.
- 배운다는 의식을 하지 않고 배울 수 있다.
- 다른 사람의 기분과 감정에 크게 영향을 받는다.

물론 예외도 얼마든지 있다. 특히 양심적이라는 문제는 장담할 수 없다. 그리고 굳이 양심적이라고 주장하고 싶지도 않다. 선을 내세운 수많은 해악이 행해질 수 있기 때문이다. 사실 앞의 열매들은 모두 흠집이 있다. 안타깝게도 능력이 있어도 누가 감독을 하거나 시간에 쫓기거나 평가를 받는 자리에서는 종종 자신의 능력을 제대로 발휘하지 못한다. 그리고 깊이 파고드느라 처음에는 좀처럼 따라가지 못하는 것처럼 보이기도 한다. 하지만 시간이 흐를수록 다른 사람들보다 더 많이 이해하고 기억한다. 그래서 매우 민감한 사람들이 언어를 더 잘 배우는 것 같다. 단, 말하는 능력은 긴장하기 때문에 다른 사람들보다 떨어질 수 있다.

매우 민감한 사람들이 자기 자신에 대해 더 많이 생각하는 것은 이기적이어서가 아니다. 평소 주변 세계보다는 내적인 관점을 가지고 이야기한다는 의미이다. 하지만 다른 사람들의 생각도 마찬가지로 중요하게 생각한다.

신체도 역시 다른 특성을 보이는데, 대부분 다음과 같은 특성을 갖는다.

- 섬세한 동작에 뛰어나다.
- 정적이다.
- 아침에 일찍 일어난다.(이 점에서는 예외가 많이 있다.)
- 익숙해지기 전까지는 카페인과 같은 자극에 더 많이 영향을 받는다.
- '우뇌형'에 가깝다. 보다 창조적이다.
- 대기 중에 포함된 물질에 좀 더 민감하다. 알레르기성 비염과 피부 질환이 더 많다.

다시 말하지만 우리의 신경계는 미세한 경험에 반응하도록 만들어져 있고 또한 강한 자극을 받으면 회복이 더디다.

하지만 매우 민감한 사람이라고 해서 일상생활에서나 잠을 잘 때까지 '만성적으로 긴장'하고 있는 것은 아니다. 단지 갑자기 자극을 받거나 자극이 오래 지속되면 좀 더 긴장할 뿐이다.(매우 민감한 사람들은 특별한 이유 없이 계속해서 불안해하는 '신경증 환자'와는 전혀 다르다.)

◇ 통제할 수 없는 자극은 고통이다

당신의 민감성이 당신 자신이나 다른 사람을 고통이나 죽음에서 구출한 일이 있었는지 생각해보자.

과거 나의 경험담을 말하자면, 우리 가족이 살던 오래된 목조건물의 천장에서 불빛이 어른거리는 것을 내가 처음 발견했다. 그때 자각하고 깨어나지 않았더라면, 나와 우리 가족은 모두 죽었을 것이다.

매우 민감한 사람들도 자극에 익숙해진다. 하지만 익숙해졌다가도 갑자기 피곤해하는 경우가 있다. 사실 익숙해졌다기보다는 의식적인 차원에서 견디고 있었을 뿐 그동안 스스로를 소진시키고 있었던 것이다. 매우 민감한 사람들은 직장에서 일하는 것과 마찬가지로 일상적인 자극에 의해서도 저녁에 조용한 시간을 필요로 한다. 그런 시간에는 사소한 자극도 참기 힘들다.

자극은 사람마다 다른 의미를 가질 수 있다는 점에서 더욱 복잡하다. 성탄절 혼잡한 상가에서 어떤 사람은 행복한 가족 나들이를 떠올리며 향수를 느낀다. 반면에 어떤 사람은 하는 수 없이 쇼핑을 하면서 적은 돈으로 무슨 선물을 사야 할지 난감해하고, 지난 명절의 불쾌했던 기억까지 겹쳐 지극히 고통스러워하기도 한다.

한 가지 일반적인 법칙은 자신이 통제할 수 없는 자극은 견디기 힘들며, 만일 누군가에게 당하고 있다는 기분이 들면 그 고통은 더욱 강하게 느껴진다는 점이다. 자신이 흥에 겨워 음악을 연주할 때는 즐겁지만, 옆집의 쿵쿵거리는 음악 소리에는 짜증이 난다. 소리를 줄여달라고 부탁하는 것이 심술을 부리는 것처럼 느껴질 수도 있다. 이 책을 읽으면서 자신이 자극을 덜 받아야 할 권리를 무시당하고 사는 소수에 속한다는 것을 알기 시작하면 그런 일들에 더욱 화가 날지도 모른다. 물론 자신을 긴장시키는 요인들로부터 벗어날 수 있다면 도움이 될 것이다. 그래서 많은 매우 민감한 사람들이 영적인 문제에 관심을 갖는 경향이 있다.

긴장감을 두려움과 혼동하지 않는 것도 중요하다. 긴장감은 두려움으로부터도 유발되지만, 기쁨이나 호기심, 분노 같은 다른 감정에 의해서도 유발될 수 있다. 또한 반의식적 사고나 분명한 감정이 없는 저차원적 흥분에 의해서도 긴장할 수 있다. 따라서 종종 우리는 무엇 때문에 긴장하고 있는지 모를 때가 있다.

실제로 긴장 상태에 있는 상황과 긴장된 기분을 느끼는 상황이 있는데, 때에 따라 그리고 사람에 따라 다르게 나타난다. 긴장 상태에서는 얼굴이 달아오르거나, 몸이 떨리거나, 심장이 두근거리거나, 의식이 희미해지거나, 복통이 일어나거나, 근육이 경직되거나, 손이나 다른 신체 부위에 땀이 난다. 이런 상태에 있을 때에는 종종 자신이 어떤 반응을 보이고 있는지 인식하지 못한다. 반면 긴장감을 느껴도 겉으로는 긴장한 것처럼 보이지 않을 수도 있다. 긴장이라는 말은 이러한 모든 경험과 신체 상황을 의미한다. '스트레스'라는 단어처럼 긴장은 아주 다양하긴 하지만 우리 모두가 알고 있는 '어떤 상태'를 일컫는 것이다. 물론 스트레스는 긴장과 깊은 관계가 있다. 스트레스에 대한 반응이 곧 긴장인 것이다.

일단 우리는 긴장감을 인식하면 거기에 이름을 붙이고 싶어 하고 어떤 위험이 있는지 알기 위해 그 원인을 찾고 싶어 한다. 그리고 대체로 그 원인이 두려움이라고 생각한다. 단지 심장이 과다한 자극을 처리하느라고 힘들게 박동하고 있을지도 모른다는 생각은 하지 않는다. 아니면 다른 사람들이 긴장한 우리 모습을 보고 겁을 먹었다고 생각하기 때문에 우리도 그렇게 생각한다. 겁이 난다고 생각하면 점점 더 긴장하기 마련이다. 그래서 그 상황에 익숙해지면 진정될 수 있는데도 아예 처음부터 피하려고 하는 것이다. 두려움과 긴장을 혼동하지 말아야 하는 이유와 그 중요성은 5장에서 다시 언급하겠다.

● 자극이란

신경계가 자극을 받으면 깨어난 신경이 또 다른 작은 전기 충격을 일으킨다. 보통 자극이라고 하면 외부에서만 오는 것으로 생각하지만, 우리 신체(통증, 근육긴장, 배고픔, 목마름, 성적 느낌)를 통해서나 기억, 공상, 사고 또는 계획 등의 생각에 의해서도 자극을 받을 수 있다.

자극에 따라 강도나 지속 시간이 다르다. 경적이나 고함처럼 깜짝 놀라게 자극을 받는 경우가 있는가 하면, 파티에서처럼 많은 대화와 음악이 한꺼번에 복잡하게 귀에 들어와 자극을 받는 경우도 있다.

◇ 우리 같은 사람이 한 명은 있어야 한다

지금쯤 우리의 특성을 긍정적으로 생각하게 되었기를 바란다. 내가 말하는 요지는 우리의 특성을 객관적으로 보자는 것이다. 즉 우리는 상황에 따라 유리하거나 불리해질 수 있다. 민감한 특성은 모든 고등동물에게서 나타나며 여러모로 쓸모가 있다. 내 짐작으로는 무리 가운데 미세한 신호를 알아내는 구성원이 필요하기 때문에 모든 고등동물이 일정한 비율로 민감하게 태어나는 것 같다. 위험과 새로운 음식, 다른 동물들의 습성을 경계하고 노약자를 배려하는 역할을 위해서 15~20퍼센트 정도면 적절한 비율인 듯하다.

그리고 나머지 다수는 모든 위험과 행동의 결과에 별로 신경 쓰지 않는 편이 바람직하다. 그들은 새로운 것을 탐험하거나 집단이나 영역을 위해 용감히 싸우기도 한다. 즉 모든 사회는 두 부류가 필요하다. 그럼에도 민감하지 않은 사람들이 더 많은 이유는 아마 그들이 더 빨리, 많이 죽는 경향이 있기 때문일 수도 있다! 물론 모두 가설일 뿐이다.

또 하나의 가설은 인류가 어떤 다른 종들보다도 매우 민감한 사람들의 덕을 많이 본다는 것이다. 매우 민감한 사람들은 사람을 다른 동물과 구별되게 만드는 데 더 많이 기여한다. 즉 가능성에 대해 상상하며, 과거와 미래를 예리하게 인식한다. 특히 배고픔, 추위, 불안, 피로, 질병에 보다 민감하기 때문에 인류의 문제에 대한 해결책을 찾으려고 노력한다.

흔히 매우 민감한 사람들은 덜 행복하다거나 행복해질 수 없다고들 한다. 물론 민감하지 않은 사람들의 눈에는 민감한 사람들이 불행하고 우울해 보일 것이다. 왜냐하면 인생의 의미와 죽음과 복잡한 세상사 — 흑백논리가 아닌 — 에 대해 생각하면서 많은 시간을 보내기 때문이다.

민감하지 않은 사람들은 대부분 그런 문제에 대해 생각하는 것을 좋아하지 않으므로 당연히 우리가 불행할 것이라고 여긴다. 그들이 자신들만의 행복에 대한 정의를 가지고 우리를 불행하게 생각하고 골칫거리로 여기는 한, 우리는 행복할 수 없다. 그런 비난을 들으면 누구라도 불행해질 수밖에 없다.

요점은 아리스토텔레스의 "행복한 돼지가 되겠는가, 아니면 불행한 인간이 되겠는가?"라는 물음에 함축되어 있는 것 같다. 매우 민감한 사람들은 반드시 즐거운 생각이 아니더라도 의식적이고 인간적이 될 수 있는 쪽을 택한다. 그렇다고 해서 민감하지 않은 사람들이 돼지라는 의미는 아니다! 혹자는 내가 매우 민감한 사람들을 엘리트로 분류하려고 한다며 비난할지도 모른다. 하지만 대부분의 매우 민감한 사람들은 그런 우월감을 느끼다가도 5분만 지나면 스스로 미안함을 느낀다. 나는 단지 매우 민감한 사람들이 좀 더 평등하게 느낄 수 있도록 용기를 주고 싶을 뿐이다.

◇ 날 때부터 민감했을까

어떤 사람들은 자신이 정말로 민감한 특성을 타고났는지 의심할 수도 있다. 언제부터인가 민감해지기 시작했거나 아니면 갑자기 더 민감해진 것처럼 생각될 수 있기 때문이다.

대부분의 경우 민감성은 선천적이다. 이에 대한 증거는 명백하다. 일란성 쌍둥이를 따로 양육해도 자라서 비슷하게 행동한다는 사실은 우리의 습성이 어느 정도는 유전적으로 결정된다는 것을 의미한다. 반면 서로 떨어져서 자란 일란성 쌍둥이라고 해도 항상 같은 특성을 보이지는 않는다.

예를 들어, 각각의 쌍둥이는 생모보다 자기를 길러준 어머니의 성격을 닮는 경향이 있다. 따라서 민감한 특성이 타고나는 것이라 해도 자신만의 경험에 의해 향상되거나 줄어들고 또는 갑자기 나타나거나 제거될 수 있는 것 같다. 예를 들어, 집이나 학교에서 스트레스를 받는 아이는 민감한 경향을 약간만 갖고 있어도 움츠러들 수 있다. 그래서 형과 누나가 있는 아이들이 좀 더 민감해지기 쉬운지도 모른다. 이런 경우는 유전자와 아무 상관이 없다.

마찬가지로 새끼 때 어미와 떨어져 충격을 받은 원숭이들이 성장 후 원래 민감하게 태어난 원숭이들과 흡사한 행동을 보인다는 사실이 관찰되기도 했다.

또한 민감한 특성이 환경에 의해 감소될 수도 있다. 민감하게

● **다수의 규칙에서 벗어나자**

1 당신의 민감성에 대해 부모는 어떤 태도를 보였는가? 그들은 당신이 민감성을 유지하기를 원했는가 아니면 극복하기를 원했는가? 민감성을 불편함, 숫기 없음, 남자답지 못함, 심각함으로 생각했는가? 아니면 예술적 재능 또는 영리함으로 생각했는가? 다른 친척, 친구, 교사들은 어땠는가?

2 매스컴에 대해 생각해보자. 특히 어린 시절 당신의 역할 모델과 우상은 누구였는가? 그들은 민감한 것처럼 보였는가? 아니면 당신이 전혀 비슷해질 수 없는 사람들이었는가?

3 그로 인해 당신이 어떤 관점을 갖게 되었는지 생각해보자. 그 입장은 당신의 경력, 연인 관계, 오락 활동 그리고 우정에 어떤 영향을 미쳤는가?

4 매스컴은 매우 민감한 사람들을 어떤 식으로 보여주는가? 매우 민감한 사람들에 대한 긍정적이거나 부정적인 이미지를 생각해보자. 주로 어떤 이미지가 지배적인가?(영화나 책에 나오는 희생자가 종종 천성적으로 민감하고 상처를 잘 받으며 늘 긴장하고 있는 사람으로 표현되고 있진 않은지 주목해보자. 극적인 효과를 위해서는 희생자의 정서가 눈에 띄게 불안하고 자주 흥분하는 것이 어울리지만, '희생자'를 민감함과 동일시하는 편견을 준다.)

5 매우 민감한 사람들이 어떻게 사회에 기여했는지 생각해보자. 개인적으로 아는 사람들이나 책에서 읽은 위인들에 대해 알아보자. 아마 에이브러햄 링컨부터 시작할 수 있을 것이다.

6 당신이 사회에 기여할 수 있는 일들을 생각해보자. 조각을 하거나, 자녀를 키우거나, 물리학을 공부하거나, 투표를 하거나 등등 당신은 무슨 일을 하든지 문제점에 대해 심사숙고하고, 깊게 파고들며, 미래를 생각하고, 양심적으로 행동하려는 경향이 있다.

태어난 아이라도 부모, 학교 또는 친구들에게 떠밀려서 좀 더 대담해지는 경우가 있다. 시끄럽고 북적거리는 환경에서 살거나, 대가족 속에서 자라거나 또는 육체적인 활동을 많이 하면 때론 민감성이 둔화되기도 한다. 민감한 동물들을 길들이면 경계심을 잃어버리는 것과 마찬가지다. 그러나 근본적인 특성이 완전히 사라지는 것 같지는 않다.

각자의 민감한 특성이 선천적인지 아니면 후천적인지는 알기 어렵다. 가장 유력한 증거는 부모가 우리를 태어날 때부터 민감했다고 기억하는가이다. 부모나 당신을 돌본 사람에게 당신이 태어나서 처음 6개월 동안 어떠했는지 들어보자. 민감했느냐 민감하지 않았느냐는 식으로 묻지 말고, 아이 때 어땠느냐고 물어보면 더 많은 이야기를 들을 수 있을 것이다. 그리고 민감한 아이의 특징에 대해 물어보자. 기저귀를 갈거나 목욕을 시키려 할 때, 이유식을 시작할 때 또는 시끄러운 소리가 들릴 때 울면서 보챘나? 특히 피곤할 때 좀처럼 잠을 자지 못하거나 자다가 자꾸 깨거나 선잠을 자지 않았나?

만일 당신이 맏이로 태어났다면 비교할 대상이 없으므로 어렸을 때 당신의 특별한 점을 부모가 느끼지 못했을 수도 있다. 반면 아이가 까다로우면 사람들이 부모 탓을 하니 무난하다고 믿고 키웠는지도 모른다. 그러니 부모가 당신에게 최선을 다했다는 것을 알고 있으며 아이마다 몇 가지 문제점은 있는 법이라고 안심을 시킨 뒤, 어떤 문제가 있었는지 솔직히 말해달라고 하자. 부모에게 앞에 나온 자가 진단 테스트를 보여주어도 좋다. 가족 가운데 누가 이러한 특성을 갖고 있는지 물어보자. 만일 양가에 그런 친척이 있었다면 당신의 특성은 유전적일 확률이 매우 높다.

하지만 이런 것들은 전혀 중요하지 않다. 중요한 것은 당신이 현재 민감한 특성을 갖고 있다는 사실이다. 따라서 이 문제를 놓고 너무 오래 고심할 필요는 없다. 다음 주제가 훨씬 더 중요하다.

◇ 편견이 당신을 힘들게 하지 않았는가

여기서 우리는 민감한 특성을 중립적인 입장에서, 즉 어떤 상황에서는 유리하고 또 어떤 상황에서는 불리한 특성으로 보는 법을 배우고 있다. 하지만 우리 문화는 민감한 특성을 전혀 중립적으로 보지 않는다. 인류학자인 마거릿 미드Margaret Mead는 이런 현상을 아주 적절하게 지적했다. 그녀의 주장에 의하면, 어느 문화에서나 신생아들은 광범위한 유전적 기질을 타고나지만 그 가운데 소수만이 그 문화의 이상형이 된다고 한다. 미드는 "이상적인 성격은 사회의 모든 구성요소, 즉 아이들의 양육, 아이들이 하는 놀이, 사람들이 부르는 노래, 정치조직, 종교적 계율, 예술과 철학에 의해 구체화된다"라고 말했다. 그 밖의 다른 특성들은 억제되거나 놀림거리가 된다.

우리 문화에서의 이상형은? 영화, 광고, 대중매체 등은 모두 터미네이터처럼 강하고 클린트 이스트우드처럼 냉철하며 줄리아 로버츠처럼 활발해야 한다고 말한다. 또한 밝은 불빛과 소음 그리고 술집에서 흥청거리는 친구들과 어울려 즐거워해야 한다. 그러다가 지치고 예민해지면 진정제를 복용하면 그만이라는 것이다.

다음의 연구 결과에 주목할 필요가 있다. 캐나다 온타리오 주 워털루 대학교의 칭잉 첸과 케네스 루빈, 상하이 사범대학의 예랑선은 상하이 아이들 480명과 캐나다 아이들 296명을 대상으로 어떤 특성을 가진 아이가 인기가 있는지 알아보았다. 중국 아이들은 주로 '수줍고', '민감한' 아이들을 친구로 삼고 싶다고 했다. 참고로, 중국어에서 수줍거나 조용하다는 말은 착하거나 품행이 바르다는 것을 뜻하며, 민감하다는 말은 '이해심이 많다'는 칭찬이다. 반면 캐나다에서는 숫기 없고 민감한 아이들을 가장 적게 선택했다.

문화의 이상형이 되지 못한다는 것이 우리에게 어떤 영향을 미치는지에 대해 생각해보자. 그것은 다른 사람이 우리를 취급하는 방식뿐 아니라 우리 스스로가 자신을 취급하는 방식에도 영향을 미친다.

심리학 연구는 인간에 대한 중요한 발견을 하고 있으며, 이 책의 많은 부분이 그 발견을 기초로 하고 있다. 하지만 심리학이라고 해서 완벽할 수는 없다. 나는 매우 민감한 사람들이 덜 행복하고,

정신적으로 건강하지 못하며, 창의력과 지능이 떨어진다는 편견(이것은 절대로 사실이 아니다.)을 내세우는 심리학 연구의 예를 얼마든지 보여줄 수 있다. 하지만 그런 예들은 나의 동료 심리학자들을 재교육시키기 위해 아껴두겠다.

'억압적', '내성적' 또는 '숫기 없음'이라는 말을 들을 때 조심하자. 앞으로 그런 말들이 왜 우리에게 맞지 않는지 알게 될 것이다. 일반적으로 사람들은 민감한 특성의 장점은 보지 못하고 그저 부정적으로만 생각한다. 예를 들어, 어느 조사에 의하면 대부분의 사람들은 내향성을 정신 건강과 잘못 연결하고 있는 것으로 나타났다. 매우 민감한 사람들은 그런 취급을 받으면 자존심이 상하고 더욱 긴장하게 된다.

일본, 스웨덴, 중국처럼 민감한 특성을 좀 더 높게 평가하는 문화에서는 이와는 다른 분위기에서 연구가 진행된다는 사실을 알면 다 위안이 될 것이다. 예를 들어, 일본 심리학자들은 민감한 특성을 가진 피실험자에게 좀 더 기대를 거는 듯하다. 그들은 스트레스에 대해 연구할 때 민감하지 않은 사람들이 대처하는 방식에서 더 많은 결점을 발견한다. 하지만 우리가 미국 문화의 심리학 박사들을 탓한들 무슨 소용이 있겠는가. 그들도 나름대로 최선을 다하고 있다.

◇ 공격적인 사회에서 빛나는 특성

공격적인 사회에서는 용맹한 왕이나 전사와 같은 이들이 주목받는다. 그러나 공격적인 사회가 살아남기 위해서는 성직자·재판관 등의 고문 계급 또한 필요하다. 그들은 미국의 연방대법원이 대통령과 군대를 견제하듯이, 충동적인 왕과 전사들을 견제하는 좀 더 신중한 집단이다. 상담자, 역사가, 교사, 학자 등의 고문 계급은 현명한 판단력을 인정받으면 정의의 수호자로서 존경받았다. 예를 들어, 그들은 사회의 기반을 이루며 식량을 생산하고 아이들을 키우는 서민들의 복지를 염려하는 선견지명을 갖고 있었다. 또한 성급한 전쟁과 침략을 경계했다.

간단히 말하면, 고문 계급은 왕과 전사들에게 멈추어서 잠시 생각하라고 주장한다. 넘치는 에너지를 공격과 지배가 아닌 창조적인 발견, 탐험, 그리고 지구와 힘없는 존재를 보호하는 일에 사용하게 한다.

매우 민감한 사람들은 작가, 역사가, 철학가, 판사, 예술가, 학자, 이론가, 심리 치료사, 교사, 부모, 그리고 평범하지만 양심적인 시민의 입장에서 마치 왕실의 고문 역할을 하는 듯하다. 우리는 어떤 생각을 행동으로 옮기기 전에 모든 가능한 결과를 생각하려는 경향이 있다. 우리는 앞으로 돌진하는 다수를 저지하기 때문에 종종 대중적인 인기를 얻지 못한다. 따라서 우리의 역할을 잘 수행하기 위해서는 스스로 긍지를 가져야 한다. 전사들이 우리가 자기들보다 열등하다고 하는 말은 모두 무시해야 한다. 전사들이 나름대로 가치 있는 용감한 스타일을 갖고 있듯이, 우리 역시 각자 스타일이 있으며 사회에 중요한 기여를 하고 있다.

◇ 자부심을 가져도 된다

찰스는 내가 면담했던 사람들 중에서 드물게 평생 동안 자신이 민감하다는 사실을 장점으로 생각해온 사람이었다. 그의 특별한 유년기는 자긍심의 중요성과 문화의 영향을 아주 잘 보여주고 있다.

찰스는 재혼해서 행복한 결혼 생활을 하고 있으며 경제적으로 풍족하고 학계에서는 존경받는 위치에 있다. 여가 시간에 즐기는 피아노 연주 실력은 수준급이다. 그리고 그는 그러한 재능들이 자신의 인생을 풍요롭게 해주고 있다고 느낀다. 면담 초반에 이 모든 이야기를 듣고 나니 당연히 그 배경이 궁금해졌다.

찰스의 첫 기억은 다음과 같다.(나는 매우 민감한 사람들과 면담할 때 항상 첫 기억을 묻는다. 정확하지 않아도 회상을 하다 보면 분위기가 형성되고 주제가 드러난다.) 그는 길거리에서 크리스마스 장식을 진열한 쇼윈도를 구경하는 군중들 뒤에 서 있었다. 그가 외친다. "비켜주세요. 나도 보고 싶어요." 그러자 사람들이 웃으면서 그를 앞으로 보내주었다. 대단한 자신감이다! 그런 용기는 분명 그의 가정에서 시작되었다.

찰스의 부모는 그의 민감성을 칭찬해주었다. 예술적이고 지적인 문화 집단에 속하는 그의 부모와 친구들 사이에서는 민감하다는 의미가 특별한 지능, 훌륭한 가정교육, 섬세한 취향과 연결되어 있었다. 부모는 아이들과 어울리는 대신 공부만 하는 찰스를 불안해하지 않고 오히려 책을 더 읽게 했다. 그들에게 찰스는 이상적인 아들이었다.

이런 가정환경에서 자란 찰스는 자신감을 가질 수 있었다. 그는 일찌감치 탁월한 미적 감각과 도덕적 가치를 흡수했다. 자신에게 어떤 결함이 있다고 생각하지 않았다. 결국 자신이 평범하지 않으며 소수에 속한다는 사실을 알았지만, 그가 속해 있는 집단은 그의 특성을 단점이 아닌 장점으로 보게 해주었다. 그 결과 명문 고등학교를 졸업하고 아이비리그 대학을 다녔으며, 교수가 되어서도 언제나 낯선 사람들 사이에서 당당했다.

찰스에게 민감한 특성이 갖는 장점에 대해 물어보자, 그는 여러 가지를 술술 늘어놓았다. 예를 들어 음악적 능력에 도움이 된다고 확신했다. 또한 몇 년간 정신분석학을 공부할 때 자기 인식을 깊이 할 수 있었다. 불편한 점이 있다면 소음을 참지 못한다는 것이다. 현재 그는 조용한 동네에서 아름다운 음악을 들으며 지내고 있다.

섬세한 정서로 인해 때로 우울해지기도 하지만 자신의 감정을 알아서 잘 처리한다. 그는 자신이 모든 것을 너무 심각하게 받아들인다는 것을 알고 있고, 또 그러한 특성을 수용하려고 노력한다.

때로 지나치게 긴장하면 주로 신체적 반응으로 나타나서 잠을 이루지 못하기도 한다. 하지만 대개는 순간순간 자기에게 맞게 긴장을 적절히 조절한다. 직장에서 골치 아픈 일이 생기면 일이 끝나자마자 퇴근해서 산책을 하며 기분 전환을 하거나 피아노를 연주하는 것이다. 그는 자신의 민감성 때문에 출세할 수 있는 기회를 마다했다. 학장직을 맡았을 때도 스트레스를 받자 곧 직책을 내놓았다.

찰스는 자신의 특성을 결함으로 생각하지 않고, 적절히 생활 방식을 조절하면서 최적의 긴장감을 유지해왔다. 매우 민감한 사람들에게 조언 한마디만 해달라고 부탁하자 그는 이렇게 말했다. "바깥에 나가서 충분한 시간을 보내세요. 민감하다는 것을 두려워하지 마세요."

이 첫 장은 당신에게 자극적일 수도 있다. 지금 당신은 뭔지 모를 강렬하고 혼란스러운 감정을 느끼고 있을지도 모른다. 하지만 계속해서 읽어가다 보면 그러한 감정들이 점점 더 분명해지고 긍정적으로 변할 것이다.

다시 요약하면, 우리는 다른 사람들이 놓치는 미세한 부분들을 포착한다. 그래서 불편을 느끼는 긴장 수준에 빨리 도달한다. 이러한 신체적 특성이 사회적으로 올바른 평가를 받지 못하고 있다는 사실을 아는 것이 중요하다.

우리는 고문이나 사상가의 중간쯤, 그리고 사회에 필요한 영적이고 도덕적인 지도자의 자질을 타고 났다. 따라서 얼마든지 자부심을 느껴도 된다.

나의 민감함 다시 보기 1

내 인생을 바꾼 사건

지금까지 알게 된 사실에 비추어서 지나간 경험들을 재구성해보자. '재구성'은 어떤 기억을 새로운 방식으로 새로운 틀에 맞추어보는 것을 의미하는 인지심리학 용어이다.

첫 번째 재구성은 당신이 기억하는 인생의 중요한 변화 세 가지에 대해 생각해보는 것이다. 매우 민감한 사람들은 보통 변화에 저항한다. 아니면 변화를 견디려고 노력하지만 그 속에서 고통을 느낀다. 그리고 좋은 방향이라도 좀처럼 변화하지 않아서 미쳐버릴 정도가 되기도 한다. 나는 소설이 출간되어 홍보 차 영국에 갔다가 몇 년 동안 숨어 있던 병이 도져, 여행을 한순간도 즐기지 못했던 일이 있었다. 당시에는 신경증이 틀림없다고 생각했다. 그러나 나의 특성을 파악한 뒤에는 그 여행이 너무 힘들었을 뿐이라는 사실을 깨달았다.

이렇듯 당시의 경험을 새롭게 이해하는 것이 여기서 말하는 '재구성'이다. 이제 당신 차례이다. 당신 생애에서 가장 중요한 변화나 놀라운 일들에 대해 생각해보자. 우선 이별이나 사별처럼 당시에 무척이나 힘들었던 일을 선택하자. 그리고 좋지도 나쁘지도 않았지만 중요하다고 생각되는 변화를 한 가지 선택하자. 마지막으로 즐거웠던 일이나 기념할 만한 일을 하나 선택하자. 이제 각각의 사건에 대해 다음 단계를 따라 해보자.

❶ 그 변화에 당신이 어떻게 반응했는지, 그리고 그 경험을 항상 어떤 관점에서 이해했는지 생각해보자.

당시에 '잘못' 반응했다거나 다른 사람들과 다르게 반응했다고 느꼈는가? 또는 반응이 너무 오래 지속되지 않았는가? 어떤 식으로 자신이 쓸모없다고 생각했는가? 불안을 숨기려고 했는가? 아니면 다른 사람들이 눈치를 채고 당신에게 '지나치다'고 말하지는 않았는가?

어떤 변화에 부정적으로 반응한 예를 들어보자. 서른 살인 조시는 초등학교 3학년 때 전학한 이후로 20년 이상 수치심을 안고 살아왔다. 그는 그림을 잘 그리고 유머도 있으며 옷을 특이하게 입어서 친구들에게 인기가 높았다. 하지만 새로 전학 간 학교에서는 그런 특징들로 인해 놀림거리가 되고 괴롭힘을 당했다. 그는 아무렇지도 않은 듯 행동했지만 마음속으로는 괴로웠다. 서른 살이 되어서도 마음 한구석에 자신이 왜 그렇게 '인기가 없었는지' 의아했다. 자신이 정말 '괴상한 약골'일지도 모른다는 생각이 들었다.

❷ 이제 당신의 신체가 자동적으로 기능하는 방식에 대해 알게 된 것에 비추어 당신이 했던 반응에 대해 생각해보자.

조시의 경우, 그는 새로 전학 간 학교에서 처음 몇 주일 동안 매우 긴장했을 것이다. 그래서 아이들과 어울린다거나 게임이나 숙제를 잘하기가 어려웠을 것이다. 하지만 아이들은 그런 것들로 새로 온 학생을 판단하기 때문에 짓궂은 아이들의 표적이 되었고, 다른 아이들은 겁이 나서 그를 방어해주지 못했을 것이다. 그는 자신감을 잃었으며, 스스로 결함이 있고 사람들이 자신을 싫어한다고 느꼈다. 그런 생각 때문에 다른 사람들과 함께 있을 때나 새로운 것을 시도하려고 할 때마다 긴장했다. 그는 편안하고 정상적인 상태가 될 수 없을 것 같았다. 이 모든 것은 안타까운 일이긴 하지만 그가 부끄러워할 일은 아니다.

❸ 이제 뭔가를 할 필요가 있는지 생각해보자. 당신을 이해해주는 사람과 새로운 시각에 대해 이야기해보자.

기억을 확인해줄 사람이 있으면 더욱 좋다. 그리고 그 경험에 대한 과거의 관점과 새로운 관점을 적어두고 얼마 동안 스스로를 환기시키자.

2장

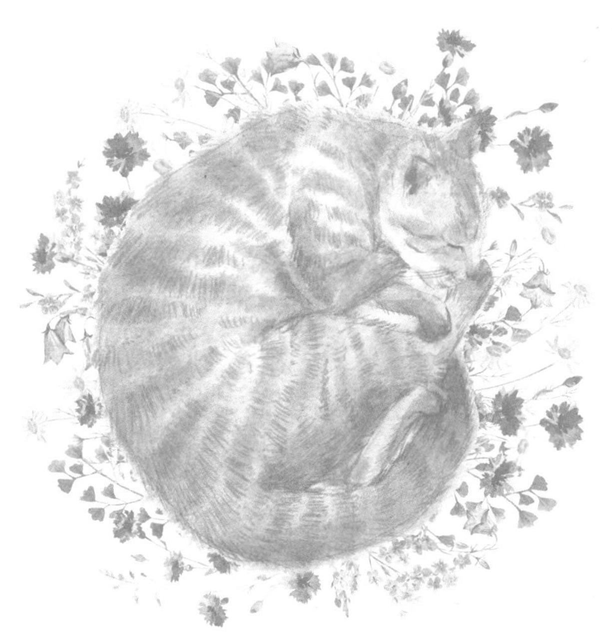

선천적일까, 후천적일까

쌍둥이 오빠 롭과 동생 레베카는 태어나자마자 뚜렷한 차이를 드러냈다. 레베카는 쉽게 잠이 들고 좀처럼 깨지 않았다. 하지만 롭은 어딜 다녀오고, 누가 왔다 가면 잠들지 못하고 보챘다. 레베카는 새로운 곳에 가는 걸 즐거워했지만, 롭은 낯선 것을 대할 때마다 울음을 터뜨렸다.

이제 우리가 아는 것들을 재정리해서 민감한 특성이 실재한다는 사실을 분명하게 밝혀보기로 하겠다. 이렇게 하는 이유는 심리학에서 민감한 특성에 대해 거의 거론하지 않기 때문이다. 먼저 아이들 성격에 관한 연구의 학문적 주장을 뒷받침해주는 아주 적절한 사례로 두 아이의 이야기를 하겠다.

◇ 쌍둥이를 통해 확인한 민감성 기질

내가 민감성에 관한 연구를 시작할 즈음 친한 친구가 쌍둥이를 낳았다. 쌍둥이 중 한 명은 사내아이 롭이었고, 다른 한 명은 여자아이 레베카였다. 우리는 첫날부터 두 아이가 다르다는 것을 분명히 알 수 있었고, 그 차이가 어떤 것인지 이해했다. 심리학자인 나로서는 반가운 사례였다. 아주 민감한 어린아이가 자라는 모습을 지켜볼 수 있게 되었을 뿐 아니라 그에게는 정확히 같은 환경에서 태어난 '대조군', 즉 비교 대상인 여동생 레베카가 있었던 것이다.

나는 롭이 태어날 때부터 관찰하면서 민감성이 선천적이라는 사실을 확인할 수 있었다. 쌍둥이는 처음부터 다른 대접을 받은 것이 사실이지만, 그 이유는 주로 롭의 타고난 민감성 때문이었다.(성별이 다른 롭과 레베카는 일란성 쌍둥이가 아니므로 다른 남자 형제나 여자 형제의 사례와 마찬가지이다.) 게다가 민감성과 관련된 성별이 뒤바뀌어, 사내아이인 롭은 민감하고 여자아이인 레베카는 그렇지 않았다. 롭이 레베카보다 몸집이 작다는 사실도 이례적이었다.

롭에 대한 이야기를 읽으면서 자신의 유년 시절 기억이 떠오른다고 해도 놀라지 않길 바란다. 내가 롭을 묘사하는 이유는 우리에게도 그와 비슷한 특성들이 있을 수 있기 때문이다. 따라서 희미한 기억이나 기억 이전의 어떤 느낌이 살아난다면 그대로 편안하게 맞이하고, 조용히 관찰하자. 글로 써보면 다음 장을 읽을 때 유익한 자료가 될 것이다.

롭과 레베카는 태어나서 처음 며칠 동안 피곤할 때 가장 뚜렷한 성격 차이를 보였다. 레베카는 쉽게 잠이 들고 좀처럼 깨지 않았다. 하지만 롭은 방문객, 여행 등과 같은 변화를 겪으면 잠들지 못하고 보챘다. 그래서 엄마나 아빠가 아이를 안고 걸어 다니고 흔들고 노래를 불러주고 다독이면서 진정시켜야 했다. 좀 더 큰 아이라면 침대로 데려가 조용하고 어두운 분위기를 만들어주면 점차 울음의 진짜 원인인 과다 자극이 진정된다. 매우 민감한 사람들은 '너무 피곤해서 잠을 이루지 못하는' 상태를 잘 알 것이다. 갓난 아이를 한 시간씩 울게 내버려 둔다는 것은 부모로서 못 할 짓인 데다, 별로 현명한 방법도 아니다. 신생아들은 보통 움직임에 의해 가장 잘 진정된다. 아이들 부모는 마침내 롭이 자동 그네에서 가장 쉽게 잠든다는 사실을 알았다.

그다음에는 롭이 자꾸 잠에서 깨는 것이 문제였다. 누구에게나 수면 주기라는 것이 있어서 쉽게 깨거나 깊이 잠드는 시간이 있지만, 민감한 아이들은 깊이 자는 시간이 적은 것 같다. 그리고 일단 깨어나면 다시 잠들기가 어렵다.(비록 기억하지는 못해도, 우리도 아마 어렸을 때 그랬을 것이다.) 나는 민감한 아이를 달랠 때 침대에서 조용함과 안락함을 느낄 수 있도록 아이 담요를 작은 텐트처럼 만들어 덮어준다. 특히 익숙하지 않은 장소에 눕혀놓을 때 효과적이다. 민감한 아이의 부모는 어쩔 수 없이 눈치가 빨라지고 창의적이 될 수밖에 없다.

롭과 레베카가 만 세 살이 되어갈 때 남동생이 태어났다. 아이들 부모가 병원에 있던 날 밤에 나는 남편과 함께 그 집에 가서 잤다. 그들은 롭이 적어도 한 번은 악몽을 꾸고 놀라서 깰 거라고 사전 정보를 주었다. 롭은 쌍둥이 여동생보다 그런 일이 잦았는데 매우 민감한 사람들이 종종 그렇다. 예상대로 새벽 5시에 롭이 흐느껴 울면서 우리가 자는 방으로 들어왔다. 롭은 잠이 깨지도 않은 채로 칭얼거리다 부모의 침대에 다른 사람들이 있는 것을 보더니 비명을 질렀다. 무슨 상상을 했을까? 아마 '위험해! 엄마가 없어졌어! 괴물들이 우리 엄마를 잡아먹었어!'라고 생각했을지도 모른다.

대부분의 부모들은 일단 아이가 말을 알아들으면 모든 것이 쉬워진다고 말한다. 특히 상상력이 뛰어난 민감한 아이라면 더욱 그렇다. 그런 아이를 달래는 요령은 흐느껴 우는 사이사이에 재빨리 안심시키는 말을 해주는 것이다. 다행히 롭은 유머 감각이 있었다. 그래서 최근에 내가 쌍둥이를 봐주러 왔다가 자기에게 저녁 식사 전에 과자를 준 일을 상기시켰다. 롭은 눈물을 삼키고 빤히 나를 쳐다보더니 빙그레 웃었다. 그의 머릿속 어딘가에서 나는 엄마를 잡아먹은 괴물이 아닌 멍청한 아줌마로 변해 있었다. 나는 롭에게 우리와 함께 자겠냐고 물었지만 롭이 자신의 침대를 택하리라는 것을 알고 있었다. 곧 아이는 자기 자리로 돌아가 곤히 잠들었다.

아침에 레베카가 들어왔다. 레베카는 부모가 없는 것을 보고 미소를 지으면서 말했다. "안녕, 아줌마. 안녕, 아저씨." 그리고 방에서 나갔다.

내가 만일 울음을 그치고 침대로 돌아가라고 소리쳤더라면 롭은 어떤 기분이 들었을까? 복종은 했겠지만, 위험한 세상에 혼자 버려진 것 같은 느낌을 가진 채 잠도 이루지 못했을 것이다. 그리고 롭은 몇 시간이고 그 경험을 되새기면서 자신은 야단맞을 만하다는 결론을 내렸을 것이다. 민감한 아이들은 신체적 또는 정신적인 충격이 없어도 어둠을 두려워한다.

한 살 때, 쌍둥이들을 데리고 멕시코 식당에 가면 레베카는 악대 연주에 즐거워했고 롭은 울음을 터뜨렸다. 두 살 때 레베카는 바다에서 파도와 놀고 미용실에 가고 회전목마를 타면서 즐거워했지만, 롭은 처음에는 모든 것을 무서워했다. 보육원에 간 첫날과 생일과 명절 때마다 따라오는 자극에도 마찬가지였다. 또한 솔방울, 이불에 그려진 무늬, 벽에 생기는 그림자를 보고도 롭은 무서워했다. 롭이 무서워하는 것이 다른 사람들에게는 이상하고 터무니없어 보였지만 롭에게는 이유가 분명했다.

간단히 말해, 롭의 어린 시절은 자신에게나 부모에게 다 힘들었다. 사실, 착실한 가정에서 자라는 아이의 까다로운 기질은 더 도드라져 보이는 법이다. 반대로 어려운 환경에서 자란 아이는 살아남기 위해 보호자에게 적응하는 과정 속에 진짜 기질이 숨어 있다가 나중에 스트레스와 관련된 신체적 증상으로 표면화될 수 있다. 하지만 롭은 자기가 하고 싶은 대로 했으므로 그의 민감성은 누구나 알아볼 수 있었다. 롭은 자신의 느낌을 자유롭게 표현할 수 있어서 무엇을 잘하고 무엇을 잘 못하는지 알 수 있었다. 예를 들어, 만 네 살이 될 때까지 롭은 종종 겁에 질려서 자지러지게 울었다. 부모는 참을성 있게 자신의 감정을 자제할 수 있도록 도와주었다. 롭은 시간이 지날수록 점차 나아지는 것 같았다. 예를 들어, 무섭거나 슬픈 장면이 나오는 영화를 보면서 아이는 부모가 해준 말을 자신에게 하는 법을 배웠다. "저건 영화일 뿐이야." 또는 "그래, 끝에 가서는 모든 것이 잘될 거야." 또는 눈을 감고 귀를 막거나 잠시 방에서 나갔다.

롭은 다른 아이들보다 조심스럽기 때문에 신체적인 기술을 늦게 배우는 것 같다. 그는 거칠고 난폭한 놀이는 불편해한다. 하지만 함께 어울리려고 노력하기 때문에 아이들이 그를 받아주었다. 그리고 부모가 세심하게 신경을 쓰는 덕분에 지금까지는 학교를 아주 좋아하고 있다.

롭의 특성으로 미루어 볼 때 그에게 기대할 수 있는 또 다른 특성들이 있다. 롭은 상상력이 뛰어나다. 또한 예술 작품, 특히 매우 민감한 사람들이 주로 그렇듯이 음악에 이끌린다. 그는 마음이 내키면 익살을 부리고 재주를 뽐낸다. 세 살 이후부터 롭은 눈치가 빠르고 미세한 차이를 집어내는 변호사처럼 생각을 했다. 다른 사람들을 배려할 줄 알고, 예의 바르며, 친절하다. 단, 너무 많은 자극으로 지쳐 있을 때는 예외지만.

한편 롭의 여동생은 나름대로 많은 덕목을 갖고 있다. 그중 하나로, 레베카는 쌍둥이 오빠에게 흔들리지 않는 든든한 닻이 되어 주고 있다.

롭과 레베카를 이렇게 다르게 만드는 것은 무엇일까? 이 책의 도입부에 나오는 자가 진단 테스트에서 우리가 다른 사람들보다 많은 항목에 그렇다고 대답하는 이유는 무엇 때문일까?

◇ 민감함은 실재한다

하버드 대학교의 심리학자 제롬 케이건Jerome Kagan은 평생을 민감성 연구에 바쳤다. 그에게 민감하다는 것은 사람들의 머리카락이나 눈의 색깔이 서로 다른 것만큼이나 분명한 차이를 보인다. 물론 그는 억압적, 숫기 없음, 소극적 등의 다른 단어들로 표현하고 있다. 나는 그의 이런 표현이 마음에 들지 않지만 우리가 충분히 그런 식으로 보일 수 있다는 것을 이해한다. 특히 연구실에서 관찰을 당하는 아이들은 억압적이고, 수줍어하고, 심하게 보일 수 있다. 내가 케이건의 의견에 한마디를 보태자면, 민감성은 실재하는 특성이며, 조용히 다른 사람들을 관찰하는 아이는 그가 보고 있는 것의 미묘한 차이까지 느낀다는 점에서 내면적으로는 적극적이라고 말할 수 있다.

케이건은 민감한 특성을 가진 아이들 22명의 발달 과정을 추적했다. 그는 또한 매우 '억압적'으로 보이는 19명의 아이들을 연구했다. 그들의 부모에 의하면, '억압적'인 아이들은 유아기에 알레르기와 불면증, 변비가 다른 아이들보다 심했다고 한다. 연구실에서 보면 그런 아이들은 심장박동 수가 일반적으로 좀 더 빠르며 스트레스를 받았을 때의 변화는 더 적게 나타났다.(심장박동이 원래 빠르다면 크게 변할 수 없다.) 또한 스트레스를 받으면 동공이 확대되고, 성대가 수축하면서 목소리의 음조가 높아졌다.

민감한 아이들의 체액(혈액, 변, 침)을 조사해보니 신경전달물질 노르에피네프린 수치가 높게 나타났다. 특히 연구실에서 여러 형태의 스트레스에 노출된 후에는 더욱 증가하는 것으로 나타났다. 또한 민감한 아이들의 체액에는 스트레스를 받든 받지 않든 코르티솔이 더 많이 함유되어 있었다. 코르티솔은 긴장이나 경계 상태에 있을 때 분비되는 호르몬이다. 앞으로 코르티솔에 대해 다시 이야기할 것이므로 기억해두기 바란다.

케이건은 당시 연구 대상인 유아들 가운데 누가 '억압적'인 아이로 성장할지 알아보려고 했다. 그는 유아들을 여러 가지 자극에 노출시켰을 때 약 20퍼센트가 '강하게 반응'한다는 사실을 알아냈다. 강하게 반응하는 유아들은 당황하거나 놀라서 마치 빠져나가려는 듯 팔다리를 버둥거리거나 머리를 뒤로 젖힌 채 울음을 터뜨렸다. 1년 후, 그런 반응을 보인 유아들의 3분의 2는 '억압적'인 아이가 되었으며, 10퍼센트 정도를 제외하고 새로운 환경에서 느끼는 두려움의 정도가 심했다. 그들의 특성은 롭의 경우처럼 태어날 때부터 어느 정도 구분이 가능했던 것이다.

이 모든 것은 이미 말한 대로 민감한 아이들이 외부 자극에 좀 더 강하게 반응하는 뿌리 깊은 경향을 타고난다는 사실을 암시한다. 케이건을 비롯한 다른 연구자들은 계속해서 자세한 연구를 하고 있다. 케이건은 또한 뒤늦게 민감한 특성을 보이는 아이들은 오른쪽 이마의 온도가 더 낮다는 것도 발견했는데, 이는 우뇌의 활동이 더 활발하다는 것을 보여주는 것이다. 또 다른 연구에서도 매우 민감한 사람들의 우뇌가 더 활발하게 활동한다는 결과가 나왔다. 특히 태어날 때부터 매우 민감했던 사람들에게 그런 경우가 많았다.

케이건은 민감하거나 억압적인 특성을 지닌 사람들은 특별한 혈통이라고 결론짓는다. 똑같은 사람이지만 유전적으로 확실히 다르다는 것이다. 마치 수색용 경찰견인 블러드하운드와 목양견 보더콜리가 둘 다 개이기는 하지만 특징이 전혀 다른 것처럼 말이다. 내 연구 결과 또한 매우 민감한 사람들이 특별한 유전적 '혈통'을 갖고 있다는 생각과 일치한다. 무작위 전화 설문 조사를 통해 나는 분명한 차이와 연속성을 함께 발견했다. 다섯 명 가운데 한 명꼴로, 즉 20퍼센트 정도의 사람들이 스스로 '극도로' 또는 '상당히' 민감하다고 느꼈다. 그리고 27퍼센트는 '적당히' 민감하다고 말했다. 정도의 차이는 있지만 그들에게는 여러 가지 공통점이 있었다. 반면 8퍼센트 가량은 '민감하지 않다'고 했다. 그리고 42퍼센트에 이르는 사람들은 마치 북극에 사는 사람들에게 코코넛에 대해 물어본 것처럼 머리를 가로저었다.

나는 매우 민감한 사람들을 만나면서 그들이 실제로 민감하지 않은 사람들과는 분명히 다른 특별한 집단이라고 느꼈다. 하지만 그들 사이에서도 민감한 정도는 천차만별이다. 그 이유는 아마 민감성의 원인이 서로 다르기 때문인 것 같다. 사람들마다 민감한 '취향'이 서로 다르고, 경험이나 의식적 선택에 의해 민감성이 증가하거나 감소할 수 있다. 그래서 매우 민감한 사람들을 분명하게 구분할 수 없는 것이다.

하지만 롭과 레베카가 서로 다른 유형의 인간이라는 느낌은 부정할 수 없다. 우리 역시 그렇다. 우리는 분명 다르다.

◇ 우리의 뇌는 어떤 시스템일까

많은 학자들이 뇌에는 두 가지 시스템이 작용하는데 그 둘 사이의 균형이 민감성을 결정짓는다고 생각한다. 우선 '행위 활성화 시스템'(또 다른 말로 '접근' 또는 '촉진' 시스템)은 감각으로부터 메시지를 받아서 사지를 움직이게 명령하는 뇌와 관계가 있다. 이 시스템은 우리로 하여금 객체를 향해, 특히 새로운 사물을 향해 움직이게 만든다. 그래서 우리는 계속해서 새로운 음식과 새로운 인간관계 같은 생존에 필요한 것들을 열심히 찾게 되는 것 같다. 활성화 시스템이 기능할 때는 호기심을 갖게 되고 대담해지며 추진력이 생긴다.

또 다른 시스템은 '행위 억제 시스템'(또 다른 말로 '후퇴' 또는 '회피' 시스템)이라고 한다.(용어만 봐도 우리 문화가 어느 쪽을 '편애'하는지 알 수 있다.) 이 시스템은 세상으로부터 후퇴하고 위험을 경계하게 만든다. 그래서 우리는 조심스럽고 신중해진다. 이 시스템은 케이건이 '억압적인' 아이들에게서 보다 활발하게 작용한다고 말한 뇌의 특정 부분과 관계가 있다.

실제로 이 '행위 억제 시스템'은 무슨 역할을 하는 것일까? 그것은 어떤 상황에서 모든 것을 흡수하고 자동적으로 현재를 과거와 미래의 경험과 비교하게 만든다. 그래서 무언가 맞지 않는 것이 있을 때는 새로운 환경을 이해할 때까지 멈추고 기다리게 한다. 나는 이 시스템이 지능과 관련된 매우 중요한 역할을 한다고 본다. 그래서 '멈춤 확인 시스템'이라는 좀 더 긍정적인 이름을 붙이기로 했다.

그러면 이제 멈춤 확인 시스템이 좀 더 활발하게 작용할 경우 어떻게 되는지 생각해보자. 롭과 레베카가 학교에 간다. 레베카는 어제와 같은 교실, 같은 교사, 그리고 같은 아이들을 본다. 그녀는 달려가서 함께 어울린다. 롭은 교사의 기분이 언짢고, 아이들 중 한 명이 화가 나 있다는 것을 눈치챈다. 그리고 한쪽 구석에 전에 없던 가방들이 놓여 있는 것을 본다. 롭은 머뭇거리며 무엇을 조심해야 하는지 판단한다. 그래서 민감성, 즉 미세한 감각 정보를 처리하는 과정이 다시 현실적인 차이로 드러난다. 심리학에서는 이 두 가지 시스템이 상반된 목적을 지향한다고 기술해왔다.

민감성을 이처럼 두 가지 시스템으로 설명할 수 있다면 매우 민감한 사람도 두 가지 타입으로 나눌 수 있다. 어떤 사람에게는 활성화 시스템이 훨씬 약하고 멈춤 확인 시스템이 강하게 작용할 수 있다. 이런 타입은 마치 왕의 고문으로 국가와 국민을 통치하던 수도승들처럼 차분하고 조용하며 단순한 생활에 만족한다. 또 다른 타입은 잠재적으로 강한 멈춤 확인 시스템을 갖고 있으면서 또한 활성화 시스템 역시 그만큼 강하게 작용할 수 있다. 이런 타입은 호기심이 강하면서도 신중하고, 대담하면서도 불안하며, 쉽게 지루해하면서도 쉽게 긴장한다. 또한 적정 수준의 긴장 상태를 유지하기가 힘들다. 따라서 이런 사람의 내면에서는 왕실의 고문과 충동적이고 전투적인 전사가 끊임없이 갈등하고 있다고 말할 수 있다. 나는 롭이 이런 타입이라고 생각한다. 하지만 너무 조용하고 호기심이 없는 것처럼 보이는 아이들은 무시당하고 방치될 위험이 있다.

당신은 어떤 타입인가? '활성화·용맹한 왕' 시스템은 침묵하고 있고, '멈춤 확인·고문 계급' 시스템이 혼자 지배하고 있는가? 그래서 조용한 생활에 만족하는가? 아니면 둘 사이에서 끊임없이 갈등하고 있는가? 나중에 지쳐버릴 것을 알면서도 항상 새로운 것을 시도하고 싶어 하는가?

◇ 최초의 불안을 어떻게 극복했나

우리가 복잡한 존재라는 것을 잊지 말자. 오리건 대학교의 메리 로스바트Mary Rothbart는 사유하고 선택하며 선택한 것을 실행할 의지가 있는 성인들의 경우에는 성격 문제가 전혀 달라질 수 있다고 확고히 믿고 있다. 로스바트는 만일 심리학자들이 어린이와 동물을 너무 많이 연구한다면 인간의 사유와 경험의 역할을 간과하게 될 것이라고 경고한다.

자신과 롭의 발달 과정을 생각하면서, 로스바트의 주장대로 매우 민감한 사람이 각 단계마다 어떻게 달라지는지를 알아보자. 태어날 때 아이의 유일한 반응은 부정적(불안과 불편함)이다. 이때는 케이건이 "강하게 반응한다"라고 표현했듯이, 우리나 롭처럼 민감한 아이는 특히 더 불안해하고 불편해한다는 점에서 다르다고 할 수 있다. 2개월 정도가 되면 행위 활성화 시스템이 기능을 한다. 이제 욕구를 만족시킬 수 있는 새로운 것들에 관심을 갖는 것이다. 그와 함께 새로운 기분, 예를 들어 원하는 것을 얻지 못했을 때 분노와 좌절이 생겨난다. 그래서 긍정적인 감정이나 분노가 일어나고, 느끼는 방식이 활성화 시스템의 강도에 의해 좌우된다. 두 가지 시스템이 모두 강한 롭은 쉽게 짜증을 부리는 아이가 되었다. 한편 민감하지만 활성화 시스템이 약한 아이들은 이 시기에 평온하고 '순한' 아이가 된다.

6개월이 되면 매우 민감한 사람들에게 우세한 멈춤 확인 시스템이 가동하기 시작한다. 현재의 경험을 과거의 경험과 비교하고, 만일 현재의 경험이 과거에 그랬던 것처럼 불안하면 두려움을 느낀다. 하지만 다시 매우 민감한 사람들은 각 경험에서 보다 미세한 차이를 잡아낸다. 낯섦과 두려움 이외에도 다른 많은 것들을 지각한다. 민감한 아이에게는 6개월 즈음의 모든 경험이 매우 중요하다. 아이가 새로운 것에 접근할 때 부정적인 경험을 몇 번 하면 멈춤 확인 시스템은 완전히 멈춤 무행위 시스템으로 바뀔 수 있다. 나쁜 일들을 피하려면 모든 것을 피하는 것이 상책이니까. 마침내 10개월 정도가 되면 관심을 돌리거나, 무언가를 어떤 식으로 경험할지 결정하거나 또는 행동을 중지하는 능력이 생기기 시작한다. 이때가 되어서야 겨우 두 가지 시스템 사이의 갈등을 해결하기 시작한다. '나는 저것을 하고 싶지만 너무 낯설어 보인다'라고 생각할 수 있을(10개월 된 아이가 이런 말을 할 수는 없지만 생각은 할 수 있다.) 뿐 아니라 어떤 감정을 따라갈지 선택할 수 있게 되는 것이다. 이 시기에 롭이 어떻게 할지 짐작할 수 있다. "그래 익숙하진 않지만 그래도 해봐야지."

아마 멈춤 확인 시스템이 너무 오래 또는 자주 기능하면 그것을 떨쳐낼 줄도 알게 될 것이다. 한 가지 방법은 다른 사람들을 따라 하는 것이다. 조심스럽게 따라 하다 보면 좋은 일이 생길 수도 있다.

또 다른 방법으로는 자극을 자신에게 익숙한 대상으로 재분류할 수도 있다. 영화에서 으르렁거리는 늑대를 보면 '단지 큰 개에 불과하다'라고 생각하는 것이다.

두려움을 극복하는 사회성은 로스바트가 성인에게서 찾아볼 수 있다고 말하는 또 다른 시스템을 포함한다. 이 시스템은 10개월 정도에 나타나기 시작하므로 이 시기의 아이는 다른 사람들과 어울리는 것을 좋아하게 된다. 이러한 사회적 경험이 긍정적이면 생물학적으로 준비된 또 다른 심리가 발전한다. 이것을 사랑이라고 부를 수 있다. 사랑은 '좋은 기분'을 주는 신경 화학물질인 엔도르

핀을 생산한다.

아이가 누구에게 도움을 받을 수 있다고 믿으면 두려움을 얼마나 극복할 수 있을까? 당신에게는 의지할 수 있는 사람이 누구였는가? '엄마가 여기 있으니까 한번 해봐야지'라고 생각했는가? '걱정할 것 없어. 나는 괜찮을 거야'라고, 엄마가 당신을 달랬던 말과 행동을 흉내 내서 자신을 달랬는가? 나는 롬이 이런 모든 방법들을 사용하는 것을 보았다.

우리는 우리 자신과 어린 시절을 살펴보았고, 앞으로 이 문제를 좀 더 자세히 다룰 것이다. 실제로 기억하지는 못하지만 당신이 알고 있는 사실들로부터 판단해보자. 당신은 태어나서 처음 1년 동안 어떠했는가? 지금의 사고방식과 자제력이 당신의 민감성에 얼마나 영향을 미치고 있는가? 긴장을 조절할 수 있을 때는 언제인가? 누가 그렇게 하라고 가르쳤는가? 역할 모델은 누구였는가? 지나치게 몸을 사리지 말라고 배웠기 때문에 지금 감당할 수 없는 일을 하고 있지는 않은가? 아니면 세상이 불안하므로 지나친 긴장감은 어쩔 수 없다는 식으로 배웠는가?

◇ 불안대처법이 성격을 결정한다

성격을 연구하는 학자들은 대부분 순간적인 긴장을 연구해왔다.

순간적인 긴장이 쉽게 관찰되는 이유는 심장과 호흡이 빨라지고 땀이 나며 동공이 확대되고 아드레날린이 분비되는 등 분명한 징후가 나타나기 때문이다. 하지만 호르몬에 의해 좀 더 지배를 받는 또 다른 긴장 시스템이 있다. 이 시스템 역시 신속하게 작용하지만, 그 주요 산물인 코르티솔의 효과는 10~20분 후에나 감지된다. 중요한 점은 코르티솔이 분비되면 순간적인 긴장 반응도 동반 상승한다는 것이다. 따라서 이러한 만성적인 긴장으로 인해 좀 더 흥분하고 민감해질 수가 있다.

코르티솔의 효과는 대부분 몇 시간 또는 며칠에 걸쳐서 나타나는데, 주로 혈액이나 타액, 소변에서 검출되므로 만성적 긴장 상태는 알아내기가 쉽지 않다. 하지만 심리학자인 미네타 대학교의 메건 구나르Megan Gunnar는 멈춤 확인 시스템이 이러한 불건전하고 불쾌하며 만성적인 긴장으로부터 우리를 보호해준다고 생각했다.

연구에 의하면, 사람들이 처음 새롭고 위협적인 것과 마주하게 되면 언제나 순간적인 반응이 먼저 나타난다. 그리고 한편으로는 의지할 데를 찾기 시작한다. 우리에게 어떤 힘이 있는가? 이런 종류의 자극을 과거에 배운 적이 있는가? 도와줄 사람이 주위에 있는가? 만일 스스로 또는 자신과 함께 있는 사람이 그 자극에 대처할 수 있다고 생각하면 더 이상 위협적으로 느끼지 않게 된다. 그래서 순간적인 긴장은 수그러든다. 하지만 만성적인 긴장은 사라지지 않는다.

구나르는 이 과정을 흥미로운 실험으로 보여주었다. 그녀는 케이건이 '억압적'인 아이들을 구별하기 위해 사용한 것과 흡사한 위협적인 상황을 설정했다. 처음에는 9개월 된 아이들을 30분 동안 어머니에게서 떼어놓았다. 아이들 가운데 절반은 보호자가 모든 기분을 맞추어주면서 매우 세심하게 보살폈고, 나머지 반은 보채거나 울기 전에는 모른 체하고 보살피지 않았다. 그리고 30분 후에 아이들이 깜짝 놀랄 만한 새로운 무언가를 접하게 했다. 여기서 중요한 점은 민감한 아이들 중에서도 보호자가 무심한 경우에만 타액에서 코르티솔이 증가했다는 사실이다. 세심하게 신경 써주는 보호자와 함께 있는 아이들은 의지할 데가 있어서인지 만성적 스트레스를 느끼지 않는 것 같았다.

보호자가 어머니라면 어떨까? 어머니와 함께 있는 아이들을 관찰한 심리학자들은 아이가 '안정 애착'을 느끼는지 알 수 있는 특별한 증거들을 발견했다. 스스로 안전하다고 느끼는 아이는 마음 놓고 모험을 하며 새로운 경험을 해도 위협으로 여기지 않는다. 그러나 '불안정 애착'을 보이는 아이들도 있다. 이런 아이들은 어머니가 과잉보호를 했거나 아니면 너무 무심했다.('애착'에 대해서는 3장과 4장에서 좀 더 설명하겠다.) 민감한 아이들은 보통, 어머니와 함께 새롭고 놀라운 상황을 마주했을 때 순간적으로 강한 긴장 반응을 보인다. 하지만 어머니에게 안정 애착이 되어 있다면 스트레스로 인한 만성적 코르티솔 증가 반응은 보이지 않는다. 반면, 안정 애착이 되어 있지 않은 아이는 깜짝 놀라는 경험이 만성적 긴장으로 이어진다. 민감한 아이들은 — 나이 든 사람들 역시 — 세상으로부터 후퇴하지 않고 참여하는 것이 중요하다. 그러자면 보호자를 안전하다고 느끼고, 세상을 성공적으로 경험할 수 있어야 하며, 뭔가를 피할 때는 그만한 이유가 있어야 한다. 그리고 이 모든 일들은 아이가 말을 하기 전부터 시작된다!

현명하고 민감한 부모는 거의 본능적으로 아이에게 필요한 경험을 제공한다. 롭의 부모는 끊임없이 아이를 칭찬하고 아이가 두려워하는 대상이 현실인지 아닌지 시험해보도록 격려하는 한편 필요할 때 도움을 준다. 시간이 지나면 롭은 처음 한두 해 동안 느꼈던 것처럼 세상이 무섭지 않다는 것을 알게 될 것이다. 또한 창의성, 직관력 등 매우 민감한 사람의 모든 장점이 활짝 꽃필 것이고 약점은 점차 줄어들 것이다.

부모가 민감한 아이에게 안정감을 주지 못할 때 아이가 실제로 '억압적'이 되는지의 여부는 아마도 활성화 시스템과 멈춤 확인 시스템의 상대적인 힘에 달려 있을 것이다. 하지만 어떤 부모들과 환경이 문제점을 훨씬 악화시킬 수 있다는 점은 분명하다. 무서운 경험이 반복되는 경우, 그 상황에서 위로나 도움을 받지 못하거나, 호기심에 대해 처벌을 받거나, 도움을 주어야 하는 사람이 오히려 위험한 대상이 되는 경험을 한다면 경계심은 더욱 커질 것이다. 또 다른 문제는 유아의 몸 안에 코르티솔이 많을수록 잠을 못 잔다는 것이다. 그런데 잠을 못 자면 코르티솔은 더 많아지고, 코르티솔이 많아지면 더 긴장하게 되며, 긴장하면 코르티솔은 더 많아진다. 반면 밤에 방해를 받지 않고 자고, 때맞춰 낮잠을 자면 코르티솔이 줄어든다. 그리고 코르티솔이 줄어들면 순간적인 긴장도 약화된다. 롭의 경우도 이것이 끊임없는 문제였다는 것을 쉽게 알 수 있었다. 아마 우리도 어렸을 때 그랬을 것이다. 게다가 유아 때 시작되는 수면 문제를 조정하지 않으면 어른이 될 때까지 지속될 수 있고 거의 참을 수 없을 정도로 민감해질 수 있다. 그러니 잠을 충분히 자도록 해야 한다!

◇ 무의식의 지배를 많이 받는다

뭔지 모를 두려움을 느끼거나 악몽을 꿀 때를 제외하고 우리의 민감한 특성이 연구나 관찰에 의해서 쉽사리 포착되기 어려운 또 다른 이유가 있다. 민감한 특성이 실재한다는 사실을 이해하기 위해 연구실을 떠나 심층 심리학자의 상담실로 들어가 보기로 하자.

심층 심리학자들은 무의식 속에 억압되거나 단순히 언어 이전의 상태로 묻힌 채 계속해서 우리의 생활을 지배하고 있는 경험을 주로 연구한다. 매우 민감한 사람들은 얕은 잠을 자면서도 놀라울 정도로 생생한 '원형적'인 꿈을 꾼다. 어둠이 깊어지고 희미한 소리나 형태가 상상력을 지배하기 시작할 때 매우 민감한 사람들은 그런 것들을 더 많이 지각한다. 또한 낮 동안에 경험한 일들이 반의식이나 무의식 상태로 남아 있다. 잠이 들어 의식적인 마음이 쉬고 있을 때도 머릿속에서 떠나지 않는다. 잠이 들고, 잠을 유지하고, 깨어났다가 다시 잠들기 위해서는 스스로에게 위안을 주고 세상에서 안전하다고 느낄 수 있어야 한다.

민감성에 대해 분명하게 언급한 학자는 심층 심리학의 창시자 카를 융이 유일했다. 또한 그는 예외적으로 민감성을 긍정적으로 생각한 사람이었다. 당시에는 정신분석학자 지그문트 프로이트로부터 시작되었을, 유전적 기질이 정서적인 문제를 포함해서 성격에 얼마나 영향을 미치는지에 대한 논쟁이 일고 있었다. 프로이트는 '신경증'이 충격, 특히 혼란스러운 성적 경험에 의해 기인한다는 사실을 증명하려고 했다. 오랫동안 프로이트의 제자였던 융은 성에 관련된 문제에서 결국 그와 갈라섰다. 융은 근본적인 성격 차이가 타고난 민감성에 있다고 판단했다. 그는 민감한 환자들이 어떤 충격을 경험했을 때 유난히 영향을 많이 받고 신경증으로 발전한다고 믿었다. 즉 매우 민감한 사람이라도 어린 시절에 충격을 받지 않으면 신경증을 보이지 않는다는 것이다. 이러한 융의 주장은 "민감한 아이가 엄마에게 안정 애착이 되어 있을 때 새로운 경험에도 위협을 느끼지 않는다"라는 구나르의 연구와 일맥상통한다. 융은 매우 민감한 사람들을 매우 높이 평가했는데, 사실 그 자신도 매우 민감한 사람이었다.

융이 매우 민감한 사람을 연구한 기록은 많지 않다. 예를 들어 그는 "선천적인 민감성은 유아기를 특별한 방식으로 경험하게 만든다", 그리고 "강한 인상을 주는 사건들은 민감한 사람들에게 흔적을 남기지 않고 사라질 수 없다"라고 말했다. 나중에 융은 내성적인 타입과 직관적인 타입을 서로 비슷하게, 그리고 보다 긍정적으로 기술하기 시작했다. 그는 민감한 사람들이 자기방어적, 즉 내성적이 될 수밖에 없다고 말하면서 그들은 "교육자이며 문화 발전에 기여하고…… 그들의 삶 자체가 또 다른 가능성, 우리 문명에서 절대적으로 부족한 내면세계를 보여준다"라고도 했다.

융은 민감한 사람들은 자연히 무의식에 의해 더 많은 영향을 받으며, 무의식이 그들에게 '지고의 가치', '예언적인 선견지명'의 정보를 제공한다고 말했다. 그리고 무의식 속에 사람들이 배워야 하는 중요한 지혜가 숨어 있다고 생각했다. 따라서 무의식과 깊이 교류하면 훨씬 더 영향력 있고 개인적으로 만족스러운 삶을 살 수 있다는 것이다. 하지만 어린 시절에 안정 애착이 되지 않고 혼란스러운 경험들을 많이 겪는다면 더 힘들어할 수도 있다고 했다. 구나르의 연구에서 알 수 있듯이 융의 말은 정확하게 맞았다.

롭, 케이건, 구나르, 그리고 융은 이처럼 민감한 특성이 확실하게 실재한다는 사실을 확인시켜준다. 분명 매우 민감한 사람들은 다를 수밖에 없다. 다음 장에서는 우리가 특별하고 민감한 신체와 조화를 이루면서 어떤 식으로 다른 사람들과 다르게 살아야 하는지에 대해 생각해보겠다.

그런데 다소 어두운 면, 예를 들어 두려움, 수줍음, 소극적이고 고통스러운 긴장감 등도 생각하지 않을 수 없다. 융이 유일하게 민감한 특성의 장점에 대해 이야기했지만, 그것도 깊고 어두운 의식에 관련해서였다. 하지만 이 역시 문화적 편견에서 비롯된 것임을 기억하자. 강인함을 선호하는 문화에서는 민감한 특성을, 치료해야 할 문제점으로 여긴다. 매우 민감한 사람들이 다른 사람들과 다른 점은 주로 자극을 처리하는 과정에 있다는 사실을 잊지 말자. 민감성을 가장 기본적인 특성으로 이해하는 것이 긍정적이고 정확한 견해이다.

나의 민감함 다시 보기 2

보다 깊이 반응하기

지금까지 알게 된 사실들을 바탕으로 훈련을 해보도록 하자. 당신은 지금 머리로 이해하고 있지만, 어쩌면 감정적으로 보다 깊이 반응하고 있을지도 모른다.

그러한 깊은 반응에 도달하기 위해서는 우리의 신체와 감정의 심층적인 부분, 그리고 근본적이면서도 본능적인 종류의 의식, 즉 융이 말한 무의식에 도달할 필요가 있다. 이 책을 읽으면서 어쩌면 무의식 속의 당신 일부가 — 지나쳐버리고 잊어진 당신의 일부가 — 위협을 받거나 위로를 받고 흥분하거나 슬퍼하고 있을지도 모른다.

우선 다음 지시를 모두 읽고 나서 따라 해보자.

마음을 가다듬고 배로 호흡하는 것으로 시작한다. 마치 풍선을 불듯이 입으로 크게 숨을 내쉬면 횡경막이 오르내리면서 배가 조일 것이다. 그러면 자연히 배로 숨을 들이쉬게 된다. 숨을 들이쉴 때는 자연스럽고 편안하게 하자. 숨을 내쉴 때만 길게 내뱉으면 된다. 일단 가슴이 아닌 몸의 중앙, 복부로 숨을 쉬는 것이 안정되면 더 이상 힘들여서 입으로 내쉬지 않아도 된다. 호흡이 안정되면 상상 속에 모든 것을 흔쾌히 받아들일 수 있는 안전한 공간을 만들자. 그리고 그 모든 느낌을 의식으로 연결하자. 등이 아프거나 목이 뻣뻣하거나 속이 불편하거나 하는 신체적인 느낌이 있다면 그 감각을 자라게 하면서 그것이 당신에게 무엇을 보여주려고 하는지 말하게 하자. 어쩌면 스쳐 지나가는 이미지를 볼 수도 있다. 아니면 어떤 목소리를 듣거나 어떤 감정을 관찰할 수도 있다. 여러 가지 감정이 이어질 수도 있다. 신체적인 느낌이 이미지로 나타날 수도 있고, 아니면 어떤 목소리가 당신이 느끼기 시작한 감정을 말해줄지도 모른다. 마음을 가다듬고 최대한 모든 것을 감지하자. 만일 어떤 감정이 밖으로 표출되려고 하면, 즉 웃거나 울거나 화를 낼 필요가 있다면 잠시 그렇게 하자.

이제 앞의 상태로부터 나와서 무슨 일이 있었는지 생각해보자. 무엇이 그 감정을 불러일으켰는가? 책에서 읽은 어떤 내용이었는가? 책을 읽으면서 생각하거나 기억한 것이었는가? 그 감정은 당신이 민감하다는 것과 어떤 식으로 연결되어 있었는가?

마지막으로 당신이 알게 된 것을 언어로 옮겨보자. 혼자 생각을 해보거나 누군가에게 이야기를 하거나 아니면 글로 써보자. 나아가 이 책을 읽는 동안 느끼는 감정들을 일기로 쓰면 큰 도움이 될 것이다.

3장

몸과 마음의 이야기가 들리지 않는가

유아와 우리 몸의 공통점을 살펴보자.
둘 다 긴장하거나 피곤하지 않을 때는 협조적이지만 너무 지치면 속수무책이다. 엄마가 유아의 요구를 만족시키는 것처럼 우리 몸의 요구는 우리만이 충족시킬 수 있다. 운다고 마냥 내버려 두거나 울음이 그치기를 강요하면 우리는 점점 불행해진다.

이번 장에서는 우리 몸의 민감한 요구를 이해하는 법을 배울 것이다. 매우 민감한 사람들은 이 문제로 종종 뜻밖의 어려움을 겪기 때문에 나는 우리 몸을 유아에 비유해서 접근하는 방식을 고안해냈다. 앞으로 알게 되겠지만 터무니없는 비유는 아니다.

◇ 6주 된 아이가 느끼는 고통

"천둥이 친다. 하늘이 날카로운 금속성으로 변한다. 구름이 몰려오면서 하늘을 가른다. 하늘이 이리저리 조각나 흩어진다. 바람이 몰아친다. 정적 속에서 세상이 무너져 내리고 있다. 무슨 일이 일어날 것만 같다. 불안이 점점 자라나고 몸속에 퍼져 고통으로 변한다."

앞의 묘사는 발달심리학자인 다니엘 스턴Daniel Stern의 저서 《갓난 아기가 쓴 일기Diary of a Baby》에서 조이라는 6주 된 아이가 점점 배가 고파지는 순간을 가상으로 꾸며본 글이다. 요즘 조이의 일기를 뒷받침해주는 연구가 쏟아져 나오고 있다. 예를 들어, 아이들은 외부 자극을 내부 자극과 구분하지 못하며, 방금 전에 일어난 일을 기억해서 다른 감각이나 현재와 구분하지 못한다고 한다. 자기 자신이 무언가를 경험하고 있는 주체라는 사실을 모르는 것이다.

이 모든 사실을 기초로 스턴은 아이의 경험을 날씨에 비유했다. 아이가 경험하는 세상은 대부분 격동적으로 변화한다. 아이를 불안하게 만드는 것은 엄청난 긴장을 유발하는 격렬함이다. 매우 민감한 사람들은 알아두자. 지나친 긴장은 태어나서 느끼는 최초의, 그리고 가장 기본적인 고통을 주는 인생 경험이다. 사람들은 태어나면서부터 긴장에 대해 배우기 시작한다. 다음은 조이가 젖을 먹고 배고픔이 가라앉은 후의 느낌을 상상한 글이다.

> 모든 것이 다시 만들어졌다. 변화된 세상이 깨어나고 있다. 폭풍은 지나갔다. 바람은 잠잠해졌다. 하늘은 조용하다. 이리저리 갈라지고 뭉쳐 다니던 것들이 사라졌다. 모든 것이 조화를 이루며 변화하는 빛처럼 새롭게 되살아난다.

스턴은 아이들도 적정 수준의 긴장을 필요로 한다고 판단한다.

아기의 신경계는 어떤 대상이 감각에 접근하는 강도를 즉각 평가할 준비가 되어 있다. 아이는 자신이 느끼는 강도에 따라 접근할 것인지 피할 것인지를 판단한다. 만일 강도가 참을 만하면 아이는 그 대상에 이끌린다. 적절한 강도는 아이에게 긴장과 활력을 불어넣고…… 모든 존재를 깨어나게 한다.

다른 말로 하면, '지루하면 재미가 없다'. 반면, 유아·민감한 몸은 초긴장 상태를 피하기 위해 너무 강한 자극을 피하는 본능을 갖고 있다. 이번에는 일기 형식을 빌려 민감한 아이 제시의 경험을 가상으로 묘사해보겠다.

바람이 끊임없이 불어온다. 때로는 으르렁거리면서 휘몰아치다가 때로는 날카롭게 윙윙거리고 때로는 지친 듯 신음 소리를 낸다. 하늘이 대낮처럼 밝아졌다가 깜깜해지고 끝도 없이 구름들이 몰려온다. 불길한 어둠이 내려오면서 잠시 바람이 빛과 함께 물러나는 듯하다. 하지만 어둠은 그 자체로 혼란스럽고, 울부짖는 바람은 회오리가 되어 이리저리 방향을 바꾸기 시작한다. 이렇게 들끓는 혼돈으로부터 바람이 생겨나고 서로서로 힘을 얻으면서 하나의 맹렬한 폭풍이 일어난다. 깊은 한밤중에 지옥 같은 태풍이 불고 있다.
이렇게 힘든 상황이 멈추는 시간이나 장소가 어딘가에 있겠지만 그 천국을 찾을 길이 없다. 이 바람은 아래위나 양옆으로 움직일 줄 모르고 중앙을 향해 무시무시하게 돌고 돌 뿐이다.

내가 쓴 내용은 제시가 어머니와 누나들과 함께 쇼핑몰에 갔다가 돌아오는 과정에서, 유아용 카시트에서 유모차로, 그리고 다시 카시트에 옮겨지면서 경험하는 일을 상상한 것이다. 그날은 토요일이었고 쇼핑몰은 북적였다. 집으로 돌아오는 길에 누나들은 서로 자기가 듣고 싶은 방송을 듣겠다고 다투면서 점점 더 크게 라디오 볼륨을 높였다. 교통이 혼잡해서 차가 계속 정지했다가 다시 출발했다. 그들은 제시가 보통 낮잠을 자는 시간이 한참 지나서야 집에 도착했다. 젖을 먹게 되었을 때 제시는 너무 지친 나머지 허기도 느끼지 못하는 듯 울고 보채기만 했다. 그래서 어머니는 제시를 재우려고 눕혔다. 그때 태풍이 마지막으로 제시를 덮친다.

제시가 배가 고프다는 사실을 잊지 말자. 배고픔은 내부로부터 오는 또 다른 자극이다. 배가 고프면 긴장이 더 심해질 뿐 아니라 평상시 신경계의 기능에 필요한 생화학물질이 줄어든다. 나는 조사를 하면서 배고픔이 매우 민감한 사람들에게 특히 강한 영향을 준다는 것을 알 수 있었다. 어떤 사람은 "나는 배가 고파지면 어린애가 된 것처럼 머릿속에서 '지금 당장 우유와 과자를 먹어야 해'라는 말이 들릴 정도이다"라고 말했다. 하지만 너무 긴장한 상태에서는 허기를 느끼지 못할 수도 있다. 민감한 우리 몸을 잘 돌보는 것은 아이를 돌보는 것과 같다.

유아와 우리 몸이 어떤 공통점이 있는지 생각해보자. 첫째, 둘 다 긴장하거나 피곤하거나 배가 고프지 않을 때는 아주 느긋하고 협조적이다. 둘째, 너무 지치면 속수무책이 된다. 유아는 보호자가 한계를 정하고 단순하고 기본적인 욕구를 만족시켜주지만, 우리 몸은 그것을 자신에게 의지하고 있다. 또한 둘 다 자신의 문제점을 설명할 줄 모른다. 점점 더 애타게 신호를 보내다가 증세가 너무 심해지면 무감각해지기도 한다. 현명한 보호자는 유아·민감한 몸이 보내는 신호에 즉각 반응해서 화를 피하는 법을 알고 있다. 앞장에서 보았듯이, 신생아나 우리 몸을 응석받이로 만들지 않으려면 '울게 내버려 두어야 한다'라고 생각하는 것은 잘못이다. 연구에 의하면 유아의 울음에 즉시 반응하면(자극을 더 얹어주는 반응은 제외하고) 커가면서 점차 덜 운다고 한다.

우리 몸은 감각이 뛰어나며, 또한 태어난 순간부터 민감하다. 예전에 무엇이 힘들었고 지금은 무엇이 힘든지 알고 있다. 또한 부족한 것이 무엇인지, 부모나 다른 보호자에게서 무엇을 배웠는지, 지금 필요한 것은 무엇이고, 앞으로 어떻게 보살펴야 하는지 알고 있다. 우리 몸이 알고 있는 것에서부터 출발하면 '시작이 반'이 될 수 있다.

◇ 지나치게 보호받거나 방치되거나

갓 태어난 모든 영장류는 어미에게 매달리고 대부분의 어미는 새끼가 안전하게 매달려 있기를 바란다. 인간도 마찬가지로 부모와 유아 사이에는 '안정 애착'이 형성된다.

유아는 시간이 지날수록 안전하다고 느끼면 탐험을 시작하고 독립적으로 행동한다. 엄마는 문제가 생기면 언제라도 도와줄 준비를 하고, 아이가 커가는 모습을 지켜보면서 뿌듯해한다. 하지만 여전히 보이지 않는 종류의 소속감이 존재하므로 위험한 순간이 되면 둘은 다시 한몸이 되어 안정 애착이 된다.

보호자가 자신이 양육된 방식과 관계해서 아이에게 '불안정 애착'을 유발하는 경우도 있다. 아이는 세상이 너무 험하다거나 또는 보호자가 너무 독선적이거나 나약하게 느껴지면 밖에 나가 대범하게 탐험하지 못한다. 또 보호자가 과보호를 하거나 방치하면 불안해하거나 의존적이 된다.

또한 보호자 자체가 위험하기 때문에 피해야 하거나, 아이가 아무런 말썽도 부리지 않고 독립적으로 자라주기를 바라는 경우도 있다. 너무 바빠서 아이를 보살필 수 없거나, 화가 나거나 자포자기하여 아이가 없어지거나 죽기를 바라는 부모도 있다. 이런 경우에는 아이가 보호자에게 의지하지 않는 것이 더 나을 것이다. 이런 아이들은 회피 애착이 된다. 그들은 부모로부터 떨어져 있어도 전혀 아무렇지도 않은 듯 보인다.(한쪽 부모에게만 안정 애착이 될 수도 있다.)

첫 애착 경험으로부터 아이는 자신이 의지하는 사람에게 무엇을 기대해야 하는지를 배운다. 첫 보호자에 대한 애착 방식은 생존에 중요한 문제이다. 그리고 더 이상 생존에 관련된 문제가 아니라고 해도 계속해서 그 방식, 즉 안정 애착, 불안정 애착 또는 회피적 애착에 따라 위험한 일을 피하게 된다.

◇ 울게 내버려두면 안 된다

앞 장에서, 민감한 아이들이라도 낯선 환경에서 만성적 긴장을 보이지 않는 경우에 대해 이야기했다. 그들은 세심하게 돌보는 보호자나 어머니와 안정된 관계에 있었다. 민감한 아이라고 해도 안정 애착을 느끼면서 성장하면 자신감을 갖고 자극에 맞설 수 있다. 결국 훌륭한 보호자가 우리를 위해 해주는 방법을 배우는 것이다. 몸은 새로운 경험을 할 때마다 겁을 먹지 않는 법을 배운다. 우리는 민감한 신경계를 갖고 있지만 언제 좀 더 밀고 나갈지, 언제 혼자만의 시간을 보내거나 전적으로 물러설지, 언제 휴식을 취하고 나중에 시도할지를 배워서 세상에 대처할 수 있게 된다.

하지만 우리 가운데 절반 정도는 부모가 그다지 훌륭하지 못했다. 민감한 아이는 부적절한 부모 밑에서 자라면 더욱 큰 상처를 받는다. 불안정한 어린 시절을 보낸 사람들이라면 스스로 자신을 좀 더 잘 관리할 수 있다는 사실을 인식해야 한다. 아마 지금까지는 자신을 제대로 보살피지 못했을지도 모른다. 너무 혹사를 하거나 아니면 지나치게 방어적이었을지도 모른다. 그 이유는 훌륭하지 못했던 첫 보호자가 그랬던 것처럼 우리가 자신의 몸을 다루고 있기 때문일 것이다.(아니면 그 반대로 하고 있을 수도 있다.)

그러면 유아·민감한 몸에게 훌륭한 보호자와 그다지 훌륭하지 못한 보호자가 정확히 어떻게 다른지를 살펴보자. 심리학자인 루텔렌 요셀슨Ruthellen Josselson은 신생아 또는 요즘도 신생아처럼 작고 무기력해질 때의 우리 몸을 다음과 같이 묘사하고 있다.

> 보호자의 품에 안겨 있을 때 아이는 세상에서 유해하거나 위협적일 수 있는 것으로부터 안전하다. 아이는 품 안에서 세상으로부터 보호를 받고 있다. 그 엄폐물의 어느 부분이 자기 자신이고 어느 부분이 외부에 있는지는 잘 모르지만 어쨌든 안전하게 느낀다. 훌륭한 엄마는 어느 정도의 자극이 아이에게 적당하고 참을 만한지를 알고 지나친 자극을 받지 않도록 제어를 한다. 적절한 제어를 받는 환경에서 아이는 자유롭고 독립적으로 성장한다. 아이는 반드시 자극에 반응할 필요가 없으므로 자유로워질 수 있다.

보호자의 제어가 적당하지 않을 때, 즉 유아·민감한 몸을 방해하거나 소홀히 하거나 더 나쁘게 학대하면 자극이 너무 강해진다. 그래서 유일한 방어 수단으로, 의식 상태에 있지 못하고 '자포자기'하는 습관이 생긴다. 지나친 자극은 또한 자기 발전을 저해한다. 모든 에너지가 세상을 차단하는 쪽으로 향할 수밖에 없기 때문이다. 세상이 모두 위험하게 느껴진다.

이제 아이가 좀 더 컸을 때를 생각해보자. 아이는 안전하다고 느끼면 탐험할 준비를 끝내고 세상으로 나갈 준비를 한다. 이때 과보호를 하는 부모는 소홀한 부모보다 유아·민감한 몸에 더 큰 문제가 될 수 있다. 민감한 유아나 우리 몸은 끊임없이 참견하고 확인하는 것 때문에 오히려 지치고 불안해질 수 있다. 이 단계에서 유아의 탐구심과 독립심이 보호자의 노심초사와 과보호에 의해 저해된다. 끊임없이 감시를 당하는 유아·민감한 몸은 자유롭고 대담하게 시도를 해보지 못한다. 예를 들어, 아이는 잠시 배가 고파서 울거나 추워서 보채면서 스스로 필요한 것을 알게 된다. 만일 보호자가 아이가 배가 고프기도 전에 먹인다면 그러한 본능과의 접촉이 사라지게 된다. 그리고 유아·민감한 몸이 탐험을 하지 못하게 되면 세상에 익숙해질 수 없다. 세상이 위협적이고 밖에 나가면 살아갈 수 없다는 느낌이 강화되는 것이다. 그래서 긴장 상태를 피하거나 통제하고 견디는 법을 배울 기회를 갖지 못한다. 모든 것이 낯설고 두려운 채로 남는다. 앞 장에서 말했듯이, 유아·민감한 몸이 강하고 선천적인 멈춤 확인 시스템을 조절하는 법을 배우지 못하고 거기에 점령당하면 억압적인 성격이 될 것이다.

만일 유아·민감한 몸이 이런 식이라면 그 원인을 생각해볼 수 있다. 보호자가 과보호를 해서 우리가 독립할 수 없도록 만들었을지도 모른다. 반대로 여러 형제들과 자라는 아이는 적절한 보호를 받지 못하고 방치되었을 수도 있다. 간단히 말하면, 어렸을 때 어떻게 키워졌는가 하는 것은 우리가 지금 자신을 돌보고 있는 방식과 중요한 관계가 있다. 우리의 민감한 특성에 대한 보호자의 태도가 지금 우리의 태도를 결정한 것이다. 생각해보자. 그렇게 뿌리 깊은 교훈을 누가 우리에게 가르쳤겠는가? 그들이 우리를 보살핀 방식과 태도는 직접적으로 우리의 건강, 행복, 수명, 그리고 사회성에 영향을 미친다. 어린 시절이 너무 고통스럽게 느껴지지 않는다면 잠시 첫 보호자가 당신을 보살핀 방식과 지금 스스로 자신을 보살피고 있는 방식을 비교해보는 시간을 가져보자.

만일 힘들게 느껴진다면 잠시 쉬도록 하자. 불안정 애착 때문에 어떤 영향을 받지 않았는지 생각해보고 전문가의 감정적 지원이 필요하다고 생각되면 도움을 받도록 하자.

- **당신의 첫 번째 보호자와 지금 민감한 몸을 돌보는 당신 자신을 비교해보자**

세상에 태어나서 첫 두 해 동안 어떤 말들을 들었는지 부모에게 물어보자. 예를 들면 다음과 같다.

> 재롱둥이였다. 보채기를 잘했다. 까다로웠다. 아무 문제가 없었다. 잠을 안 잤다. 병약했다. 떼를 잘 썼다. 쉽게 피곤해졌다. 방글방글 웃었다. 먹이기가 어려웠다. 사랑스러웠다 등등.

어떤 식으로 묘사하는지 들어보자.

> 특별한 기억이 없다. 일찍 걸었다. 많은 시간을 보모들의 손에서 길러졌다. 보모나 탁아소에 맡긴 적이 거의 없었다. 겁이 많았다. 숫기가

없었다. 혼자서 잘 놀았다. 무조건 달려들었다.

거의 별명처럼 붙어 다닌 말들에 대해 알아보자. 그런 말들이 당신에게 어떤 감정, 혼란, 또는 갈등을 불러일으키는지 지켜보자. 어떤 말들은 잘 생각해보면 오히려 반대였을 수도 있다. 예를 들어 천식이 있는 아이에 대해 "아무런 말썽을 부리지 않았다"라고 말할 수 있다.
이제, 보호자가 당신의 민감성에 대해 어떻게 생각했으며 지금 당신 스스로 어떻게 생각하는지를 비교해보자. 그들이 하는 말이 정말 맞는가? 그들의 걱정과 오해를 떨쳐버릴 수 있는가? 예를 들어, 어릴 때 병약했다고 하면 아직도 병약하다고 생각하는가? 다른 사람들보다 실제로 더 병약한가? 만일 그렇다면 어릴 때 앓았던 병들에 대해 자세히 알아보자. 우리 몸은 그런 병들을 기억하고 동정 받을 만한 자격이 있다. 만일 당신의 몸이 마음처럼 따라주지 않는다고 해도 여전히 사랑할 수 있는가?

◇ 지나치게 회피하거나 혹사하거나

보호자가 문제되는 경우가 크게 두 가지, 즉 소홀과 과보호인 것처럼 일반적으로 매우 민감한 사람들이 자신의 몸을 적절히 돌보지 못하는 방식도 두 가지다. 즉 너무 많은 일, 모험과 탐험으로 자신을 혹사하거나 다른 사람들처럼 바깥세상에 나가고 싶으면서도 스스로를 과보호하면서 지나치게 움츠러드는 것이다.

'지나치다'는 말은 어떤 자극이 우리가 정말 원하고 편안하게 느끼고 감당할 수 있는 범위를 벗어나는 것을 의미한다. 다른 사람들이 우리에게 "너무 지나치다"라고 하는 말에는 신경 쓸 필요가 없다. 문제는 우리가 이런저런 식으로 자신을 혹사하고 있다는 것을 알면서도 습관을 바꾸지 못한다는 사실이다.

더 나아가, 과보호를 하거나 일관성이 결여된 보호자로 인해 불안정 애착이 된 사람들이라고 해서 항상 자신을 과보호하는 것은 아니다. 또한 보호자에 의해 방치되었거나 학대를 받은 사람들이 항상 자신의 몸을 소홀히 하거나 혹사하는 것도 아니다. 그렇게 간단하지는 않다. 무엇보다 우리 마음이 쉽게 과민 반응을 일으킬 수도 있고 자제할 수도 있기 때문이다. 또는 두 극단 사이를 오가거나 생활 영역에 따라 다르게 반응할 수도 있다. 예를 들어, 직장에서는 적극적이면서 절친한 사람들에게는 너무 방어적이고, 정신 건강은 소홀히 하면서 신체 건강은 지나치게 돌보는 식이다. 우리는 이러한 극단적인 태도를 버리고 이제부터 자신을 잘 돌봐야 한다.

한편 안정 애착이 된 사람들도 이렇게 양극을 오가면서 힘들어할 수 있다. 주변 환경, 문화, 직장 분위기, 친구들, 그리고 자신의 다른 특성으로 인해 어느 한쪽으로 치우칠 수 있기 때문이다. 만일 당신이 어떤 쪽인지 확실하지 않다면 다음 페이지에서 확인해 보자.

◇ 자극을 피할수록 더욱 긴장된다

일부 매우 민감한 사람들은 바깥세상에 나가서 살아남을 수 없다는 생각에 방관자가 된다. 그들은 자신이 남들과 다르거나 나약하거나 결함이 있다고 느낀다.

나는 우리가 민감하지 않은 사람들과 같은 방식으로 세상에 참여할 수 있다고는 생각지 않지만, 우리 가운데 많은 사람들이 가치 있고 보람된 일을 하는 동시에 풍요로운 내면세계를 가꾸면서 나름대로 훌륭한 삶을 살아간다는 것을 알고 있다.

우리의 행동을 유아·민감한 몸의 입장에서 생각해보면 좀 더 쉽게 이해가 될 것이다. 만일 새로운 것을 시도하고 싶지만 겁이 난다면 두려움을 느끼지 않으면서 그 일을 할 수 있는 방법을 찾아야 한다. 그렇지 않으면 그 바람 자체가 잘못되고 바깥세상에 나가면 살 수 없다고 말하는 셈이 된다. 그것은 우리를 불구자로 만드는 메시지이다. 어떤 사람이 무슨 이유로 당신에게서 세상을 헤쳐 나가는 힘을 앗아 갔는지 곰곰이 생각해보자.

우리 몸을 돌볼 때 가장 먼저 알아야 하는 것은 자극을 피할수록 남은 자극이 더욱 긴장을 유발한다는 사실이다. 스트레스를 피하기 위해 평생 밤낮으로 명상만 하면서 살겠다고 동굴로 들어간 남자가 있었다. 그런데 그는 동굴에서 떨어지는 물리를 참을 수 없어서 곧 다시 밖으로 나왔다고 한다. 이 이야기가 주는 교훈은, 감각을 갖고 있는 한 어느 정도의 스트레스는 피할 수 없다는 것이다. 따라서 우리에게는 그런 스트레스의 요인들을 다루는 새로운 생활 방식이 필요하다.

둘째, 밖을 내다보고 볼링을 치고 여행을 하고 대중 앞에서 연설을 하는 등 많이 움직일수록 점차 쉬워지고 덜 긴장이 된다. 이것을 '습관화'라고 부른다. 뭔가를 할수록 더 잘하게 된다. 예를 들어 외국을 혼자 여행하는 것은 매우 민감한 사람에게 감히 꿈도 꿀 수 없는 일처럼 보일 수 있다. 그래서 그런 일을 피할지 모른다. 하지만 조금씩 하다 보면 쉬워지고 자신이 좋아하는 것과 좋아하지 않는 것에 대해 알게 된다.

세상을 견디고 기꺼이 참여할 수 있으려면 세상으로 나가야 한다. 하지만 이것이 쉽지 않은 일이라는 것을 알고 있다. 나 자신도 줄곧 세상을 피하면서 살다가 중년이 되어서야 비로소 강력한 내면의 사건들로 인해 다 변할 수 있었다. 그때부터 나는 두려움, 초긴장, 불편함을 거의 매일 마주해야 했다. 이것은 힘든 일이며 고통스러울 수도 있다. 하지만 해낼 수 있다. 세상에 나가 성공하고 "나를 보세요! 나도 할 수 있다고요!"라고 외쳐보자.

◇ 경쟁 심리로 자신을 혹사하고 있지 않은가

지나치게 움츠리는 태도의 근본적인 원인이 유아·민감한 몸이 방어적이기 때문이라면 지나치게 혹사시키는 태도 역시 부정적이다. 그것도 우리 자신을 사랑하지 않고 소홀히 하며 학대하는 것을 의미한다. 이런 태도는 어디에서 온 것일까? 반드시 부모로부터 배운 것이 아닐 수도 있다. 우리 문화에 만연한 경쟁 심리는 꼭대기에 올라가려고 기를 쓰지 않는 사람은 무용지물이며 비생산적인 방관자로 취급해버린다.

일을 할 때뿐 아니라 여가 시간도 마찬가지다. 우리는 체력을 단련해야 하고, 요리나 정원 손질을 해야 하며, 자녀를 훌륭하게 키우기 위해 최선을 다해야 한다. 유아·민감한 몸은 이 모든 부담감에 저항하고 고통으로 신음한다. 그래서 부담감을 견디거나 잠재우는 과정에서 소화불량, 근육긴장, 만성피로, 불면증, 편두통 같은 만성 스트레스 관련 징후가 나타난다. 아니면 면역 체계가 약해지면서 감기나 독감에 잘 걸리게 된다.

자신을 혹사시키지 않으려면 먼저 왜 스스로를 학대하고 있는지 알면 도움이 된다. 사회의 완벽주의에 동화된 것인가? 형제와 경쟁을 하고 있는가? 스스로 결함이 없고 '너무 민감'하지 않다는 것을 증명해 보이려는 것인가? 부모의 사랑을 받고 싶은 것인가? 사람들이 기대하는 능력을 보여주려는 것인가? 세상이 나를 필요로 한다고 생각해서인가? 스스로 자신을 완벽하고 전지전능한 존재라고 생각하는 것인가? 너무 오만한 것은 아닌가? 매우 민감한 사람 중에는 창의적인 아이디어가 떠오를 때마다 그 모든 것을 표현해내려고 하는 사람들이 있다.

자신이 어디에 해당하는지 생각해보자. 지금은 모른다고 해도 알아내야 한다. 아니면 다시 오만해지고 스스로를 혹사시키게 될 테니까.

◇ 나를 단련하는 법

적절한 활동

바깥 활동을 얼마나 해야 하고 얼마나 삼가야 하는지는 개인에 따라 다르고 세월이 가면서 변한다. 또한 대부분의 사람들은 시간과 돈이 부족해서 생활에 균형을 잡기가 힘들다. 매우 민감한 사람들은 양심적이라서 선택을 하고 우선순위를 정할 때 종종 자신에게 필요한 일들을 가장 나중으로 미룬다. 또는 다른 사람들만큼 새로운 능력을 키울 기회와 시간을 갖지 않는다. 그런데 사실 우리에게는 그런 것들이 더 많이 필요하다. 이 세상은 분명 우리의 섬세한 민감성을 필요로 한다. 하지만 적절히 휴식하고 즐기지 못하면 어떤 일도 제대로 할 수 없다.

내가 면담했던 매우 민감한 사람 중 한 사람은 다음과 같은 충고를 들려주었다.

> 자신의 민감성에 대해 모든 것을 배워야 해요. 민감하다는 것을 장애로 생각하거나 변명거리로 삼으면 안 돼요. 때로 위축된 기분이 들 때는 집에만 있고 싶어지죠. 하지만 그러면 결국 자기 손해예요. 나는 바깥 세계와 만나고 돌아와서 거기서 배운 것들을 내 것으로 만들어요. 창조적인 사람들은 사람들과 떨어져 있는 시간이 필요해요. 하지만 너무 오래 떨어져 있으면 안 돼요. 은둔을 하면 현실감각과 적응력을 잃어버리기 때문이죠. 나이가 들면 현실과 단절될 수 있고, 그래서 융통성을 잃어버려요. 나이가 들수록 바깥 생활을 더 많이 해야 해요. 반면 나이를 먹으면서 우리에게는 점차 품위가 생기죠. 우리가 전인적으로 발전한다면 우리의 기본적인 특성들이 더욱 빛을 발할 거예요. 우리 몸과 사이좋게 지내야 해요. 민감성은 우리가 사용할 수 있는 훌륭한 선물이에요. 그것은 우리를 인도해줄 수 있으며, 우리가 그것에 열려 있을수록 보다 개선되죠. 물론 매우 민감한 사람들은 세상과 자신의 몸을 향한 문을 닫아놓고 싶어 해요. 또한 두려워하죠. 하지만 그래선 안 돼요. 좀 더 자기표현을 해야 해요.

충분한 휴식

유아들은 많은 휴식을 필요로 한다. 민감한 몸도 마찬가지다. 우선

잠을 자야 한다. 만일 충분히 자지 못한다면 가장 먼저 수면 문제부터 해결해야 한다. 만성적인 불면증에 대한 연구에 의하면 사람들이 필요한 만큼 잠을 자지 않으면 2주일 만에 수면 부족 신호(평소보다 빨리 또는 어두운 방에 들어가면 잠이 드는 것)조차 보이지 않는 단계에 이른다고 한다. 만일 '수면 부족 신호'가 보인다면 휴가를 받아서 아무것도 하지 말고 실컷 잠을 자도록 하자.

매우 민감한 사람들은 야간 근무나 교대 근무를 하면 능률이 오르지 않으며 시차 적응이 더디다. 따라서 적어도 휴가 여행은 짧은 시간에 여러 시간대를 거치는 일정은 피하는 것이 좋다.

만일 불면증이 문제라면 여러 가지 방법으로 도움을 받을 수 있으며, 불면증을 치료하는 기관들도 있다. 하지만 특별히 매우 민감한 사람들이 할 수 있는 몇 가지 방법들이 있다. 자연스러운 신체리듬을 존중하고, 졸리면 바로 잠자리에 드는 것이다. 새벽에 일어나는 사람은 일찍 잠자리에 들고, 밤늦게 자는 사람은 가능한 한 자주 늦잠을 자도록 하자.

수면에 관한 연구들은 사람들에게 정해진 자리에서만 잠을 자고, 잠이 오지 않으면 누워 있지 말고 일어나라고 권한다. 하지만 나는 매우 민감한 사람들이 실제로 잠을 자는지 여부와는 상관없이 때론 아홉 시간 동안 눈을 감고 누워 있기만 해도 효과가 있다고 생각한다. 왜냐하면 감각 자극의 80퍼센트는 눈을 통해 들어오므로 눈을 감고 쉬는 것만으로도 충분한 휴식이 되기 때문이다.

그런데 누워서 깨어 있을 때의 문제점은 이런저런 걱정이나 상상을 하면서 흥분하는 것이다. 그렇다면 책을 읽는 편이 더 낫다. 아니면 일어나서 머릿속에서 진행되는 생각이나 해결책을 글로 적은 뒤 다시 잠자리에 들도록 한다. 수면 문제는 각자에게 효과가 있는 방법을 찾아야 하는 일 가운데 하나이다.

하지만 또 다른 종류의 휴식도 필요하다. 매우 민감한 사람들은 성실하고 완벽을 기하려는 경향이 있다. 그래서 세부적인 부분마저 모두 끝낼 때까지 '놀지' 못한다. 자질구레한 일들이 작은 바늘처럼 찔러댄다. 그래서 휴식을 취하면서도 즐겁지 못할 수 있다. 유아·민감한 몸은 놀고 싶어 하고, 놀이는 스트레스를 풀어주는 엔도르핀과 다른 모든 변화를 만들어낸다. 만일 우울하거나 불안하거나 잠을 자지 못하는 등 균형이 깨진 다른 신호가 보일 때는 일부러라도 좀 더 놀아야 한다.

그런데 어떤 놀이가 우리에게 즐거움을 줄 것인가? 주위의 민감하지 않은 사람들이 하는 대로 따라 하면 안 된다. 매우 민감한 사람들은 자신에게 맞는 속도로 책을 읽거나 정원을 손질하거나, 아니면 집에서 조용히 식사를 하는 것이 적절한 놀이가 될 수 있다. 특히 한밤중까지 사람들과 몰려다니는 것은 전혀 즐겁지 않을지도 모른다. 또는 낮에는 괜찮다가도 저녁이 되면 힘들 수가 있다. 따라서 항상 빠져나갈 구멍을 마련해두어야 한다. 만일 누군가와 함께 있다면 도중에 빠져나가도 기분이 상하지 않도록 미리 알려두자.

마지막으로 휴가를 계획할 때는 비상시에 일찍 집에 돌아가야 하거나, 여기저기 다니는 것을 중단하고 한곳에 머물러야 하는 사태를 고려해서 일정을 잡도록 하자. 또한 휴식을 취하면서 그 날의 긴장을 풀고 돌아보는 시간이 필요하다. 때로는 운전을 하거나 설거지를 하고, 정원을 가꾸는 등의 일상적인 일들을 하면서 휴식을 취할 수도 있다.

가장 효과적인 휴식은 명상이나 묵상 또는 기도하는 시간을 갖는 것이다. 적어도 그런 시간에는 모든 세속적인 생각에서 벗어나 순수 의식, 순수 존재, 순수 조화, 또는 신과의 합일에 이르는 것을 목표로 삼을 수 있다. 혹여 거기에 미치지 못한다고 해도 적어도 삶에 대한 통찰력을 갖게 될 것이다. 수면 역시 우리를 복잡한 사고에서 벗어나게 해준다. 하지만 수면, 놀이, 명상, 기도, 요가 등 휴식 형태에 따라 뇌가 활동하는 상태가 각각 다르므로 여러 가지 형태의 휴식을 취하는 것이 좋다. 하지만 무엇보다 육체적인 활동이나 생각을 하지 않는 명상이야말로 가장 깊은 휴식을 제공해준다. 초월 명상에 관한 연구에 의하면 명상가들이 앞 장에서 기술한 만성적 긴장에 덜 시달리는 것으로 증명되었다.(명상가의 혈액에는 코르티솔이 적었다.) 명상은 우리에게 필요한 안정감과 내면의 힘을 주는 듯하다.

먹는 음식을 조심하고 충분한 운동을 하는 것도 좋다. 하지만 이 문제는 개인의 취향과 관계가 있고, 많은 책에서 조언을 찾을 수 있다. 단, 우리 몸을 진정시키거나 무디게 만들어 수면에 도움을 주는 음식들에 대해 알아두자. 그리고 스트레스와 긴장을 완화시키는 비타민 또는 마그네슘 같은 무기물을 충분히 섭취하자. 만일 카페인에 익숙하다면 평소보다 더 마시지 않는 한 특별히 긴장을 유발하지 않는다. 그러나 카페인은 매우 민감한 사람들에게 강한 독이 될 수 있다. 다른 사람들처럼 카페인으로 일의 능률을 올려보겠다고 기대했다가는 큰코다칠지도 모른다. 예를 들어, 평소 카페인을 마시지 않는 사람이 어느 날 아침 중요한 시험이나 면접을 앞두고 카페인을 마시면 지나치게 긴장을 해서 낭패를 볼 수 있다.

◇ 긴장 이완

훌륭한 보호자는 아이를 달래는 여러 가지 비법을 갖고 있다. 심리적인 방법도 있고 물리적인 방법도 있으며, 어느 하나가 다른 것을 변화시키기도 한다. 어떤 방법을 사용할지는 그때그때 직관에 따라 선택하자. 때로는 행동이 필요하므로, 그때는 뭔가를 해야 한다. 예를 들어 뉴욕의 전철역에 들어갔을 때 긴장되고 두려워질 수 있다. 유아·민감한 몸이 불안에서 벗어나려면 심리적이거나 물리적인 조치를 취할 필요가 있다. 이때는 심리적인 방법으로 두려움과 불안을 다스릴 수 있다. '이곳은 위험한 이방인들로 가득한 시끄러운 지옥이 아니다. 단지 다른 전철역보다 좀 더 규모가 크고 제각기 자기 갈 길이 바쁜 사람들로 붐비고 있을 뿐이며, 길을 물으면 도와줄 사람들도 많이 있다'라고 스스로를 안심시키자.

다음 방법들은 지나친 긴장감을 심리적으로 다스리는 데 도움이 될 수 있다.

- 상황을 재구성한다.
- 매일 깊은 내면의 평화를 불러오는 구절이나 기도문이나 주문을 반복해서 왼다.
- 긴장하고 있는 자신을 관찰한다.
- 그 상황을 사랑한다.
- 긴장감을 사랑한다.

재구성을 하면서 익숙하고 친근한 부분과 과거에 비슷한 상황에 처했을 때 무난히 넘길 수 있었던 방법을 생각해보자. 주문이나 기도문을 외다가도 다시 긴장을 유발하는 생각으로 돌아갈 수 있지만 계속하는 것이 중요하다. 아무것도 하지 않는 것보다는 나을 것이다.

자신을 관찰하면서 한쪽 옆에서 지켜보고 있다고 상상해보자. 편안한 상대와 함께 당신에 대해 이야기하는 것처럼 상상할 수도 있을 것이다. "이 사람이 또 너무 긴장을 해서 무너지고 있군. 정말 안타까워. 이런 상황이 되면 정신을 못 차리니 말이야. 내일이면 자신이 한 일을 생각하고 다시 또 흥분할 거야. 무슨 일이 있어도 지금 쉬어야 해. 일단 쉬고 나면 편안해질 거야."

상황을 사랑한다는 의미는 바짝 위축되고 지나치게 긴장한 마음과는 반대로 전 우주를 향해 열려 있는 관대하고 애정 어린 마음을 갖는 것이다. 만일 아무리 해도 사랑할 수 없는 상황이라면 적어도 그 상황을 사랑할 수 없는 자신을 사랑하자.

마지막으로, 음악에 의해 기분이 바뀔 수 있다는 것을 기억하자.(군대에서 왜 악대와 나팔수를 두겠는가.) 단, 매우 민감한 사람들은 대부분 음악에 의해 강한 영향을 받으므로 적절한 음악을 선택해야 한다. 이미 긴장을 하고 있는 상태에서 감상적인 음악이나 중요한 기억과 관련된 음악을 들으면 더욱 동요될 수 있다. 그럴 때는 흐느끼는 선율의 바이올린 연주곡은 피해야 한다. 그리고 모든 음악은 자극을 증가시키므로 자신을 위로해줄 수 있을 때만 음악을 사용하도록 하자. 음악을 듣는 목적은 관심을 돌리기 위한 것이다. 때로 우리는 스스로에게 무심해질 필요가 있고, 또 어떤 때는 조심스럽게 돌봐야 한다.

한편, 다음과 같은 물리적인 접근도 좋다.

- 지금 있는 상황에서 벗어난다.
- 눈을 감고 자극을 차단한다.
- 자주 휴식을 취한다.
- 야외로 나간다.
- 물을 마시거나 물가를 걷거나 수영을 해서 스트레스를 푼다.
- 산책을 한다.

- 호흡을 가다듬는다.
- 보다 여유 있고 자신 있는 자세를 취한다.
- 움직인다.
- 부드러운 미소를 짓는다.

우리는 종종 어리석게도 힘든 상황에서 빠져나올 생각을 하지 못한다. 이럴 때는 일단 휴식을 취해본다. 아니면 임무, 토론, 말다툼 같은 주어진 상황을 야외로 갖고 간다. 매우 민감한 사람들 다수가 자연에서 깊은 위안을 얻는다.

물은 여러 가지로 도움이 된다. 긴장했을 때는 물을 한 시간에 한 번 큰 잔으로 한 잔씩 계속 마신다. 물가를 거닐거나 물을 바라보거나 물소리를 듣는 것도 좋다. 또는 목욕을 하거나 수영을 하도록 한다. 사람들이 온수욕과 온천욕을 좋아하는 데는 그만한 이유가 있다. 산책 또한 기분 전환에 좋다. 익숙한 리듬으로 마음을 진정시킨다. 특히 복식호흡을 해본다. 약간 힘을 넣어서 촛불을 끄듯이 천천히 내쉰다. 자동적으로 배로 숨을 들이쉬게 될 것이다. 아니면 호흡에 주의를 기울이는 것만으로도 편안해질 수 있다.

마음은 종종 몸을 따라간다. 어떤 사람은 마치 앞을 향해 돌진하는 것처럼 윗몸을 앞으로 내밀고 걷는다. 그런 사람은 균형을 잡도록 한다. 반면 마치 짐을 이고 가는 것처럼 어깨를 구부리거나 머리를 숙이고 걷는 사람도 있다. 그런 사람은 몸을 똑바로 펴고 짐을 벗어던지도록 한다.

잠잘 때나 깨어 있을 때 어깨를 세우고 목을 잔뜩 움츠리고 있는 것은 무의식적으로 자극과 긴장으로부터 자신을 방어하려는 자세이다. 몸을 편다. 서 있을 때는 고개를 들고, 어깨를 뒤로 젖히고, 상체를 똑바로 세우고, 몸통과 발로 편안하게 무게중심을 잡는다. 두 발로 땅을 확실하게 디디고, 무릎을 약간 구부린 뒤 복식호흡을 한다. 그리고 몸의 강한 중심을 느껴본다.

차분하고 침착한 태도를 취한다. 뒤로 기대서 휴식을 취하거나 아니면 일어나서 흥미를 끄는 것을 향해 움직인다. 또는 화가 나고 경멸하는 듯한 자세를 취하고 주먹을 휘둘러본다. 잔뜩 노려보기도 한다. 소지품을 챙겨서 나갈 준비를 한다. 그럼 마음이 몸을 따라올 것이다.

원하는 자세를 취해보자. 매우 민감한 사람들은 긴장을 하면 '싸우거나 도망가는' 대신 '얼어붙는' 경향이 있다. 여유로운 태도와 자유로운 동작을 취하면 무감각한 긴장에서 벗어날 수 있다. 반대로 너무 흥분하거나 신경질적이 되면 동작을 멈춘다.

◇ 나만의 피신처

앞에서 우리는 유아·민감한 몸의 기본적인 요구를 존중하고 지나친 자극으로부터 보호해야 한다는 것을 알았다. 기본이 바로 잡히면 훌륭한 보호자의 품에 안겨 있는 것처럼 편안하게 바깥세상을 탐험할 수 있다.

생각해보면 우리 삶에는 안전한 피신처들이 얼마든지 있다. 물리적인 피신처로는 가정, 자동차, 사무실, 이웃, 오두막이나 별장, 어떤 계곡이나 산꼭대기, 숲이나 해안, 어떤 옷, 교회나 도서관처럼 자주 드나드는 공공장소 등이 있다. 하지만 가장 중요한 피신처는 배우자, 부모, 아이, 형제, 조부모, 가까운 친구, 영적인 지도자 또는 심리 치료사 등 우리 삶에서 소중한 사람들이다. 또한 우리가 하는 일, 좋은 시절의 추억들, 더 이상 함께 있지 못하지만 우리 기억 속에 살고 있는 사람들, 믿음과 생활철학과 내면세계와 같은 무형의 피신처인 기도나 명상도 있다.

유아·민감한 몸은 특히 물리적 피신처를 가장 확실하고 중요하게 생각할지도 모른다. 하지만 정말 우리가 의지할 수 있는 대상은 보이지 않는 피신처이다. 많은 사람들이 극도의 스트레스나 위험에 처했을 때 그러한 피신처 속으로 후퇴함으로써 제정신을 유지할 수 있었다. 그 무엇도 그 누구도 그들의 개인적인 사랑, 믿음, 창조적 사고, 정신 훈련, 영적인 체험을 앗아 갈 수 없었다. 지혜롭다는 것은 유형의 피신처보다는 무형의 피신처에서 더 많은 위안을 찾을 수 있는 능력도 포함한다.

아마 가장 위대한 성숙은 어떤 경계도 없이 전 우주를 우리의 피신처로, 우리의 육신을 우주로 이해하는 능력일 것이다. 그것은 깨달음에 가까운 경지다. 하지만 우리가 결코 보이지 않는 피신처에 의지하는 법을 배우게 된다고 해도 대부분 얼마 동안은 물리적인 피신처를 더 많이 필요로 할 것이다. 사실 육신을 갖고 있는 한, 깨달음을 얻었거나 얻지 못했거나 어느 정도 물리적인 안전을 필요로 한다. 그리고 어떤 피신처를 잃어버렸을 때는 적응할 때까지 특히 더 불안하고 당황스러운 것은 당연한 일이다.

◇ 경계선 긋기

경계라는 개념은 분명 피신처와도 관계가 있다. 원하는 상황은 받아들이고 원하지 않는 상황은 거부할 수 있어야 한다. 우리는 무작정 사람들을 멀리하고 싶지 않으면서도 완전히 다른 사람들과 뒤섞이는 것도 바라지 않는다. 하지만 말처럼 쉬운 일이 아니다.

매우 민감한 사람들이 흔히 곤경에 빠지는 이유는 경계가 불분명하기 때문이다. 아무 상관도 없는 상황에 휘말리고, 사람들에게 떠밀려서 하고 싶지 않은 말을 하고, 곤경에 빠져서 함께 허우적거리고, 너무 빨리 친해지거나 아니면 잘못된 사람들과 친해진다.

여기 한 가지 중요한 규칙이 있다. 경계를 그어야 한다는 것이다. 이것은 우리의 가장 큰 권리다. 경계가 필요한 이유는 여러 가지가 있지만, 무엇보다 더 이상 감당할 수 없는 자극에서 벗어날 수 있기 때문이다. 나는 특히 혼잡한 도시 주택에서 자란 몇몇 매우 민감한 사람들이 자신의 의지로 주위의 거의 모든 자극을 차단하는 것을 본 적이 있다. 아주 편리한 능력이다. 하지만 '의지'가 필요하다. 냉정하게 관계를 끊거나 멀리하라는 것이 아니다. 다만 주위의 목소리와 다른 소리들을 조심하거나 적어도 그것으로 인한 피해를 줄이라는 것이다.

이렇게 연습을 해보자. 라디오 옆에 가서 앉는다. 그리고 당신 주위에 원하지 않는 것들이 들어오지 못하게 막아주는 일종의 경계선이 있다고 상상한다. 그 경계선은 어떤 빛이나 에너지, 아니면 믿음직한 보호자일 수도 있다. 그다음에 라디오를 켜고 거기서 나오는 소리를 들어오지 못하게 한다. 소리는 들리겠지만 머리로 이해하지는 않는다. 잠시 후에 라디오를 끄고 방금 경험한 것을 생각해본다. 스스로 그 방송을 차단할 수 있었는가? 경계선을 느낄 수 있었는가? 연습을 하다 보면 점차 향상될 것이다.

◇ 우리 몸이 하는 말

- 내가 감당할 수 없는 일을 하지 말라. 당신이 그러면 나는 무기력해지고 고통스럽다. 제발, 제발, 나를 보호해달라.
- 나는 이런 식으로 태어났고 변할 수 없다. 당신은 때로 고약한 무언가가 나를 이렇게 형편없이 만들었다고 원망하지만, 그럴수록 내가

더욱 불쌍하다는 생각만 들 뿐이다. 왜냐하면 나는 달라질 수 없기 때문이다. 내가 어떻든 간에 나무라지 말라.

- 나는 훌륭하다. 나는 당신이 훨씬 더 깊이 느낄 수 있게 해주니까. 나는 당신이 가진 장점 가운데 하나이다.
- 종종 나를 확인하고 시간이 날 때마다 보살펴달라. 그러면 가끔 힘이 들어도 당신이 노력하고 있으며 오래 기다리게 하지는 않을 거라고 믿을 수 있다.
- 만일 내게 어려운 일을 시켜야 한다면 나에게 괜찮은지 친절하게 물어보라. 당신이 화를 내고 강요하면 나는 더욱 불행해지고 다루기 힘들어진다.
- 당신이 내 버릇을 잘못 들이고 있다고 말하는 사람들의 말에 귀 기울이지 말라. 당신은 나를 알고 있다. 당신이 판단하라. 물론 때로 나는 혼자 울다가 잠이 들기도 한다. 하지만 당신의 직관을 믿어라. 내게는 당신의 관심과 규칙적인 생활이 필요하지만 그렇다고 내 고집만 피우지는 않는다.
- 나는 지치면 잠을 자야 한다. 내게는 규칙적인 일과가 중요하다. 안 그러면 누워도 잠들지 못하고 몇 시간씩 뒤척인다. 나는 깨어 있을지라도 누워 있는 시간이 많이 필요하다. 낮에도 역시 필요할 수 있다.
- 나에 대해 좀 더 잘 알도록 하라. 예를 들어, 나는 시끄러운 음식점은 질색이다. 그런 곳에서 어떻게 밥을 먹을 수 있는가? 나는 분위기에 영향을 잘 받는다.

+ 복잡한 생활은 원하지 않는다. 일주일에 한 번 이상 파티에 데려가지 말라.
+ 나는 모든 일을 제시간에 끝내려고 하지만 갑작스러운 변화가 생기면 잘하지 못한다. 다른 사람들이 용납해준다고 해도 비상시를 대비해서 계획을 세우라.
+ 하지만 나를 나약하게 취급하지 말기 바란다. 특히 병약하다고 생각하지 말라. 나는 내 나름 아주 똑똑하고 강하다. 당신이 나 때문에 주저하고 노심초사하거나 나를 변명거리로 삼지 않길 바란다. 나는 당신에게나 다른 사람들에게 귀찮은 존재가 되고 싶지 않다. 무엇보다 당신이 성인답고 현명하게 처리할 것이라 믿는다.
+ 나를 무시하지 말라. 나를 사랑해달라.
+ 그리고 나를 좋아해달라. 지금 모습 그대로.

나는 자극에 어떻게 대처하는가

다음의 각 표현이 당신이 느끼는 바와 맞으면 3점, 어느 정도 맞거나 또는 상황에 따라 맞기도 하고 틀리기도 하면 2점, 맞지 않으면 1점을 준다.

1. 지나치게 긴장하거나 지치거나 스트레스를 받을 때 순간적으로 얼굴이 달아오른다. 심장이 뛰거나 호흡이 가빠지거나 배가 아프거나 손에 땀이 나고 떨리거나 아니면 갑자기 울음이 터질 것 같거나 헐떡거린다.
2. 만성적인 긴장에 시달린다. 고민이나 걱정, 소화불량, 식욕부진 또는 잠이 들기 어렵거나 자다가 자주 깬다.
3. 나를 긴장시키는 상황과 부딪쳐보려고 한다.
4. 일주일 동안 밖에 있는 시간보다 집에 있는 시간이 많다.(잠자는 시간과 옷을 입고 벗고 목욕하는 두 시간 정도를 빼고 사용 가능한 시간을 더해서 신중하게 계산한다.)
5. 일주일 동안 다른 사람들과 함께 있는 시간보다 혼자 보내는 시간이 더 많다.(4번 문항과 같은 방법으로 계산한다.)
6. 두려운 일이라도 억지로 한다.
7. 내키지 않아도 외출을 한다.
8. 사람들은 내가 일을 너무 많이 한다고 말한다.
9. 육체적으로나 정신적으로 또는 감정적으로 너무 지쳤다 싶으면 즉시 모든 것을 중지하고, 쉬면서 나에게 필요한 것을 한다.
10. 적정 수준의 긴장감을 유지하기 위해 커피나 술 또는 약을 먹는다.

11. 어두운 극장이나 강의실에서 흥미를 느끼지 못하면 꾸벅꾸벅 존다.
12. 한밤중이나 이른 새벽에 깨서 다시 잠을 이루지 못한다.
13. 시간을 내서 해야 하는 규칙적인 식사나 운동을 게을리한다.

점수 계산: 4,5,9번 문항을 빼고 점수를 모두 더한다. 그다음에 4,5,9번 문항만 점수를 더한 후 앞의 모두 더한 수에서 뺀다. 가장 '혹사'하는 점수는 27이 될 것이다. 가장 움츠러드는 점수는 1이 된다. 중간 점수는 14이다. 만일 10 이하의 점수가 나온다면 너무 움츠리는 자신을 반성해보자. 만일 20 이상이 나온다면 앞으로는 자신을 혹사시키지 않도록 하자.

나의 민감함 다시 보기 3

아이의 몸이 되어보기

한가하고 방해받지 않는 시간을 택해서 자기 계발을 한다는 마음가짐으로 다음 연습을 해보자. 강한 감정이 일어날 수도 있으므로 만일 당황하면 속도를 늦추거나 중단한다. 또한 생각이 빗나가거나 몸이 불편하거나 졸려서 하기 힘들 수도 있지만, 다시 몇 차례 해보면서 무슨 일이 일어나는지 알아보자.

1부

가능하면 시작하기 전에 다음 글을 여러 번 읽어두어 다시 보지 않고도 계속 진행할 수 있도록 하자.

❶ 아이처럼 몸을 둥글게 말거나 엎드리거나 똑바로 눕는다. 편한 자세를 취한다.

❷ 머릿속으로 생각하는 대신 아이처럼 몸으로 느끼거나 아이의 감정으로 바꾼다. 이렇게 하기 위해서는 마음을 가다듬고 3분 정도 복식호흡을 하면 도움이 된다.

❸ 호흡이 안정되면 아이처럼 느껴본다. 머리가 아닌 몸으로 기억을 한다. 이 장을 시작할 때 나온 예처럼 날씨 이미지에서부터 출발한다. 어린 시절에 대

한 맨 처음 기억을 떠올린다. 이제 몸은 유아이면서, 머리로는 약간 큰 아이의 이해력을 가져본다.

❹ 당신이 아주 민감한 아이라는 점에 특히 유념한다.

❺ 이제 당신에게 가장 필요한 것이 무엇인지 생각해본다.

2부

이번에는 다음을 차례대로 충분히 읽고 다시 보지 않아도 진행할 수 있도록 하자.

❶ 6주 정도 된 아주 귀여운 아이를 상상한다. 정말 조그맣고 사랑스럽고 부드러운 아이를 상상해본다. 어떻게든 그 아이를 보호하겠다고 생각한다.

❷ 이제 그 귀여운 아이를 유아 · 민감한 몸이라고 생각한다.

❸ 이제 아이가 칭얼거리고 보채기 시작하는 것을 지켜본다. 뭔가 문제가 생겼다. 아이에게 물어본다. "내가 어떻게 해줄까?" 그리고 귀를 기울인다. 유아 · 민감한 몸이 하는 말을 들어본다.

❹ 대답을 하고 대화를 시작한다. 만일 아이가 요구하는 것을 들어주지 못할 것 같으면 거기에 대해 설명한다. 뭔가 미안한 생각이 들면 사과한다. 화가 나거나 슬프다면 그 감정에 대해 좀 더 알아본다.

❺ 언제라도 이 연습을 다시 하거나 또는 다르게 할 수 있다. 예를 들어, 다음에는 다른 나이와 상황에 있는 유아 · 민감한 몸을 향해 마음을 열고 접근해보는 것이다.

4장

보호받지 못했던
유년기를 끌어안기

매우 민감한 사람들은 스스로 다르다고 느끼고, 부모와 교사들은 어떻게 다루어야 하는지 모른다. 그들은 민감한 특성에 관해 아는 것이 별로 없기 때문에 민감한 아이를 정상적으로 만들려고 애쓴다. 따라서 평범한 환경에서 자란다고 해도 매우 민감한 사람들은 좀 더 힘들어할 수 있다.

이 장에서는 유년기에 대해 다시 생각해볼 것이다. 지금부터 민감한 아이들이 겪는 일반적인 경험을 읽음으로써 자신의 유년기 기억이 돌아올 것이다. 그리고 자신의 특성에 관해 알게 된 사실들을 바탕으로 과거의 경험들을 새로운 눈으로 보게 될 것이다.

우리가 경험한 일들은 중요하다. 나무를 키우려면 씨앗을 땅에 심는 것으로 끝나지 않는다. 흙과 물과 햇빛 또한 많은 영향을 준다. 환경이 척박하면 나뭇잎, 꽃, 그리고 씨앗은 맺기 어렵다. 마찬가지로 유년기에 우리가 살아남기 위해 다른 행동이 요구되었다면 민감성을 드러내지 못했을 것이다.

나는 연구를 시작하면서 매우 민감한 사람들 가운데 '두 가지 유형'이 있다는 것을 발견했다. 어떤 사람들은 우울증과 불안으로 어려움을 호소했고, 또 어떤 사람들은 그런 감정을 보이지 않았다. 나중에 우울하고 불안해하는 사람들이 대체로 힘든 유년기를 보냈다는 사실을 알았다. 반면에 건전한 유년기를 보낸 사람들은 그렇지 않았다. 중요한 것은 민감성을 '신경증'과 혼동하지 말아야 한다는 점이다. 신경증 환자들이 불안, 우울, 집착 또는 친밀한 관계의 회피 같은 증상을 보이는 것은 보통 유년기의 문제에서 기인한다. 사실 민감성과 신경증을 모두 갖고 있는 사람이 일부 있긴 하지만 두 가지는 절대 같지 않다. 민감성을 신경증과 혼동하는 것과 유년기의 영향은 매우 민감한 사람들에게 부정적인 고정관념, 즉 우리가 선천적으로 항상 불안하고 우울하다는 생각만을 심어 줄 뿐이다. 따라서 그런 생각부터 바로잡아야 한다.

힘든 유년기를 보낸 매우 민감한 사람들은 그렇지 않은 사람들보다 유년기의 경험으로부터 더 많은 영향을 받을 수밖에 없다. 위협적인 경험의 미세한 부분과 함축된 의미를 더 잘 알아차리기 때문이다. 그러나 유년기의 충격은 과소평가하기 쉽다. 왜냐하면 중요한 일들이 우리가 기억하기 이전에 일어나기 때문이다. 게다가 너무 고통스러운 일들은 의도적으로 잊어버리기도 한다. 만일 우리를 돌보는 사람이 화를 내거나 위험한 행동을 보이면 우리의 의식은 그런 사실을 인정하고 싶지 않아서 애써 잊어버린다. 하지만 무의식 속에서는 깊은 불신감이 생긴다. 다행히 우리가 받은 부정적인 영향은 극복할 수 있다. 나는 매우 민감한 사람들이 우울증과 불안에서 벗어나는 것을 보아왔다. 하지만 시간이 걸린다.

평범한 환경에서 자란다고 해도 매우 민감한 사람들은 좀 더 힘들어할 수 있다. 우선 스스로 다른 아이들과 다르다고 느끼고, 부모와 교사들은 대부분 민감한 아이를 어떻게 다루어야 하는지 모른다. 그들은 민감한 특성에 관해 아는 것이 별로 없기 때문에 민감한 아이를 '정상적'으로 만들려고 애쓴다.

마지막으로 기억해야 할 사실은 민감한 남자아이들과 여자아이들은 서로 아주 다르다는 것이다. 이 장에서는 성별에 따라 각자 경험이 어떻게 달라지는지에 대해 살펴보겠다.

◇ 애착을 제대로 경험하지 못한 경우

마샤는 지금 60세로 몇 년 동안 나에게 심리 치료를 받으면서 자신의 '강박증'을 이해하려고 노력했다. 그녀는 40대에 시인이자 사진작가가 되었고, 지금은 작품성을 상당히 인정받고 있다. 그녀는 부모가 기본적으로 최선을 다하지 않았기 때문에 힘든 어린 시절을 보냈다. 하지만 자신의 과거를 잘 감당해왔고, 계속해서 내적으로 그리고 예술을 통해 배우고 있다. 그녀에게 요즘 행복하냐고 물으면 그렇다고 대답할 것이다. 무엇보다 중요한 것은 그녀가 꾸준히 지혜로워지고 있다는 사실이다.

마샤는 중서부의 작은 마을로 이민 와서 근근이 생계를 꾸려가던 가정의 6남매 중 막내로 태어났다. 마샤의 언니들은 어머니가 임신 사실을 알 때마다 흐느껴 울었다고 기억한다. 마샤의 이모들도 그녀의 어머니가 우울증이 심했다고 말하지만, 마샤는 슬퍼하거나 우울해하거나 피로와 절망으로 늘어져 있는 어머니를 본 기억이 없다. 어머니는 부지런한 독일인 가정주부였고 독실한 기독교 신자였다. 아버지는 아주 평범한 사람이었다. 아이들은 애정 결핍을 느끼지 않았다. 그들의 부모는 단지 시간과 에너지와 돈이 없어서, 애정을 보여주고, 대화를 나누고, 여행을 가고, 숙제를 도와주고, 지혜를 가르치고, 선물을 주는 등의 일을 하지 못했을 뿐이다. 마샤가 병아리 떼라고 묘사하는 6남매는 각자 알아서 자랐다.

어린 시절 마샤는 앞 장에서 읽은 세 가지 유형의 애착, 즉 안정 애착, 불안정 애착, 회피 애착 가운데 회피 애착이 될 수밖에 없었다. 그녀는 아무도 필요하지 않고 말썽도 부리지 않는 아이가 되어야 했다.

마샤는 태어나서 두 해 동안 가정 형편상 세 명의 오빠들과 한 침대에서 자야 했다. 유감스럽게도 그들은 어린 여동생을 성적인 실험 대상으로 삼았다. 2년 후에 언니들 방으로 옮겨 갔다. 그녀는 '마침내 밤에 어느 정도 안전하다는 것을 느꼈다'라고 기억한다. 하지만 열두 살이 될 때까지 오빠 한 명으로부터 잔인하고 공공연한 성적 괴롭힘을 당했다. 부모는 아무것도 눈치채지 못했고, 마샤는 자신이 고자질을 하면 아버지가 오빠들을 죽일 것만 같았다. 마샤는 뒤뜰에서 닭의 목을 자르는 광경을 보면서 생존에 필요한 비정함에 몸서리쳤다고 한다. 그녀가 형제들을 병아리 떼로 생각하는 데는 또 다른 의미가 있다.

성적인 괴롭힘 외에도 오빠들은 마샤를 장난감 취급하며 집적거리고 놀라게 했다. 놀라서 기절한 적이 한두 번이 아니었다.(민감한 아이들은 지나친 반응을 보이기 때문에 자주 놀림거리가 된다.) 하지만 어둠 속에 빛이 있듯이, 오빠들을 따라다니면서 그 시절에 소녀들이 누리지 못하는 자유를 맛보았다. 수동적인 어머니나 언니들보다는 독립심이 강한 오빠들처럼 되고 싶었다. 그것은 어떤 면에서 민감한 소녀에게 귀중한 경험이었다.

마샤는 언니 한 명과 가장 친했으나 그 언니는 마샤가 열세 살 때 죽었다. 마샤는 부모의 침대에 누워 허공을 응시하면서 언니의 소식을 기다리고 있었던 것을 기억한다. 부모는 한 시간 내로 전화하지 않으면 언니가 죽었다는 뜻으로 알라고 했다. 한 시간이 지나자 마샤는 책 한 권을 집어 들고 읽기 시작했다. 이로 인해 그녀는 애착을 갖지 않는 법을 배웠다.

마샤의 첫 기억은 벌거벗고 누워서 햇빛에 반짝이는 먼지 입자들을 황홀하게 바라보던 것이다. 그것은 민감한 특성과 관련이 있는 기억이다. 그녀에게 민감성은 평생 기쁨의 원천이 되었고, 특히 지금은 예술로 표현되고 있다. 그녀의 첫 기억에는 사람이 아무도 없다는 사실을 기억하자. 그녀의 시와 사진에도 사람이 등장하지 않는다. 주로 창문과 문이 닫혀 있는 집들이 재가 된다. 작품에 깃들어 있는 공허함은 특히 유년기에 애착을 갖지 않도록 배운 사람들의 개인적인 경험을 표현한다.

마샤가 심리 치료 중에 찍은 어느 사진에는 정면에서 초점을 맞춘 닭들이 보인다.(마샤에게 있어서 닭의 의미를 생각해보자.) 감옥 같은 닭장의 문틀과 철망 뒤로 초라한 아이들의 유령 같은 이미지가 떠오른다. 또한 그녀는 비밀의 정원에 살면서 아무도 들어오지 못하게 하는 영리하고 성난 작은 요정이 등장하는 꿈에서 영감을 받기도 했다.

마샤는 강박적으로 음식과 술과 여러 가지 약들을 먹어왔다. 하지만 머리가 좋고 매우 현실적인 그녀는 중독되지 않을 정도로 그 양을 조절했다.

앞 장에서 우리는 보호자, 대개 어머니에 대한 애착의 중요성에 대해 배웠다. 불안정 애착 유형은 성인이 되어서 배우자나 다른 어른과 안정 애착이 되거나 아니면 장기적으로 심리 치료를 받지 않는 한 평생 지속될 것이다. 안타깝게도 일반적인 인간관계로는 유년기에 기초한 불안정성(친밀함을 피하거나 융화되려는 충동 또는 버림받는 것에 대한 두려움)을 극복할 수 없다. 또한 무의식적으로 오래 갈망하던 안정을 찾아서 세상으로 나가지만 자신이 찾는 대상에 대한 경험이 없으므로, 또다시 자신을 불안하게 만드는 익숙한 사람을 선택하면서 같은 실수를 반복한다.

불안정 애착의 유형은 매우 민감한 사람들에게서 더 많이 발견되기는 하지만, 그렇다고 그것이 민감한 특성 때문이라고 말할 수는 없다. 다만 어떤 관계에서 미세한 신호를 더 많이 인식하기 때문일 수도 있다.

◇ 외부 사람과 세계를 신뢰하는 방식

매우 민감한 사람들은 상대방이 긴장이나 부담감을 덜어주기를 기대하면서 좌절을 겪는다. 다니엘 스턴은《갓난아기가 쓴 일기》에서 아이가 엄마와 놀고 있는 장면을 묘사하고 있다. 엄마는 아이를 어르면서 얼굴을 가까이 가져간다. 조이는 미소를 짓고 깔깔거리면서 즐거워한다. 하지만 결국은 자극이 너무 강해진다. 그러면 조이는 긴장을 멈추기 위해 눈길을 돌린다. 스턴은 다시 어머니를 아이에게 부는 바람에 비유한다.

> 엄마는 다시 나를 향해 윙윙거리면서 세찬 바람으로 다가온다. 바람이 나를 덮친다. 나에게 휘몰아친다. 나는 그 힘을 견뎌보려고, 달아나 보려고 하지만 계속해서 나를 흔들어댄다. 옴짝달싹할 수가 없다. 나는 머뭇거리다가 방향을 바꾼다. 결국 나는 불어오는 바람으로부터 등을 돌린다. 그리고 나 홀로 조용히 물속으로 빠져 들어간다.

우리에게 익숙한 상황이다. 조이는 적정 수준의 긴장을 유지하려고 애쓰고 있다. 아이를 돌보는 사람들은 보통 눈치를 챈다. 아이가 보채고 지루해하는 것 같으면 어른들은 우스꽝스러운 얼굴을 하거나 좀 더 자극적인 장난을 한다. 그래서 아이가 소리를 지르면 즐거워한다. 그들은 아이를 끝까지 몰고 가면서 자신감과 융통성을 길러준다고 생각할지도 모른다. 하지만 아이가 고통스러워하면 어느 선에서 대개 중단을 한다.

이제 또 다른 민감한 아이, 제시를 상상해보자. 엄마는 제시가 편안하게 느끼는 범위를 유지하면서 놀이를 한다. 하지만 그의 누나나 할아버지는 좀 더 강하게 제시를 어른다. 제시가 그만하자는 신호로 눈길을 돌릴 때 누나가 다시 얼굴을 마주 댄다면 어떻게 될까? 제시는 눈을 감을 것이다. 그러자 누나는 입을 제시의 귀에 대고 소리를 지른다. 할아버지는 제시를 안아서 간질이고 몇 번 하늘로 던져 올린다. 제시는 적정 수준을 초과해서 속수무책이 된다. 그리고 제시가 소리를 지를 때마다 할아버지는 새롭게 합리화를 한다. "이 녀석은 이렇게 해주면 아주 좋아하지. 조금 겁을 먹긴 하지만."

제시의 입장이 되어서 생각해보자. 얼마나 혼란스러운 상황인가. 그는 긴장의 원인을 제어할 수 없다. 지금까지 아주 자상하다고 알고 있었던 상대방이 더 이상 도움이 되지 않는다. 상대방은 웃으면서 재미있어하고 제시도 좋아한다고 믿는다. 상대방은 제시가 좋아한다고 생각하지만 실제로 그가 정말 좋아하는지 모르고 있다.

나는 전에 어떤 사람이 강아지에게 파도타기를 시킨다고 깊은 물속에 던져 넣는 광경을 본 적이 있다. 주인은 계속 되풀이하고, 강아지는 필사적으로 기다리고 있는 주인을 향해 헤엄쳐 온다. 안 그러면 빠져 죽을 수도 있으며, 주인은 자신을 보호해주고 먹여주는 사람이기 때문이다. 강아지는 꼬리를 흔들어대고, 이를 본 주인은 강아지가 그 '놀이'를 좋아한다고 믿는 것 같았다. 하지만 아무리 강아지라도 잠시 후에는 주인을 믿지 못하게 될 것이다.

어떤 여성의 어린 시절 첫 기억은 가족 모임에서 짝짜꿍을 하던 일이었다. 두 살짜리 아이는 부모에게 울면서 호소를 하지만 낯선 사람들 손에 이리저리 옮겨졌다. 그 기억과 함께 억눌려 있던 감정들을 되살리면서 그녀는 사람들 손에서 육체적으로 속수무책이 되고 부모가 자신을 보호하지 않았던 그 상황(그 밖에도 그녀가 완전히 억누르고 있는 다른 상황들과 함께)이 자신에게 무기력한 공포감을 남겼다는 사실을 깨달았다.

결론적으로 말하면, 우리는 유년기에 다른 사람과 외부 세계를 신뢰하는 방식을 배운다는 것이다. 만일 사람들이 안전하다고 믿는 법을 배운다면 우리의 민감성은 그대로 있지만 만성적 긴장의 위협은 받지 않는다. 우리는 긴장을 처리하는 방법을 알게 되며, 그것은 통제할 수 있는 것처럼 보인다. 우리가 상대방에게 무언가를 중지하도록 요구하면 그들은 거기에 따르라고 부담을 주기보다 도와줄 거라고 믿게 된다. 반면에 어린 시절의 경험에서 이러한 믿음을 형성하지 못하면 만성적인 수줍음, 불안, 또는 회피의 반응이 나타날 수 있다. 믿음은 타고나는 것이 아니라 배우는 것이다.

이러한 양자택일이 결정적인 것은 아니다. 아마 시간이 가면서 사람보다는 상황에 기초해서 판단하는 법을 배우게 될 것이다. 하지만 태어나서 첫 두 해 동안 아이에게 세상을 바라보는 전반적인 시각이 형성된다는 것은 사실이다.

◇ 유대감을 충분히 형성한 경우

오히려 매우 민감한 사람들이 훌륭한 어린 시절을 보냈을 것이라 생각할 수도 있다. 심리학자 귄 미테털Gwynn Mettetal은 인디애나 대학교에서 '일시적인 위기에 처한' 부모들을 도와주는 연구를 한다. 그녀는 대부분의 부모들이 자녀를 이해하고 올바로 키우기 위해 노력하고 있다고 말한다. 민감한 아이는 부모의 선의를 이해하면 더욱 강한 애정을 느낄 수 있다.

부모는 종종 민감한 아이와 특별한 유대감을 형성한다. 의사소통이 잘되고 서로를 존중한다. 민감한 아이가 축구를 할 때 "보세요, 엄마. 제가 한 골을 넣었어요!"라는 말은 부모와 코치에게 좀 더 중요한 의미로 다가온다. 그리고 민감한 특성은 유전적이므로 부모 가운데 어느 한쪽이나 양쪽 모두 아이를 아주 잘 이해할 확률이 높다.

샌프란시스코의 캘리포니아 의과대학에서 실시한 연구에 따르면 '스트레스에 민감한' 아이들은 스트레스를 받으면 부상을 당하거나 질병에 걸리기 쉽지만, 스트레스를 받지 않으면 오히려 그런 위험이 적다고 한다. 스트레스는 주로 아이의 애착과 가정생활의 안정과 관계가 있으므로 안정 애착이 된 민감한 아이들이 대체로 건강하다고 할 수 있다.

어떤 부모는 아이에게 충분한 애정을 느끼게 하면서 독립적으로 자랄 수 있는 공간을 여유 있게 마련해주기도 한다. 그런 환경에서 아이는 상상 속의 인물, 책 속의 인물, 또는 자연 자체에서 충분히 위로를 받고 힘을 얻는다. 민감한 아이는 특성상 그러한 고독 속에서도 다른 아이들보다 더 행복해질 수 있다. 또는 직관과 많은 훌륭한 속성이 친척이나 교사와의 건강한 인간관계를 갖게 할 수도 있다. 잠시 동안이라도 사람을 잘 만나면 인생의 커다란 차이를 만들어낼 수 있다. 또한 힘든 가정에서 자란다고 해도 민감한 특성이 다른 아이들처럼 빗나가지 않게 막아주는 역할을 하기도 한다.

학교에 다니게 되면 민감한 특성이 새로운 방식으로 도움이 되거나 방해가 될 수 있다. 2장에서 만난 롭처럼 크고 넓은 세상과의 만남으로 상상력이 풍부해지고 다른 사람들이 눈치 채지 못하는 것들을 더 많이 인식하며 인생의 작은 아름다움을 더 깊이 즐기고 이해할 수 있다. 한편으로는 '터무니없는' 두려움과 공포를 만들어내기도 한다.

이 시기에 민감한 아이들이 느끼는 두려움은 여러 가지 이유로 증가할 수 있다. 첫째는 긴장을 하면 주변 환경이 더욱 두려워질 수 있다. 둘째, 사람들로부터 많은 기대를 받고 있으며, 잘못하면 인정을 받지 못한다는 것을 알게 된다. 셋째, 민감한 안테나는 다른 사람들이 숨기고 싶어 하는 감정들까지도 모두 잡아낸다. 다른 사람들의 감정이 두렵게 느껴지면, 그들에게 생존을 의지하고 있는 경우 일부러 그들에 대해 아는 것을 자제하게 된다. 하지만 그 두려움은 남아서 보다 '터무니없는' 두려움이 된다.

어떤 경우에는 다른 사람들의 불만, 비난, 분노가 두려워서 가능하면 실수하지 않고 완벽하게 모든 규칙을 따르려고 할 수도 있다. 하지만 언제나 잘하려고 하다가 자신의 정상적인 감정인 초조함, 좌절, 이기심, 분노 등을 돌보지 못한다. 또는 남이 하자는 대로 하면서 자신의 요구를 무시할 수 있다. 결국 원망이 쌓이고, 그런 감정들이 두려워서 묻어두게 된다. 그 두려움은 또 다른 '터무니없는' 두려움과 악몽의 근원이 된다.

마지막으로, 부모는 아이가 태어나서 3년이 지나면 아이의 민감성을 더 이상 참아주지 않는다. 그들은 아이가 학교에서 적응하지 못할까 봐 걱정한다. 그래서 아이를 과보호한 자신을 탓하며 강하게 키우려고 한다. 아마 전문적인 도움을 통해 아이에게 뭔가 잘못되었다는 메시지를 더 굳혀줄지도 모른다. 그 모든 것 또한 이 시기의 아이가 느끼는 불안을 증폭시킬 수 있다.

◇ 성별에 따라 '민감함'은 달리 해석된다

남성도 여성과 마찬가지로 상당수가 민감하게 태어난다. 하지만 우리 문화는 남성과 여성이 어떻게 행동해야 하는지에 대한 고정관념을 갖고 있다. 이 문제는 의외로 심각하다. 한 동료가 어느 비공식적인 사회심리학 실험에 대해 이야기해주었다.

어떤 사람에게 갓난아이를 안고 있다가 행인들이 남자아이인지 여자아이인지 물으면 "잠시 아이를 보고 있는 거라서 모른다"라고 대답하게 했다. 지나가다가 아이를 구경하는 사람들은 보호자가 아이의 성별을 모른다는 것에 매우 실망했다. 아이의 옷을 벗겨서 알아보자고 하는 사람들도 있었다.

사람들이 얼마나 성별을 중요하게 생각하는지 말해주는 연구결과는 많다. 남자아이와 여자아이를 아주 다르게 취급하는 경향이 있는데, 특히 성별을 민감성과 혼동한다. 그리고 이런 생각은 가정에서부터 시작된다. 연구에 의하면 '숫기 없는' 남자아이는 엄마들이 별로 좋아하지 않는데, 학자들에 의하면 그것은 어머니의 가치 체계에서 비롯된 결과로 해석될 수 있다. 엄마들은 얌전한 남자아이는 오히려 못마땅하게 생각한다.

숫기 없는 소년들과는 반대로 숫기 없는 소녀들은 엄마와 잘 지낸다. 그녀들은 엄마에게 착한 딸이다. 하지만 문제는 민감한 딸에게서 엄마는 자신이 꿈꾸는, 즉 가정을 떠나지 않고, 떠나서도 안 되며, 떠나지 못하는 아이를 발견한다. 그래서 세상을 탐험하고 두려움을 극복하려는 자연스러운 욕구를 꺾어버린다. 소녀들은 자신들을 향한 엄마의 비판, 거부, 냉정함 같은 부정적인 태도에서 세상에서의 후퇴를 포함한 부정적인 영향을 더 많이 받는다. 민감한 소녀들은 아마 더욱 그럴 것이다. 게다가 아버지들은 딸이 두려움을 극복할 수 있도록 도울 생각을 하지 않는다. 전반적으로 여자아이들은 남자아이들보다 좋건 나쁘건 부모에게서 더 많은 영향을 받는다.

이제 우리 자신을 다른 식으로 보살피는 방법에 대해 생각해볼 때가 되었다. 우선 '지나친 긴장에 대처하는 방법'에 관해 자기평가를 해보자.

● 나는 긴장에 어떻게 반응하는가

다음 문장을 읽으면서 일관성이 없는 것처럼 느껴진다고 해도 자신에게 해당되는 항목이라면 모두 표시해보자.

나는 새로운 무언가를 시도하기가 두렵고, 자극을 받거나 긴장할 것 같으면 보통 다음과 같이 반응한다.

- ☐ 그 상황에서 벗어나려고 한다.
- ☐ 자극을 조절할 방법을 찾는다.
- ☐ 어떤 식으로든 견뎌본다.
- ☐ 모든 것이 잘못될 것 같은 느낌이 든다.
- ☐ 나를 도와줄 수 있는 사람을 찾거나 적어도 그 사람을 생각한다.

- [ ] 문제가 더 복잡해지지 않도록 사람들을 멀리한다.
- [ ] 친구, 가족, 잘 아는 사람들과 함께 있으려 하거나, 교회에 가거나 수업을 듣거나 어딘가로 외출을 한다.
- [ ] 많은 것을 희생하더라도 그 상황에서 벗어나기로 한다.
- [ ] 불평을 하든지, 화를 내든지 해서 어떻게든 나를 괴롭히는 것들을 멈추려고 한다.
- [ ] 마음을 가다듬고 차근차근 해결해보려고 한다.

나 자신의 방법: 긴장에 대처하는 방법은 상황에 따라 달라질 수도 있으므로 융통성이 중요하다. 만일 앞의 방법 가운데 세 가지 이하를 사용한다면 다시 목록을 보고 더 많이 채택하도록 하자. 당신은 그런 방법들을 누구에게서 배웠는가? 좀 더 많은 방법을 사용하지 못하는 이유는 무엇 때문인가? 당신이 대처하는 방식이 어디에서 비롯되었는지를 알면 그 방법이 아직 유효한지 아니면 더 이상 필요 없는지를 알 수 있다.

◇ 나 자신을 다르게 돌보기

어떤 상황이 너무 강하거나 길어질 때 우리에게는 지나친 자극이 될 수 있다. 불꽃놀이를 참지 못해 카니발에서 오랫동안 즐길 수 없을지도 모른다. 앞 장에서 우리는 몸을 혹사하지 않고 조심스럽게 다루는 법을 배웠다. 하지만 때로는 앞으로 다가올 일을 상상하거나, 불꽃놀이를 바라보거나 유람 열차를 타는 것 자체로도 두려움을 느낄 수 있다. 새로운 상황은 익숙하지 않기 때문에 자극적으로 다가오며, 과거에 익숙하지 않은 일들로 인해 혼란을 겪었다면 자연히 새로운 것은 시도해보기도 전에 모두 거부하게 된다. 그래서 많은 것들을 놓칠 수 있다.

새로운 것을 시도할 마음가짐이 되려면 새로운 상황을 마주하고 성공적으로 처리하는 경험을 많이 해야 한다. 민감한 아이가 새로운 상황을 해결하는 일은 저절로 되지 않는다. 민감한 아이를 이해하는 부모들은 '단계적인' 전략을 세운다. 그러면 결국 아이 스스로 적응하는 법을 배운다. 만일 부모가 우리를 단계적으로 가르치지 않았다면 이제부터라도 익숙하지 않은 것을 만났을 때 그런 식으로 자기 자신을 가르치는 법을 배울 필요가 있다.

여기서 얼리셔 리버먼Alicia Lieberman이 《유아의 정서 생활Emotional Life of the Toddler》에서 제안한 '수줍은 아이'를 위한 조언을 새로운 상황을 마주하기 두려워하는 어른에게 적용해보겠다.

- 부모가 아이를 새로운 상황에 혼자 내보내지 않는 것처럼 우리도 그렇게 하지 말자. 누군가와 동행하자.
- 부모가 상황을 설명하는 것으로 아이와의 대화를 시작하는 것처럼, 익숙하고 안전한 면에 초점을 맞추어서 두려워하는 자신에게 말을 걸자.
- 부모가 아이에게 너무 힘들면 그만두라고 하는 것처럼, 자신에게도 필요하면 집으로 갈 수 있도록 허락하자.

- 시간이 지나면 아이가 잘할 수 있으리라고 부모가 믿는 것처럼, 두려워하는 자신도 상황에 적응하면 잘할 수 있을 것이라고 기대하자.
- 아이가 두려워할 때 부모가 지나치게 불안한 반응을 보이지 않으려고 조심하는 것처럼, 당신의 두려움이 도움을 청하면 지나치다 싶을 정도로 불안한 반응을 보이지 말자.

지나친 긴장을 불안으로 착각할 수 있다는 사실도 기억하자. 하지만 훌륭한 부모는 말한다. "여기는 정말 많은 일들이 일어나고 있구나. 아마 흥분이 되어서 가슴이 두근두근할 거야."

◇ 너무 움츠리면 실망감에서 벗어날 수 없다

가장 어려운 과제는 아마도 자신을 어느 정도 보호해야 하는지, 어느 정도 밀고 나가야 하는지를 판단하는 일일 것이다. 민감한 아이를 둔 부모라면 누구나 직면하는 문제이다. 우리는 자신에게 압력을 가하는 방법을 알고 있다. 아마 부모, 교사, 친구들이 했던 식으로 자신에게 하고 있을 것이다. 매우 민감한 사람들은 운동을 잘해야 하고, 정상적이 되어야 하며, 다른 사람들의 기대에 부응해야 한다는 부담감을 느낀다. 과거에 자신을 배려해주지 않은 사람들을 따라 하면 자신을 너무 '혹사'시키기 쉽다. 반대로 무언가를 시도하고 싶어도 과거에 보호자가 자신에게 했던 과보호를 따라 하면서 지나치게 움츠리기도 한다.

우리는 겁이 나서 하지 못하는 무언가를 다른 사람들이 즐기는 모습을 지켜보면서 아쉬워한다. 친구들이 출세를 하고 여행을 하고 이사를 하고 자신이 두려워하는 인간관계를 즐기는 것을 멀리서 보고만 있을지도 모른다. 하지만 마음속 깊은 곳에서는 자신도 그들만큼, 아니면 그들보다 더 많은 재능과 바람과 잠재력이 있다는 것을 알고 있다.

부러움은 우리에게 한두 가지 교훈을 일깨워 준다. 무언가를 원하면 기회가 왔을 때 그것을 해야 한다는 것이다. 그러지 않으면 영원히 원하는 것을 가질 수 없을지도 모른다. 메리 로스바트는 "어른들은 관심을 돌리고, 의지를 사용하고, 두려움을 극복할 수 있다"라고 말한다. 따라서 우리가 뭔가를 하고 싶다고 생각하면 그것을 할 수 있을 것이다.

중요한 점은, 세상일을 뭐든지 다 할 수 있다고 허세를 부리지 않는 것이다. 인생은 짧고 우리가 할 수 있는 일은 제한되어 있다. 우리 각자는 이 세상에서 한 조각의 기여를 하고 한 조각을 차지한다. 모든 것을 다 얻을 수는 없다.

나는 매우 민감한 사람들 중 남들보다 못해도 실망하지 않는 사람들을 알고 있다. 그들은 별로 시기하지 않는다. 그들은 민감한 특성 덕분에 자신이 다른 사람들에게 없는 많은 것을 갖고 있다는 사실을 알고 있다. 나는 스스로를 보호하지 못하는 것과 마찬가지로 실망감 역시 어린 시절에 배운 태도에서 온다고 생각한다.

◇ 지금이라도 실망감을 극복할 수 있다

우리가 변화할 수 없는 부분은 인정하는 것이 현명하지만, 또한 언제라도 자신감과 희망으로 실망감을 대체할 수 있다는 사실을 기억하자.

어릴 때 나는 넘어지는 것을 유난히 무서워해서 높은 곳에 올라가거나 혼자 균형을 잡아야 할 때마다 너무 긴장해서 몸이 굳어지곤 했다. 그래서 자전거, 롤러스케이트, 아이스스케이트 등을 배우려고 하지 않았는데, 내 생각에 엄마는 차라리 다행이라고 생각했을 것이다.

나는 항상 어떤 신체적 활동에 참여하기보다는 부러워하면서 구경만 할 때가 많았다. 하지만 캘리포니아 시에라스의 언덕에 있는 목장에서 펼쳐진 여름 축제가 끝나갈 때쯤 있었던 일처럼 예외도 있다.

그 행사에는 다양한 연령층의 여성들이 참가했다. 그런데 그날 저녁 그네를 하나 발견하더니 모두들 어린 소녀가 되었다. 그네는 긴 밧줄에 매달려서 마치 초저녁에 반짝이는 별들에 닿을 것처럼 높이 날아올랐다. 나만 빼고는 모두가 그네를 탔다. 사람들이 실내로 들어간 뒤 나는 남아서 그네를 바라보며 겁쟁이라는 해묵은 수치감을 느끼고 있었다. 그때 젊은 여자가 다가오더니 그네 타는 법을 가르쳐주겠다고 제안했다. 나는 싫다고 했지만 그녀는 내가 원하는 것 이상으로 그네를 세게 밀지 않겠다고 약속하면서 막무가내로 설득했다. 그리고 그녀가 그네를 밀었다. 시간이 다소 걸리기는 했지만 결국 나는 그녀를 믿고 용기를 내서 다른 사람들처럼 하늘 높이 날아오를 수 있었다.

나는 다시 그녀를 만나진 못했지만 멋진 경험을 하게 해주고, 그네를 조심스럽게 밀어주면서 나를 배려하고 이해해준 그녀에게 항상 감사한다.

◇ 학창 시절의 기억

마샤의 학창 시절에 대한 기억은 매우 민감한 사람들에게서 볼 수 있는 전형적인 유형이다. 그녀는 공부를 잘했으며 계획하고 아이디어를 내는 일에 앞장서기도 했다. 한편으로는 학교 공부가 지루하기도 했다. 끊임없는 상상력은 수업 시간에도 책을 읽게 만들었고, 그녀는 언제나 우등생이었다. 그녀는 지루함과 함께 학교에서 받는 자극 때문에 항상 괴로웠다. 무엇보다 소란스러움이 가장 큰 문제였다. 특히 교사가 교실에 없을 때는 시끄러워서 견딜 수가 없었다. 작은 집에서 여덟 식구가 복작거리고 사는 것도 그녀를 불행하게 만들었다. 그래서 화창한 날에는 숲 속이나 현관 아래 숨어 책을 읽었다. 날씨가 나쁘면 집에서 책을 읽는 동안 모든 것을 무시하는 법을 터득했다. 하지만 학교에서는 긴장을 피하기 어려웠다. 어느 날 교사는 끔찍한 고문을 당한 전쟁 포로에 관한 기사를 큰 소리로 읽었다. 마샤는 충격으로 기절했다.

우리는 학교에 다니기 시작하면서 마샤처럼 더 넓은 세상과 마주한다. 첫 충격은 집에서 떨어져 있다는 것이다. 또한 유치원에 다니면서 익숙해졌다고는 해도 우리의 감각은 시끄러운 초등학교 교실에서 오랫동안 견딜 준비가 되어 있지 않다. 기껏해야 교사들은 보통 아이들이 참을 정도의 긴장 수준을 유지한다.

민감한 아이들은 처음엔 뒷전에서 구경만 하면서 학교에 다닌다. 나는 우리 아들이 학교에 처음 간 날을 생생히 기억한다. 아들은 구석에서 멍하니 바라만 보고 있었다. 하지만 조용히 지켜보는 태도는 학교에서 '정상적'으로 여겨지지 않는다. 교사는 말했다. "다른 아이들과 함께 놀지 않겠니?" 우리는 교사를 실망시키거나 우리 아들이 이상한 아이로 보이는 것이 싫어서 마지못해 응했다. 하지만 어떤 때는 그렇게도 하지 못한다. 어떻게 하든 원하지 않는 주목을 받는 것은 마찬가지다.

그 모든 긴장과 수치심으로 인해 성적이 떨어지는 아이들도 있다. 하지만 대부분 독서와 조용한 학습을 좋아해서 성적이 우수한 학생들이 많다. 그럼에도 긴장으로 인해 사회성과 신체적 능력이 뒤떨어진다. 그래서 그런 문제를 해결하기 위한 방법으로 친한 친구를 찾는다. 그리고 재미있는 놀이를 생각해내고 글을 잘 쓰고 그림을 잘 그리는 학생으로 인정받는다. 실제로, 앞에서 이야기했던 찰스처럼 자신과 자신의 특성에 대해 자신감을 갖고 학교에 입학한다면 진정한 우등생이 될 수 있다. 하지만 물리학자인 민감한 내 친구가 말했듯이, 정말 특출한 아이는 학교에서 원만하게 지낼 수 없다.

나는 연구를 하면서 민감한 남자들은 대체로 학교에서 내성적이었다는 사실을 알았다. 그도 그럴 것이 민감한 소년은 '정상'이 아니기 때문이다. 그들은 아이들과 함께 어울려 있을 때나 낯선 아이들과 함께 있을 때 어떤 취급을 받을지 몰라 조심스러워한다.

대부분의 민감한 소녀들은 민감한 소년들처럼 학창 시절에 한두 명의 친구에게 의지한다. 하지만 어떤 소녀들은 상당히 외향적이다. 소년들과는 달리, 소녀들은 어떤 긴장이나 감정을 드러내도록 타인에게 자연스럽게 받아들여진다. 오히려 다른 소녀들과 더 가까워질 수 있다.

부정적인 면에서 말하자면, 소녀들은 민감한 소년들이 살아남기 위해 갖춰야 하는 무기를 필요로 하지 않는다. 즉 소녀들은 감정을 조절하는 연습을 하지 않기 때문에 감정적인 긴장과 마주했을 때 무기력해진다. 또한 감정 표현을 이용해서 긴장으로부터 자신을 보호하기도 하지만 어떤 면에서는 다른 사람들을 기만할 수 있다. "만일 다시 그 놀이를 해야 한다면 나는 울어버릴 거야"라는 식으로, 그들은 어른이 되기 위해 필요한 담력을 기르지 못한다.

◇ 영재처럼 우리의 재능을 돌보자

어린 시절에 영재로 불렸다면 아마 지내기가 수월했을지도 모른다. 민감한 특성을 사회적으로 좀 더 높게 평가받는 능력의 일부로 인정받을 수 있기 때문이다. 교사들과 부모들은 재능을 가진 아이를 세심하게 배려하라는 조언을 듣고, 실제로 영재들을 다른 아이들과 다르게 취급한다. 부모는 아이를 응석받이 기형아로 만들지 않으려고 조심하며, 교사는 영재를 있는 그대로 인정해야 한다고 알고 있다. 이것은 보통 일반적인 아이들에게도 필요한 배려이지만, 영재는 특별히 기준에서 벗어나는 것이 허용된다.

한편 부모와 교사들은 영재를 지나치게 밀어붙인다. 영재의 자긍심은 전적으로 얼마나 잘하느냐에 달려 있다. 그만큼 다른 영재들을 따라가지 못하면 소외되고 따돌림 당할 수도 있다. 그래서 영재를 키우기 위한 지침을 우리의 재능을 보살피는 것에 적용해 보았다.

+ 뭔가를 얼마나 잘하느냐보다 있는 그대로의 자신을 평가하자.
+ 성공보다는 모험을 하고 새로운 것을 배운다는 사실에 자부심을 갖

자. 그러면 실패를 해도 인정하기 쉽다.

- 다른 사람들과 자신을 비교하지 말자. 지나친 경쟁심을 경계하자.
- 다른 재능 있는 사람들과 교류할 기회를 만들자.
- 너무 바쁘게 살지 말자. 생각하고 꿈꾸는 시간을 갖자.
- 현실적인 기대를 하자.
- 자신의 능력을 감추지 말자.
- 자신을 스스로 변호하자. 있는 그대로 자신을 표현할 수 있는 권리를 주장하자.
- 관심 분야가 좁다면 좀 더 확대하자.

◇ 변화와 혼란의 사춘기

사춘기는 누구에게나 힘든 시기다. 하지만 내가 조사한 바로는 매우 민감한 사람들은 평균적으로 고등학교 시절이 가장 어려웠던 것으로 드러났다. 놀라운 신체적 변화가 일어나고 성인으로서의 책임이 하나둘씩 빠르게 늘어난다. 예를 들어 운전, 직업, 대학 선택, 알코올과 약물, 임신, 아르바이트, 그리고 신분증과 돈과 열쇠를 갖고 다니는 자질구레한 일들에서부터 성에 눈을 뜨면서 생기는 고통스러운 자의식이 따라다닌다. 민감한 청년들은 매스컴에서 본 희생자나 공격자로서의 성적 역할에 불안을 느끼는 듯하다.

그리고 자신이 느끼는 불안감의 진짜 원인과 마주하는 것이 두렵기 때문에 에너지나 불안을 성적 활동으로 배출할 가능성도 있다. 그들로서는 평생이 결정될 수도 있는 선택을 해야 하고 자의나 타의에 의해 가정을 떠난다는 것이 얼마나 부담스럽겠는가? 독립적인 생활로 전환하는 데 실패하면 자신의 '치명적인 결함'이 완전히 그 모습을 드러낼지도 모른다는 두려움도 있다.

그래서 많은 민감한 청년들은 '제대로' 꽃봉오리를 피워보지도 못하고 시들어버리는 자신의 모습을 보는 것이 두려워 스스로를 파괴하기도 한다. 자기 파괴 방식에는 여러 가지가 있다. 결혼을 하고 아이를 가져서 좁고 예정된 역할에 안주하거나, 약물이나 알코올을 남용하거나, 신체적으로나 정신적으로 무기력해지거나, 소속감과 어떤 대답을 제공하는 광적인 집단이나 조직에 가입하거나, 아니면 자살을 한다. 하지만 이러한 행동들이 모두 민감하기 때문에 나타나는 것만은 아니다. 자아가 너무 강하거나 미숙하기 때문에 나타날 수도 있다. 누구나 청년기에는 방황을 할 수 있으니까.

물론 성인으로서의 의무를 대학 입학, 그리고 대학원이나 박사과정 또는 수습과정 뒤로 연기할 수 있다. 아니면 천천히 단계적으로 받아들일 수도 있다. 회피하는 것이 아니라면 시간을 잠시 늦추는 것도 나쁘지 않다. 집을 떠나는 시기를 연기하는 방법도 있다. 몇 년 더 부모를 돌보면서 함께 살거나 고향의 고등학교 친구들과 함께 지내는 것도 괜찮은 방법이다. 그럼 어느 날 갑자기 자신도 모르게 어른이 되어서 혼자 설 수 있게 될 것이다.

때로는 어느 한 단계가 길어지기도 한다. 일부 민감한 학생들에게는 대학이 그런 단계가 될 수 있다. 나는 민감한 학생들이 대학에서 첫 학기를 마친 후, 아니면 대학 진학 후 처음 맞는 크리스마스 때 집에 돌아와 곧잘 중퇴한다는 사실을 알고 있다. 그들 자신이나 부모나 상담 교사들은 진짜 문제를 이해하지 못한다. 사실 그들은 전혀 새로운 생활, 새로운 사람들, 새로운 생각, 새로운 일정을 받아들여야 하고, 게다가 시끄러운 기숙사에서 살면서 밤새도록 떠들고, 파티를 열고, 어쩌면 섹스·마약·알코올에 지쳐버리는 생활을 해야 한다.

민감한 학생들은 움츠리고 있는 것처럼 보인다고 해도 다른 학생들이 하는 대로 따라 하고, 정상이 되어야 하며, 친구들을 사귀어야 하고, 모든 사람의 기대에 부응해야 한다는 것 자체가 부담스럽기만 하다. 하지만 대학에서 겪는 문제는 회복될 수 있다. 그것은 개인적인 실패가 아니다.

가족은 청년들이 둥지를 떠날 때도 큰 도움이 된다. 특히 매우 민감한 사람들은 가족의 영향을 강하게 받는다. 우리는 성장한 후에 바깥세상에 나가서 어떻게 할 수 있고, 어떻게 해야 하는지를 가정에서 배운다.

◇ 성인이 되었을 때

민감한 청년이 성인이 되면 성별의 차이가 더 커진다. 출발할 때의 작은 차이가 가정교육을 통해 성인이 되었을 때 전혀 다른 목적지에 도달하게 만든다.

일반적으로 남성은 여성보다 자존심이 강하다. 앞에서 이야기한 찰스의 예처럼 부모가 민감한 소년을 인정해주면 어른이 되었을 때 자신감을 갖게 된다. 그렇게 인정받지 못하면 자기 비하로 가득 차게 된다. 그동안 그들이 받아온 냉대를 생각하면 놀라운 일도 아니다.

유년기부터 숫기가 없었던 남자들(대부분이 매우 민감한 사람들이라고 추정된다)을 연구한 바에 의하면, 그들은 다른 남자들보다 평균적으로 3년 늦게 결혼을 하고, 4년 늦게 첫아이를 가지며, 3년 늦게 안정된 직업을 갖고 따라서 출세가 늦어진다. 이것은 숫기 없는 남자에 대한 문화적인 편견 때문일 수 있다. 또한 매우 민감한 사람들 스스로가 가족과 출세 이외의 다른 것, 아마도 정신적 또는 예술적 목표에 가치를 두기 때문일 수도 있다.

반대로 같은 연구에서, 숫기 없는 여성들은 전통적으로 정해진 인생의 단계를 거치는 것으로 나타났다. 그들은 직업을 갖거나 결혼해서 일을 계속하는 경우가 훨씬 적었다. 마치 그들은 자립을 하지 않고 아버지의 집에서 남편의 집으로 옮겨 가는 가부장제의 전통을 따르는 듯이 보인다. 하지만 그런 여성들이 고등학교에서는 '드러나지 않지만 독립적이고 지적인 문제에 관심을 가지며, 야망이 크고 주관이 뚜렷한' 경우가 많다. 그들이 독립하고 싶은 욕망과 유일하게 안전하며 조용한 오아시스인 결혼이라는 전통적인 생각 사이에서 갈등했으리라는 것을 미루어 짐작할 수 있다.

내가 면담한 여성들의 상당수는 첫 결혼을 잘못했다고 느끼고 있었다. 다른 사람에게 의지하거나 아니면 안전한 역할을 맡아서 자신의 민감성을 해결해보려고 했을지도 모른다. 실제로 그들의 이혼율이 높은지는 모르지만 이혼 사유가 다른 여성들과는 다르다. 그들은 결국 혼자 세상과 마주해서 강한 직관과 창조성과 다른 재능들을 위한 출구를 발견하는 것 같다. 만일 첫 결혼이 그러한 여지를 허락하지 않았다면 준비가 되었을 때 좀 더 확신을 갖고 독립을 하는 것이다.

마샤가 바로 그런 여성이었다. 그녀는 너무 일찍 결혼했고 40세가 되어서야 학창 시절에 발견한 창조적이고 지적인 능력을 발휘할 수 있었다. 마샤를 포함해서 내가 면담한 여성의 3분의 1 정도가 뒤늦게야 세상으로 나왔다. 그런데 그 이유는 단순히 민감성 때문만은 아니었다. 마샤는 혼란스러운 성 경험을 했다. 공공연한 성적학대를 당하지 않았다고 해도 젊은 여성들은 대부분 사춘기에 자긍심이 떨어지는 것으로 알려져 있다. 아마 스스로를 성적인 대상으로 인식하기 시작하면서부터일 것이다. 그래서 민감한 소녀일수록 더욱 강하게 자기방어를 한다. 너무 먹어서 뚱뚱해지거나,

쉬지 않고 공부나 운동에만 전념하거나, 일찍 남자를 만나서 그에게 매달린다.

마샤는 친구들보다 풍만하게 가슴이 발달하면서 중학교 때부터 리더십과 성적이 떨어지기 시작했다. 갑자기 그녀는 남학생들로부터 끊임없는 시선을 받았다. 그녀는 날씨에 상관없이 항상 외투를 걸치고 다녔고 최대한 남의 눈에 띄지 않으려고 노력했다. 게다가 그녀의 표현대로 하자면, 멍청하고 키득대면서 여자애들 꽁무니나 따라다니는 남학생들이 활개를 쳤다. 그녀는 앞에 나설 수도 없었고 나서기도 싫었다. 어쨌든 남자애들이 종종 그녀를 따라다녔다.

어느 날 남학생 두 명이 그녀를 쫓아와서 갑자기 키스를 했다. 그녀는 겁에 질린 채 집 안으로 뛰어 들어갔는데, 현실인지 상상인지 모르겠지만 쥐 한 마리가 계단 아래서 그녀를 향해 달려오는 것을 보았다. 그 후 오랫동안 그녀는 남자와 키스를 할 때마다 그 쥐가 눈에 보였다.

열여섯 살 때 그녀는 처음 사랑하게 된 남자와 너무 가까워지는 듯하자 헤어졌다. 그녀는 스물세 살까지 순결을 지켰으나 대낮에 강간을 당했다. 그때부터 그녀는 '정말 좋아하는 남자만 제외하고' 남자가 졸라대면 자신을 허락했다. 그리고 결혼해서 학대를 받다가, 용기가 날 때까지 오랜 세월 기다린 후에야 이혼했고, 예술가로서의 활동을 시작했다.

간단히 말해서 민감성이 드러나는 방식에는 성별의 차이가 있다. 민감한 남자는 시기적으로나 생활력에서 다른 남자들보다 뒤처지는 경향이 있다. 민감하다는 것은 남자들에게 '정상'이 아니다. 한편 여성들은 민감해도 된다고 여기는 경향이 있다. 하지만 민감한 소녀들은 세상 사는 법을 배우기도 전에 전통적 가치를 따라가기 쉽다.

이제 자신의 유년기를 돌아보고 민감한 특성이 부모, 친척, 동료, 교사, 낯선 사람들, 친구, 연인, 배우자 등 다른 사람들과의 관계에 얼마나 큰 영향을 미쳤는지 알아보자. 우리 역시 사회적인 동물이다. 다음 장에서는 매우 민감한 사람들의 사회성과 숫기 없음에 대해 이야기하겠다.

나의 민감함 다시 보기 4

유년기의
중요 사건

이 책의 주제이자 이번 장의 주제는 우리의 과거를 민감성에 기초해서 재구성하는 것이다. 그 목적은 실패, 상처, 수줍음, 당혹스러운 순간들, 그리고 다른 모든 것들을 새로운 방식으로, 즉 좀 더 냉정하고 정확하고 따뜻하고 동정적인 시각으로 바라보는 것이다.

유년기와 청년기에 기억나는 중요한 사건들, 지금의 자신을 만들어낸 사건들에 대한 기억을 열거해보자. 학교에서 연극을 했거나 부모가 이혼한다는 소식을 들은 순간일 수도 있다. 아니면 매년 학교에 등교한 첫날이나 여름 캠프를 갔던 일들을 따로 모아볼 수도 있다. 어떤 기억들은 부정적이고 충격적이거나 비극적일 수도 있다. 따돌림이나 놀림을 받았을 수도 있다. 아니면 명절날 아침, 가족 휴가, 성공 또는 명예로운 일처럼 기쁘고 감동적인 기억들도 있을 것이다.

한 가지 사건을 선택해서 다음 단계를 거쳐 재구성을 해보자.

❶ 그 사건에 대해 어떻게 반응했고 지금까지 그 사건을 어떤 방식으로 생각해왔는가?

당시에 '잘못' 반응했거나 다른 사람들처럼 하지 않았다고 느끼는가? 아니면 너무 반응을 오래 끌지 않았는가? 어떤 면에서 스스로를 쓸모없는 존재라고 느꼈는가? 다른 사람들에게 불안감을 감추려고 했는가? 아니면 다른 사람들이 나에게 "너무 지나치다"라고 말했는가?

❷ 자신의 몸이 자동 반응하는 방식에 대해 지금 알고 있는 것에 비추어 당시의 반응을 생각해보자.

❸ 그 사건에 대해 지금 할 수 있는 일이 있는지 생각해보자.

그 사건에 대한 새로운 관점을 다른 사람과 이야기해보자. 그 자리에 함께 있었던 사람에게 당시 상황을 자세히 기억할 수 있도록 도움을 받아도 좋다. 그 경험에 대한 과거의 관점과 새로운 관점을 적어놓은 뒤 한동안 곁에 두고 보면서 생각해보자.

앞의 작업이 도움이 된다고 생각하면 유년기에 경험한 다른 사건들도 하나씩 재구성해보자. 서두를 필요는 없다. 며칠에 하나씩 하면 된다. 중요한 사건을 소화하려면 시간이 걸릴 수 있다.

5장

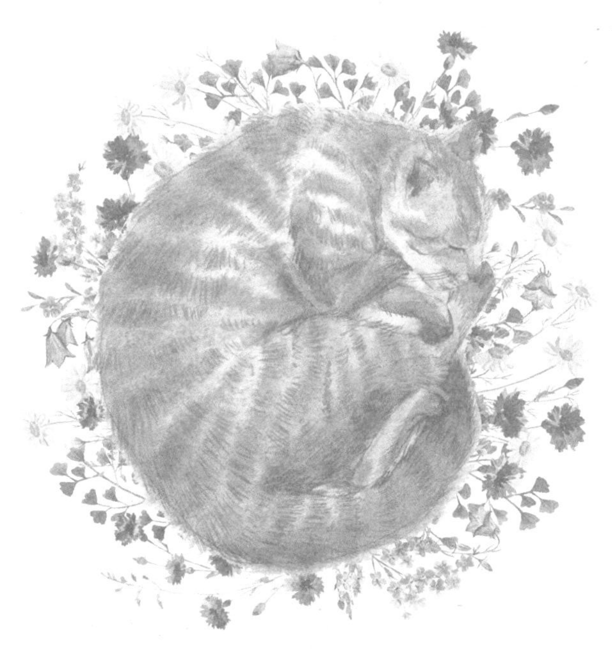

민감한 사람이
인간관계를 맺는 방식

매우 민감한 사람들의 70퍼센트 정도가 사회적으로 내성적이지만, 그게 사람들을 싫어한다는 것은 아니다. 단지 많은 친구보다 몇 사람과 가깝게 지내는 것을 좋아하며 대규모 파티나 군중을 피하고 싶을 뿐이다.

"넌 너무 숫기가 없어!"라는 말을 종종 들어왔는가? 이 장을 읽고 나면 그 말을 다시 생각하게 될 것이다. 여기서는 일반적으로 서먹한 사이에서 느끼는 '숫기 없음'에 대해 이야기하겠다.(가까운 관계에 대해서는 7장에서 설명하겠다.)

매우 민감한 사람들 중에서도 사교술이 뛰어난 사람들이 많다. 하지만 고장 나지 않은 부분은 고칠 필요가 없으므로 여기서는 흔히들 '숫기 없다', '대인 기피', '대인공포증'이라고 부르는 문제에 초점을 맞추어보기로 하겠다. 단, 새로운 관점에서 매우 민감한 사람들의 문제점에 접근할 것이다.

문제점에 초점을 맞춘다고 해서 매우 민감한 사람들이 반드시 사회생활에 어려움을 겪는다는 의미는 아니다. 미국 대통령과 영국 여왕도 때로 사람들이 자신을 어떻게 생각하는지 걱정할 것이다. 아마 누구나 그럴 것이다. 그리고 그런 걱정이 우리를 긴장시킬 수 있다.

사람들은 흔히 “걱정 마, 아무도 너를 심판하지 않아”라고 말한다. 하지만 민감한 우리는 사람들이 지켜보고 심판하고 있다고 생각한다. 민감하지 않은 사람들은 종종 주위의 시선에 아랑곳하지 않지만 우리로서는 사람들의 시선과 무언의 심판을 무시하기가 쉽지 않다.

◇ 민감성과 숫기 없음을 혼동하지 말자

사람들은 대부분 민감성을 숫기 없음과 혼동한다. 그래서 우리 보고 “너는 너무 숫기가 없어”라고 말한다. 숫기가 없다는 것은 다른 사람들이 자신을 좋아하지 않거나 인정하지 않을까 봐 겁을 내는 것이다. 그것은 특정 상황에서 나타나는 반응이다. 따라서 항상 존재하는 것이 아닌 특수한 상태이다. 숫기 없는 상태가 만성적일 경우에도 타고난 것은 아니다. 다만 민감할 따름이다. 매우 민감한 사람들이 주로 숫기가 없는 편이지만 모두가 그렇지는 않다. 나는 민감하지만 사교술이 뛰어난 사람들을 많이 만났다.

만일 우리가 종종 스스로 숫기가 없다고 느낀다면 아마 그럴 만한 원인이 있을 것이다. 과거에, 처음부터 지나치게 자극적인 어떤 사회적 상황에서 좌절감을 맛보았을 수도 있다. 누군가에게 비난을 듣거나 자존심이 상했을 수도 있다. 아니면 너무 긴장한 탓에

엉뚱한 상상을 했을지도 모른다.

드물기는 하지만, 한 번의 실수로 인해 만성적으로 숫기가 없어지는 경우도 있다. 그다음에는 같은 실수를 반복할까 봐 더욱 긴장하게 된다. 그래서 그만큼 다시 또 실수를 하기 쉽다. 이런 식으로 악순환이 이어지면 그 결과는 불 보듯 뻔하다. 사람들과 만나는 모든 상황에까지 확대될 수 있다!

긴장하기 쉬운 매우 민감한 사람들은 이러한 곤경에 빠지기 쉽다. 하지만 우리는 숫기가 없는 것이 아니라 단지 민감하게 태어났을 뿐이다.

'숫기가 없다'는 말에는 세 가지 문제점이 있다.

첫째, 그 말 자체가 정확한 표현이 아니다. 우리는 사소한 것에 민감하고 지나친 자극을 잘 처리하지 못한다. 따라서 긴장의 원인이 항상 두려움 때문만은 아니라는 사실을 기억해야 한다.

사실 약 75퍼센트 정도의 사람들(적어도 미국에서)이 매우 사교적이라고 하니까, 우리의 특성을 숫기가 없다고 부르는 상태와 혼동하는 것은 당연하다. 우리가 긴장한 모습을 보면 그들은 지나친 자극 때문이라고 생각하지 않는다. 그들로서는 그런 경험이 없기 때문이다. 그보다는 우리가 거절당하기를 두려워하고 있다고 생각한다.

때로 우리는 거절당하는 것을 두려워하기도 한다. 왜 안 그렇겠는가? 민감하다는 것은 우리 문화의 이상형이 결코 아니다. 하지만 어떤 때는 단지 과다한 긴장을 원하지 않을 뿐이다. 그런데 다른 사람들이 우리를 두려워하는 것처럼 취급하면, 우리 자신도 단지 혼자 있고 싶을 뿐이라는 생각을 하지 못한다. 즉 스스로 자극을 거부하고 있다는 것을 의식하지 못하는 것이다.(사람들은 거부당하는 것에 대한 두려움을 우리에게 전가할 수 있다. 다시 말해, 스스로 인정하고 싶지 않은 것을 우리에게 돌릴 수 있다.)

만일 사람들과 어울리거나 새로운 사람을 만날 기회가 별로 없다면 그런 상황에서 세련되게 행동하지 못할 수밖에 없다. 그렇다고 우리가 항상 두려워한다고 생각하는 것은 잘못이다. 사람들은 우리를 도와주려고 할 때 보통 잘못된 전제에서 출발한다. 예를 들어 우리에게 자신감을 갖게 하려고 한다. 하지만 그것은 우리에게 자신감 부족 같은 문제가 있다고 말하는 것이나 마찬가지다. 우리가 사교적이 될 수 없는 근본적인 특성을 모르면 도움을 줄 수가 없다.

둘째, 숫기가 없다는 말은 불행히도 매우 부정적인 의미를 갖고 있지만 실은 그렇지 않다. 이 말은 신중하다, 침착하다, 사려 깊다, 민감하다는 뜻이 될 수 있다. 하지만 연구에 의하면 대부분의 사람들은 매우 민감한 사람을 처음 만났을 때 숫기 없이 행동한다고 생각했고, 그것을 불안한, 어색한, 두려워하는, 억압된, 심한 등과 동일시했다고 한다.

전문가들조차 숫기 없음을 종종 그런 식으로 분류했고, 심지어 이와는 아무런 관계도 없는 지능, 성취도, 정신 건강 등이 낮은 것으로 평가하기도 했다. 배우자처럼 가까운 사람들만이 긍정적으로 생각했다. 또 다른 연구에서는 심리학자들이 숫기를 측정하기 위해 사용하는 테스트가 한결같이 부정적인 용어들로 치장되어 있다는 사실을 보여준다. 그 테스트가 어떤 마음 상태를 알아보기 위한 것이라면 상관없을지도 모르지만, 문제는 종종 '숫기 없는 사람들'을 가려내기 위해 사용된다는 것이다. 숫기가 없다는 말 뒤에 숨겨진 편견을 조심하자.

셋째, 숫기가 없다는 말은 자기암시적이다. 즉 스스로 숫기 없다고 말하면 그렇게 되는 것이다. 수전 브로트Susan Brodt와 필립 짐바르도Philip Zimbardo가 스탠퍼드 대학교에서 실시한 숫기에 관련된 심리학 실험은 아주 흥미롭다. 이 실험은 매우 민감한 사람들이 숫기가 없는 것이 아니라 단지 지나치게 긴장하는 경향이 있다는 사실을 잘 보여준다.

브로트와 짐바르도는 특히 남자와 있을 때 지극히 '숫기 없는' 여학생들과 그렇지 않은 여학생들을 대조군으로 삼았다. 그들은 여학생들에게 시끄러운 소음으로 인한 영향을 조사한다고 말하고 각자 한 청년과 함께 시간을 보내게 했다. 그 청년은 어떤 여학생이 '숫기가 없는지' 모르는 상태에서 같은 방식으로 여학생들과 대화를 했다. 재미있는 점은 숫기 없는 여학생들 가운데 일부는 자신이 긴장하는, 즉 가슴이 두근거리고 맥박이 빨라지는 이유가 소음 때문이라고 생각했다는 것이다.

그 결과 자신이 소음 때문에 긴장했다고 생각한 '숫기 없는' 여학생들은 숫기 있는 여학생들만큼 활발하게 이야기를 했다. 그들은 숫기 있는 여학생들과 마찬가지로 대화를 주도하고 화제를 바꾸기도 했다. 자신이 긴장하는 원인을 소음 탓으로 돌리지 않는 여학생 그룹은 훨씬 적게 이야기했고, 청년이 대화를 이끌어갔다. 실험이 끝나고 청년에게 누가 숫기 없는 여학생인지 구분하게 했더니, 그는 숫기 있는 여학생과 소음 때문에 긴장했다고 믿었던 숫기 없는 여학생을 구별하지 못했다.

숫기 없는 여학생들은 자신이 긴장한 원인이 사회성과 무관하다고 생각했기 때문에 덜 긴장했다. 그들은 긴장보다는 오히려 그 경험을 즐겼다고 말했다. 실제로 그들에게 다음번에 '소음 실험'에 다시 참여하게 되면 그 실험을 혼자 하고 싶으냐고 물었을 때, 3분의 2가 혼자 하고 싶지 않다고 대답했다. 반면 다른 숫기 없는 여학생의 14퍼센트 그리고 숫기 있는 여학생의 25퍼센트 정도가 혼자 하고 싶지 않다고 했다. 숫기 없는 여학생들은 자신이 긴장한 이유가 다른 원인이라고 생각했기 때문에 그 시간을 즐길 수 있었던 것이다.

다음에 어떤 사회적인 상황에서 긴장을 느끼게 되면 이 실험을 기억하자. 당신의 가슴이 두근거리는 이유는 함께 있는 사람과는 아무 관계도 없을 수 있다. 주위가 너무 시끄러울 수도 있고 아니면 함께 있는 사람과는 전혀 상관없는 다른 이유로 불안해졌을지도 모른다. 따라서 가능하면 모든 원인을 무시하고 좋은 시간을 보내자.

지금까지 스스로 숫기 없다고 말하지 않아야 하는 분명한 이유를 세 가지 제시했다. 즉 숫기 없다는 말은 부정확하고, 부정적이며, 자기 암시적이라는 것이다. 다른 사람들도 우리에게 그런 표현을 사용하지 못하게 하자. 그 표현은 부당할 뿐 아니라 위험하기도 하다. 왜냐하면 매우 민감한 사람들을 억압해서 자신감을 잃고 침묵하게 만들 수 있기 때문이다.

◇ 대인 불안이 있다면

대인 불안(나는 이 용어를 '숫기가 없다'는 말보다 선호한다)은 지나친 긴장으로 인해 사교적으로 서툴게 행동하는 것을 말한다. 또는 지나치게 긴장하게 될 것을 두려워하는 것을 의미한다. 우리는 실수를 하거나 할 말이 생각나지 않을까 봐 두려워한다. 그러한 두려움 자체만으로도 충분히 긴장할 수 있다.

그러나 대인 불안은 일시적 현상이며, 우리에게는 선택권이 있다는 사실을 기억하자. 예를 들어 추위로 인해 불편함을 느낀다고 치자. 추위는 참을 수 있다. 좀 더 쾌적한 환경을 만들면 된다. 불을 피울 수도 있고, 실내 온도를 높일 수도 있다. 아니면 누군가에게 도움을 청하거나 외투를 입을 수도 있다. 추위에 약한 체질을 탓하는 것은 부질없는 일이다.

긴장으로 인한 일시적인 대인 불안도 마찬가지다. 우리는 어떤 상황을 견디거나, 자리를 뜨거나, 분위기를 바꾸거나, 페르소나를 사용해서 좀 더 편안하게 느낄 수 있다. 어떤 경우에나 의지만 있다면 불편함에서 벗어날 수 있다. 그러니 스스로 비사교적이 될 수밖에 없다는 생각에서 벗어나자. 긴장을 풀고 싶을 때는 다음 방법을 따라 해보자.

- 긴장이 반드시 두려움 때문이 아니라는 사실을 기억하자.
- 다른 매우 민감한 사람들을 찾아서 일대일로 대화를 나누자.
- 긴장을 푸는 방법들을 사용하자.
- 훌륭한 페르소나를 만들어서 의식적으로 그것을 사용하자.
- 자신의 특성을 다른 사람에게 설명하자.

우리는 함께 있는 사람들과는 무관한 다른 원인에 의해 긴장할 수 있다는 사실을 아는 것만으로도 큰 힘을 얻을 수 있다. 우리가 숫기가 없는 순간은 일시적으로 긴장해 당황할 때뿐이다. 사람들은 우리가 침착하고 감수성이 풍부하다는 것을 알면 호감을 느낄 것이다. 우리를 칭찬해주는 가까운 친구들이 있는 것을 보면 알 수 있다.

나는 중년이 되어 대학원으로 돌아간 첫날 첫 시간에 식당에서 우유를 들고 가다가 바닥에 엎질렀다. 나는 온통 우유를 뒤집어썼고 근처에 있는 다른 사람들에게까지 튀었다. 누군가와 부딪힌 것이 아니었다. 나 혼자서 뭔가에 부딪힌 것이다. 더군다나 앞으로 잘 보여야 하는 동료 학생들과 교수들 앞에서 그런 일이 벌어지다니 매우 난감했다.

안 그래도 이미 참기 힘든 긴장감을 느끼던 나는 혼비백산했다. 하지만 매우 민감한 사람들에 관해 연구를 하고 있었던 덕분에 왜 그런 일이 생겼는지 이해할 수 있었다. 긴장을 해서 몸이 뻣뻣하게 굳어 있었기 때문이다. 그날은 힘들었지만, 나는 우유를 엎지른 일 때문에 대인 불안을 더 느끼지는 않기로 했다.

시간이 지나면서 매우 민감한 사람들과의 만남이 나에게 많은 도움을 주었다. 그들도 모두 우유를 엎지르고 있었다. 아주 민감한 사람은 전체의 약 20퍼센트 정도이고, 적당히 민감한 사람은 30퍼센트 정도가 된다. 숫기 없음에 대한 연구 결과, 익명의 응답자들 가운데 40퍼센트 정도가 스스로 숫기가 없다고 생각했다. 따라서 어딘가에 모인 사람들 중에는 우리처럼 대인 불안을 느끼는 사람이 적어도 한 명은 있을 것이다. 실수를 저지른 후에 사람들의 눈을 바라보자. 동정 어린 표정을 보이는 사람이 있으면 그와 금방 친해질 수 있다.

한편, 긴장을 완화시키기 위해 3장에서 제안한 모든 방법들, 즉 휴식을 취하거나 산책을 하거나 호흡을 가다듬거나 어떤 방식으로든 움직이거나 다른 선택이 있는지 생각해보는 방법 등을 실천해보자. 자리를 떠날 시간이 되었을지도 모른다. 열린 창문 옆에 서거나 복도에 나가는 것은 어떨까? 피신처를 생각해보자. 당신을 붙잡아 줄 조용하고 친숙한 사람이나 장소를 찾아보자.

대학원에서 나는 아무래도 교수들에게 심각한 문제가 있는 학생으로 여겨질 것 같았다. 민감하지 않은 사람들 눈에는 긴장한 사람이 보통 심각한 갈등을 겪고 있거나 불안정하게 비칠 수도 있었다. 그래서 나는 산책을 하고, 명상을 하고, 점심시간에 캠퍼스를 드라이브하고, 집에 전화해 위안을 받는 등 모든 방법을 동원했다. 그럼 긴장이 자연스럽게 풀렸다.

우리는 종종 긴장한 자신의 모습이 다른 사람들 눈에 금방 띌 것이라고 생각한다. 사람들은 누구나 사회생활을 하면서 각자 가면을 쓰고 만나고 서로를 깊이 들여다보지 않는다. 엉뚱한 행동을 하지 않고, 마음에 없는 말이라도 인사치레를 하면, 거만하다거나 냉담하다거나 꿍꿍이가 있다는 오해는 받지 않는다. 어느 연구에 따르면, '숫기 없는' 학생들은 최선을 다해 사교적이 되려고 해도 같은 반 학생들은 그들이 충분히 노력하지 않는다고 생각한다고 한다.

우리 문화가 매우 민감한 사람을 이해하지 못하는 것은 잘못이지만, 그런 인식이 변할 때까지는 어느 정도 다른 사람들처럼 행동해야 좀 더 살기 편해지는 것은 사실이다. 그래서 가면이라는 의미의 페르소나를 사용해야 하는 것이다. 가면 뒤에서는 마음껏 자신이 될 수 있다.

한편 자신의 특성을 설명하는 것도 좋은 방법이 될 수 있다. 처음 만나는 사람들 앞에서 연설을 하거나 가르칠 때 나는 처음에 내 목소리가 약간 떨리지만 몇 분 지나면 괜찮아질 것이라고 양해를 구한다. 자신의 특성을 설명하면 자연스럽게 사람들 사이에서 일반적인 대인 불안에 대한 이야기가 나오거나, 미안함을 느끼지 않고 중간에 자리를 뜨거나, 돌아와서도 따돌림을 받지 않을 수 있다. 아마 누군가 조명을 조절하거나 소리를 줄이거나 해서 자기소개를 편하게 할 수 있도록 자극을 줄여줄지도 모른다.

민감하다는 설명을 할 때 선택하는 말에 따라서 사람들은 두 가지 유형을 떠올리게 된다. 하나는 수동적인 희생자, 나약하고 성가신 존재이다. 다른 하나는 재능이 많고 신중하며 강한 존재이다. 따라서 자신을 긍정적으로 설명할 수 있는 단어를 선택하는 연습이 필요하다. 이 연습은 6장에서 하게 될 것이다.

나는 온종일 또는 주말에 사람들과 함께 있어야 할 경우에는, 혼자 있는 시간이 필요하다고 설명한다. 그러면 종종 다른 사람들도 그렇다고 말한다. 하지만 먼저 방에 돌아가거나 혼자 오래 산책을 하게 된다고 해도 연민이나 동정심을 구하기보다 신비스러운 분위기를 연출하는 법을 배웠다. 분명 '왕실 고문' 계급이 되려면 그런 점도 고려해야 한다. 우리가 매우 민감한 사람이라는 사실을 용의주도하게 '선전'하자.

지금까지 우리는 숫기 없음을 일종의 긴장감으로 이해함으로써 '문제점'을 공략했다. 마찬가지로, 사교적이 되는 방법에도 여러 가지가 있다는 사실을 아는 것도 중요하다.

사교적이 되는 방법은 우선 지나친 외부 세계의 자극이 대부분 다른 사람들에 의해 만들어지고 있다는 기본적인 사실에서 찾을 수 있다. 우리는 모두 집에서나 밖에서 사람들과 함께 있는 것을 좋아하고 서로 의지하는 사회적 존재이다. 하지만 매우 민감한 사람들은 대개 낯선 사람들, 대규모 파티, 군중을 피한다. 이것은 어떤 면에서 현명한 방법이 될 수 있다. 고도로 자극적이고 바쁜 세상에서는 누구나 우선순위를 정해야 한다. 원하지 않는 상황에서는 당연히 서툴 수밖에 없다.

따라서 그런 상황은 대충 넘어가는 방법을 배우도록 하자. 정말 중요한 일을 위해 에너지를 아껴둘 필요가 있다. 어떤 사람들은 과거에 다른 사람들로부터 거부를 당했던 경험 때문에 새로운 만남이나 모임을 피하려고 한다.

대부분의 문화가 이상형으로 생각하는 외향적인 사람이 되지 못하기 때문에 우리는 잘 모르는 사람들을 무조건 피하고 싶어 한다. 안타까운 일이지만 그 심정은 충분히 이해할 수 있다.

매우 민감한 사람의 70퍼센트 정도가 사회적으로 '내성적'인 경향이 있다. 그렇다고 해서 사람들을 싫어하는 것은 아니다. 단지 많은 친구보다는 몇몇 사람과 가깝게 지내는 것을 좋아하며, 보통 대규모 파티나 군중을 피하고 싶어 한다.

하지만 내성적인 사람들도 때로 외향적이 되어서 낯선 사람이나 여럿이 함께 어울리는 것을 즐긴다. 그리고 외향적인 사람도 때로는 내성적이 된다.

내성적인 사람들도 역시 사회적인 존재들이다. 사실 그들은 외향적인 사람들보다 대인 관계에 더 많은 영향을 받는다. 그들에게는 양보다 질이 중요하다.(만일 정서적으로 행복하지 못하다면 가까운 사람들과의 관계로 해결될 수 있는 문제가 아니다. 실제로 많은 사람들이 심리 치료를 받고 스스로 행복해질 수 있을 때까지 가깝고도 건전한 관계를 갖지 못한다. 8장을 참고하라.)

다시 강조하지만, 민감하다는 것은 내성적인 것과는 다르다. 조사를 하면서 나는 매우 민감한 사람 가운데 30퍼센트 정도는 외향적이라는 사실을 알았다. 민감하지만 외향적인 사람들은 친구가 많고 모임과 새로운 만남을 즐긴다. 아마 그들은 화목한 대가족이나 안전한 공동체 내에서 사람들을 경계하지 않고 믿고 의지하는 법을 배웠을 것이다.

하지만 온종일 일을 하거나 도시에서 지내는 것처럼 또 다른 긴장의 원인들이 있다. 우리는 긴장을 하면 사람을 피하고 싶어진다.(외향적이고 민감하지 않은 사람들은 실제로 사람들과 함께 있을 때 더 편안해한다.)

여기서는 대부분 습관적으로 내성적인 사람들에 대해 이야기하겠지만, 외향적인 사람들도 읽으면 도움이 될 것이다.

◇ 내성적 성향의 가치

캘리포니아 대학교의 에이브릴 손Avril Thorne은 내성적인 사람들끼리 만나면 어떤 식으로 대화를 하는지 관찰했다. 그녀는 내성적인 여학생들과 외향적인 여학생들을 구분해서 같은 성향끼리, 그리고 반대 성향끼리 짝을 지어주고 그들의 대화를 비디오로 녹화했다.

내성적인 여학생들은 진지하게 대화에 임했다. 그들은 문제점에 대해 많이 이야기하고 좀 더 주의를 기울였다. 그들은 귀담아듣고 질문을 하고 조언을 해주는 경향이 있었다. 그러면서 상대방의 내면에 초점을 맞추는 듯했다. 반대로 외향적인 여학생들은 좀 더 즐거운 대화를 나누고, 합의점을 모색하고, 비슷한 배경과 경험을 이야기하고, 칭찬을 더 많이 했다. 그들은 명랑하고 개방적이며 상대방과 함께 있는 것 자체를 좋아했다.

외향적인 여학생들은 내성적인 여학생과 함께 있을 때는 그다지 명랑해질 필요가 없다는 사실에 편안해했다. 그리고 내성적인 여학생들은 외향적인 여학생과 대화하면서 '신선한 공기'를 마시는 것 같은 느낌을 받았다. 여기서 우리가 알 수 있는 사실은 두 스타일이 각각 이 세상에 똑같이 중요한 기여를 하고 있다는 점이다. 그런데 이 세상은 내성적인 타입을 경시하는 경향이 있으므로, 잠시 내성적인 타입의 덕목에 초점을 맞추어보기로 하겠다.

카를 융이 내성적인 면을 기초로 사람들을 구분함으로써 철학과 심리학에 불러일으킨 활발한 논쟁은, 어떤 상황이나 주체를 이해할 때 외부적인 사실 이해가 중요한지 아니면 외부적인 사실의 내적 이해가 더 중요한지에 대한 논란으로 이어졌다. 융은 내성적인 면과 외향적인 면을 우리가 숨을 들이쉬고 내쉬는 것처럼 대부분의 사람들이 번갈아 가면서 취하는 생활 태도로 보았다. 하지만 내성적인 면이 좀 더 강한 사람과 외향적인 면이 좀 더 강한 사람이 있다. 그는 이러한 성향이 사교성과는 직접적인 관련이 없다고 생각했다. 내성적이라는 것은 단지 외부의 객체보다 주체로 향하고, 자아로 향하며, 안으로 향하는 하나의 경향인 것이다. 내성적인 것은 내면세계의 '주관적'인 면을 보호하기 위해, 특히 '객관적인' 세상에 압도되지 않으려는 욕구와 선택에서 비롯된다.

융은 내성적인 사람들의 가치를 충분히 강조하고 있다.

> 그들은 활발하게 움직이는 풍요롭고 다양한 세상이 순전히 외부에만 있는 것이 아니라, 내부에도 존재함을 보여주는 살아 있는 증거이다. …… 그들은 말보다는 삶 자체로 더 많은 것을 말해준다. …… 그들의 삶은 우리 문화에 부족한 내부적인 삶의 또 다른 가능성을 보여준다.

융은 내성적인 사람에 대한 서구 문명의 편견을 알고 있었다. 그는 외향적인 사람의 편견은 참을 수 있지만, 내성적인 사람 스스로 자신의 가치를 깎아내리는 것이야말로 세상에 해가 된다고 느꼈다.

◇ 침묵을 자랑으로 여겨도 된다

바깥 세계를 있는 그대로 즐기고, 생면부지의 사람들을 서로 연결시켜주는 외향적인 사람들이 있다는 사실은 다행스러운 일이다. 그런가 하면 개인적 경험의 가장 깊은 부분에 관심을 기울이고 내면의 닻이 되어주는 사람들도 필요하다. 인생은 영화를 함께 보고 음식점에서 식사를 하며 웃고 즐기는 것으로 끝나는 것이 아니다. 때로는 진지한 문제를 토론하는 것도 우리의 영혼을 위해 필요하다.

영재 연구를 하는 린다 실버먼Linda Silverman은 아이가 똑똑할수록 내성적이 되기 쉽다는 사실을 알아냈다. 내성적인 사람들은 로르샤흐검사(좌우 대칭의 불규칙한 잉크 무늬가 어떠한 모양으로 보이는가에 따라 그 사람의 성격이나 정신 상태, 무의식적 욕망 따위를 판단하는 인격 진단 검사법-옮긴이)에서 독창적인 대답을 하는 등 매우 창조적이다. 그들은 가끔씩 외향적인 사람들이 하는 대로 따라 하고, 새로운 사람을 만나고, 파티에 가는 등 어떤 면에서는 좀 더 유연하다고 할 수 있다. 내성적인 사람은 특히 인생 후반에 그러한 융통성을 발휘해서 자신에게 부족했던 점들을 보완하기 시작한다. 인생의 후반에는 자기 성찰이 누구에게나 중요하다. 간단히 말해, 내성적인 사람들이 좀 더 품위 있게 늙을 수 있다.

따라서 우리도 마찬가지다. "쾌활해져라"와 같은 나무라는 듯한 말은 무시해버리자. 다른 사람들이 뭐라고 하든지 주관을 갖고 행동하자. 만일 잡담에 소질이 없다면 침묵을 자랑으로 여기자.

마찬가지로 기분이 변해서 외향적인 자아가 나타날 때면 서툴거나 어리석어 보이는 것에 상관하지 말고 행동하자. 누구나 자기 전공이 아닌 것은 서툴다. 우리는 각자 잘할 수 있는 부분이 있다. 모든 것을 잘해야 한다고 생각하는 것은 오만일 뿐이다.

◇ 적절한 페르소나를 선택하자

내성적인 사람들은 여러 가지 이유에서 가까운 관계를 선호한다. 친해지면 서로를 이해하고 도와줄 수 있다. 우리는 친한 친구나 배우자 때문에 좀 더 갈등을 겪기도 하지만 그러면서 내면적으로 성숙해진다. 그리고 직관이 발달해서 철학, 감정, 고난 같은 복잡한 문제에 대해 이야기하기를 좋아하는데, 그런 이야기를 처음 만나는 사람과 하거나 파티에서 하기는 어렵다. 결국 내성적인 사람들은 가까운 사람들과의 관계를 보다 잘 유지하는 특성을 갖고 있다. 우리는 가까운 사람들 사이에서 사회성을 발휘한다.

하지만 외향적인 사람들이 “낯선 사람도 만나면 친구가 된다”고 하는 말은 옳다. 지금 가까운 사람들도 한때는 낯선 사람들이었다. 사람들과의 관계는 변하고, 새로운 친구가 필요해진다. 그럴 때는 지금 알고 있는 친한 친구들을 어떻게 만났는지 생각해보자.

내성적인 사람이라고 해도 공식적인 자리에서는 적어도 최소한의 기대에 부응할 필요가 있다. 매우 민감한 사람들이 지켜야 할 에티켓 규칙을 한마디로 말하면, 어느 정도 상대방을 안심시키라는 것이다. 아니면 그냥 친절해라. 아무 말도 하지 않으면 다른 사람을 불편하게 만들 수 있다. 한편 외향적인 사람들은 너무 스스럼없이 굴다가 실수를 하기도 한다. 최선의 대화는 유쾌하고 부담을 주지 않아야 한다. 민감하지 않고 많은 자극을 즐기는 사람들은 우리를 지루하게 느낄 수도 있다. 하지만 우리는 새로운 사람을 만날 때 순간적인 긴장감을 일단 진정시켜야 한다. 그러고 나서 나중에 마음껏 창의성과 기지를 발휘하면 된다.

이제 우리는 페르소나, 즉 사회적 역할이라는 좀 더 고급 과정을 필요로 한다. 좋은 페르소나는 예의 바르고, 예측 가능하며, 상대에게 부담을 주지 말아야 한다. 학생이라면 교사에게 좀 더 겸손하게 보이는 것이 필요하고 교사들은 좀 더 권위적이 될 필요가 있다.

페르소나라는 개념은 개방적이고 확실한 면에 가치를 두는 북미 문화와 어긋난다. 반면에 유럽인들은 생각나는 대로 말하지 않는 사람을 훨씬 더 점잖게 평가한다. 그런데 겉과 속이 너무 똑같은 사람들이 있다. 그런 타입은 마음속에 아무것도 담아두지 못하는 데다 정직하지 않거나 불확실한 말을 하기 어렵다. 하지만 매우 민감한 사람들이 그런 경우는 드물다.

마치 위선적으로 행동하라는 것처럼 들릴 수도 있겠지만, 내 말은 때와 장소를 가려서 적당히 솔직해지라는 뜻이다. 예를 들어 어떤 사람이 친구가 되어줄 사람을 좀처럼 만나지 못해서 아예 포기를 했다고 치자. 그렇다고 누군가에게 점심 초대를 받았을 때 "나는 당신과 친해지고 싶지 않다"라는 말로 거절하지는 않는다. 아마 너무 바쁘다는 핑계를 댈 것이다. 그 대답이 완전히 거짓말이라고는 할 수 없다. 우리는 시간에 쫓기면서 살아간다. 할 일에 우선순위를 정한다는 것은 충분히 도덕적이다. 특히 잘 알지 못하는 사람과는 이런 식으로 체면을 지키는 기술도 필요하다.

보통 책이나 신문 기사나 강연 또는 수업을 통해 배우는 사교술에는 두 종류가 있다. 한 가지는 외향성, 사교술, 판매, 인사관리, 그리고 에티켓 전문가들이 제공하는 정보이다. 그들이 들려주는 이야기는 종종 재치가 넘치고 명쾌하다. 그들은 치료가 아닌 배움에 대해 이야기하므로 우리에게 심각한 문제가 있다는 식으로 자존심을 건드리지는 않는다. 하지만 그들에게 귀 기울일 때는 몇 가지 비결을 배우는 것으로 만족해야 한다. 특히 사람들을 설득하는 법, 어색한 순간에 말하는 법 같은 내용을 담은 책들은 별 도움이 되지 않는다.

또 다른 종류의 정보는 심리학자들이 숫기 없는 사람들에게 도움을 주려고 하는 말들이다. 그들은 처음에 우리를 걱정하게 만들어서 동기를 불어넣은 다음 우리의 마음가짐을 변화시키는 몇 가지 정교하고 잘 짜인 방법들을 단계적으로 적용한다. 이 방법은 매우 효과적일 수 있지만 역시 몇 가지 문제점이 있다. 언뜻 보기에는 우리에게 잘 맞는 것처럼 보이지만, 숫기 없음을 치료한다거나 신드롬을 극복하게 하는 방법은 우리가 가진 결함만 강조하고 긍정적인 면을 간과하기 쉽다.

우리가 어떤 조언을 듣거나 읽을 때는 인구의 4분의 3에 해당하는 외향적인 사람들이 말하는 사교술, 즉 대화를 주도하고 항상 근사한 대답을 하며 '어색한' 침묵을 절대 용납하지 않는 방법을 수용할 필요가 없음을 기억하자. 사실 우리는 나름대로 진지하게 대화하고, 귀담아듣고, 침묵 속에서 더 깊은 사고를 이끌어내는 훌륭한 기술을 갖고 있다. 또한 이미 전문가들이 하는 말들을 알고 있을 수도 있다. 그래서 나는 중요한 문제들을 뽑아서 간단한 테스트를 만들었다. 이 테스트를 통해 우리가 이미 알고 있는 것을 확인하고, 모르는 것은 배울 수 있을 것이다.

● **절친한 친구들을 어떻게 만났는가**

종이에 가장 친한 친구들의 이름을 적는다. 그리고 각 친구와의 우정이 어떻게 시작되었는지에 대한 다음 질문에 대답해보자.

✚ 주위 상황 때문에 어쩔 수 없이 대화를 했는가?

- 상대방이 먼저 말을 걸어왔는가?
- 특별한 무언가를 느꼈는가?
- 그날 당신이 특별히 외향적이었는가?
- 어떤 옷을 입었고 자신의 외모에 대해 어떻게 느꼈는가?
- 어디에 있었는가?
- 어떤 상황이었는가? 누구의 소개를 받았는가? 아니면 우연히 함께 있게 되었는가? 또는 한 사람이 상대방에게 무언가를 이야기하게 되었는가? 다른 무슨 일이 있었는가?
- 처음 함께 보낸 시간은 어떠했는가?
- 그 만남이 우정이 되리라고 언제 어떻게 알았는가?

이제 대답을 한 후에 공통점을 찾아보자. 예를 들어 당신은 파티를 좋아하지 않지만 가장 친한 친구 두 명을 파티에서 만났을 수도 있다. 함께 학교에 다니거나 일한다는 공통점이 있었는가? 지금까지 알게 된 사실을 통해 앞으로 친구를 사귀고 싶을 때 어떻게 해야겠다고 생각하는가? 한 달에 한 번 파티에 가겠는가? 또는 파티에서는 친구를 만날 수 없으므로 지금부터 파티를 피할 것인가?

◇ 알면서 실천하지 않는다고 자책하지 말자

캔자스 대학교의 심리학자 그레첸 힐Gretchen Hill은 숫기 없는 사람들과 그렇지 않은 사람들에게 25가지 사회적 상황에서 어떤 행동이 적절한지에 대해서 질문했다. 그 결과 숫기 없는 사람들은 어떤 식으로 해야 할지 잘 알고 있으면서도 하지 않는 것으로 드러났다. 그녀는 숫기 없는 사람들이 자신감이 부족하다고 넌지시 말한다. 자신감 부족은 우리가 흔히 가지고 있는 내적인 결함이다. 따라서 그녀는 좀 더 자신감을 가지라고 하지만, 우리는 그럴 수 없으므로 다시 실패하고 만다. 하지만 너무 긴장해서 적절하게 행동할 수 없을 때 자신감이 없는 것처럼 보일 수도 있다. 그래서 어떤 태도가 사회적으로 필요하다는 것은 알고 있지만, 그것을 하지 못하는 것으로 오해받기도 한다.

좀 더 자신감을 갖자고 자신을 타이르는 것만으로는 도움이 되지 않는다. 따라서 이 장에서도 두 가지 접근법, 즉 긴장을 극복하고 우리의 내성적인 스타일을 이해하는 방향으로 계속 밀고 나가겠다.

우리가 사교술에 대해 알고 있는 것을 실행에 옮기지 못하는 또 다른 이유로 어린 시절 형성된 편견을 들 수 있다. "내가 왜 그렇게 해야 하는지 모르겠다. 그런 태도는 나답지 못하다" 또는 "아무리 노력해도 소용이 없다"라는 식으로 느끼기 때문이다.

◇ 말하기가 두려웠던아이

파울라는 분명 민감성을 타고났다. 그녀의 부모는 그녀가 태어날 때부터 "숫기가 없었다"라고 말한다. 그녀는 자신이 친구들보다 소음과 혼잡함에 훨씬 더 민감하다는 것을 알고 있었다. 내가 처음 면담했을 때 30대인 그녀는 무대 뒤에서 주요 행사를 기획하는 매우 유능한 회사원이었다. 하지만 연설에 대한 공포 때문에 사람들 앞에 나설 수가 없어 작은 팀밖에 관리할 수 없었다. 파울라는 직책상 직원회의를 주재하게 될 때는 몇 시간씩 연습을 하고 여러 가지 의식을 치르면서 마음의 준비를 해야 했다. 그녀는 대인 공포를 극복하게 해준다는 책들은 모두 읽었고, 상당한 의지력을 발휘해서 자신의 감정과 싸웠다. 그리고 자신의 상태가 심상치 않다는 것을 깨달은 뒤 장기간 치료를 받는 과정에서 몇 가지 이유를 발견하고 두려움을 극복하기 시작했다.

파울라의 아버지는 화를 잘 내는 사람이었다. 그는 똑똑하고 냉철한 사람으로, 아이들의 숙제를 도와주기는 했지만 사사건건 간섭하고 야단을 쳤다. 그런데 파울라에게는 다른 남자 형제들보다 덜 가혹하게 대했다. 하지만 자신에 대한 아버지의 관심이 성적인 것일 수도 있다고 느끼기 시작하면서 파울라는 혼란스러워졌다.

무엇보다 아버지의 분노는 그녀에게 악영향을 미쳤다. 파울라의 어머니는 주변 사람들을 지나치게 의식했고 가부장적인 남편에게 매우 의존적이었다. 또한 아이들을 위해 자신을 희생하고 있다고 생각했다. 아이들을 키우는 것을 힘들어했고, 노골적으로 출산에 관한 무서운 이야기들을 했다. 모성애가 부족한 어머니에 대한 파울라의 첫 애착은 결코 안정적일 수 없었을 것이다. 나중에 그녀는 파울라를 자신의 막역한 친구로 삼았고, 자신이 섹스를 싫어하는 이유를 늘어놓는 등 아이가 감당할 수 없는 이야기들을 들려주었다. 실제로 부모는 그들의 부부관계를 포함해서 서로에 대한 감정을 모두 딸에게 털어놓았다.

이런 환경에서 자란 파울라가 느끼는 말하기에 대한 두려움은 다른 사람들에 대한 기본적인 불신에 좀 더 가까웠다. 그녀는 민감하게 태어났으므로 쉽게 긴장을 했다. 또한 어린 시절의 불안정 애착으로 인해 위협적인 상황에 용감히 대처하기가 어려웠다. 실제로 그녀의 어머니는 사람들에게 터무니없는 두려움을 느꼈고 그것을 파울라에게 가르쳤다. 게다가 파울라는 자신의 생각을 이야기하려고 할 때마다 아버지의 분노와 마주쳤다. 그녀가 말하기를 두려워하는 이유는 아마 결정적으로 아버지가 자신에게 근친상간의 감정을 갖고 있을지도 모른다는 사실 때문이었을 수도 있다. 이런 문제들은 쉽지는 않지만 유능한 심리 치료사가 의식으로 불러내서 치료할 수 있다. 그러면 말하기를 두려워하는 목소리가 좀 더 자유로워진다. 그 후에나 사교술을 위한 특별한 훈련이 실효를 거둘 수 있다.

◇ 사교 생활을 위한 기본적인 조언

종종 대인 불안을 느끼는 매우 민감한 사람이라면 다음의 조언에 귀를 기울이자.

1. 그냥 한담을 할 때

이야기를 할 것인지 귀를 기울일 것인지 결정한다. 만일 귀를 기울인다면 보통은 상대방이 기꺼이 이야기를 할 것이다. 자연스러운 시작을 위해 몇 가지 구체적인 질문을 하자. 아니면 그냥 "혼자 있을 때는 무엇을 하죠?"라고 물어보자.

만일 대화가 지루해지지 않게 스스로 이끌고 가려면 미리 당신이 좋아하는 화제로 시작해서 계속 이야기를 이어갈 수 있도록 계획을 세운다. "날씨가 고약하죠? 적어도 이런 날씨에는 집에서 글 쓰는 일이 쉽죠." 그러면 상대방은 당신이 무엇을 쓰고 있는지 물을 것이다. 아니면 "정말 날씨가 고약하군요. 오늘은 운동을 할 수 없겠어요"라거나 "내가 기르는 뱀들은 궂은 날씨를 싫어해요"라고 시작을 하자.

2. 이름을 기억한다

누군가를 처음 만나서 당황하고 긴장하면 상대방의 이름을 잊어버릴 수 있다. 상대방의 이름을 들으면 습관적으로 그 이름을 부르면서 다음 대화를 시작해보자. "아널드, 만나서 반갑습니다." 그 후 2분 내로 다시 이름을 불러보자. 만난 사람을 나중에 생각해보는 것도 그의 이름을 더 오래 기억할 수 있는 한 방법이다.

3. 부탁을 해야 할 때

정보를 구하는 작은 부탁은 하기가 쉽다. 하지만 때로 어려운 부탁을 해야 될 때가 있다. 가능하면 필요하다고 생각한 순간에 바로 부탁을 한다. 아니면 용기가 날 때 하도록 한다. 금방 끝날 것이라고, 부탁을 받는 사람에게는 그다지 어려운 일이 아니라고 생각하자. 중요한 부탁이라면 미리 메모를 준비하자. 상대가 당신의 부탁을 들어줄 수 있는 사람인지 확인하는 것부터 시작하자. 다양한 반응에 대비해서 누군가와 미리 연습할 필요가 있다. 많이 쉬워지지는 않더라도 최소한 마음의 준비는 된다.

4. 물건을 팔 때

솔직히 매우 민감한 사람에게는 맞지 않는 일이다. 하지만 물건을 직접 팔지는 않는다고 해도, 어떤 아이디어나 창의적인 작품을 팔거나 직장을 구하면서 당신 자신을 선전해야 할 때가 있다. 그리고 누군가 또는 세상 전체에 도움이 될 수 있는 어떤 능력이 우리에게 있을지도 모른다. 우리가 갖고 있는 것을 다른 사람들과 함께 나누어 갖는다고 생각하자. 일단 그 가치를 인식시키면 상대방이 알아서 결정할 것이다.

돈이 오갈 때 매우 민감한 사람들은 종종 '너무 많이' 받는 것 같아서 미안해한다. 그리고 어떤 결점이 있다고 느끼면, '내가 정말 자격이 있을까?'라고 생각한다. 당신 자신이나 당신이 만든 상품은 거저 줄 수도 없고 또 그래서도 안 된다. 당신이 제공하는 것을 계속 공급하기 위해서는 자금이 필요하다. 상대방도 그 정도는 알고 있다.

5. 불만을 표시할 때

매우 민감한 사람들은 정당한 이유가 있어도 불평을 하지 못할 수도 있다. 하지만 불만을 이야기해야 할 때가 있으므로 상대방이 어떻게 나올지 대비해야 한다. 분노는 가장 자극적이다. 단지 누군가 화를 내는 것을 멀리서 지켜보는 것만으로도 긴장할 수 있다.

6. 작은 모임으로 만나자

단체, 수업, 위원회에 참석하는 일은 매우 민감한 사람들에게 힘들게 느껴질 수 있다. 당신은 종종 다른 사람들이 모르는 사실을 알면서도 긴장을 피하기 위해 조용히 입을 다물고 있을지도 모른다. 하지만 결국 누군가 당신의 생각을 물을 것이다. 곤란한 순간이지만 단체 생활에서는 불가피하다. 습관적으로 입을 다물고 있는 매우 민감한 사람들은 조용히 있을수록 자신의 영향력이 커지는 것을 모를 수가 있다. 사람들은 당신에게 말할 기회를 주고 싶어 할 뿐 아니라 무의식적으로 당신이 같은 편인지 아닌지, 당신이 거기

앉아서 자신들을 비판하고 있는 것은 아닌지, 불만이 있어서 떠나려는 것은 아닌지 걱정을 한다. 누군가는 당신이 예의가 없다고 여길 수도 있다. 단체 생활에서는 어느 정도 열심히 참여하지 않으면 주목을 받게 된다. 그들로서는 자구책으로 당신이 자신들을 거부하기 전에 먼저 당신을 거부할지도 모른다.

내 말이 믿어지지 않는다면 어떤 새로운 모임에 참가해서 입을 다물고 있어보면 알게 될 것이다. 어느 모임에서 조용히 있고 싶다면 사람들에게 당신이 그들을 거부하거나 모임을 떠나지 않는다는 확신을 심어줄 필요가 있다. 듣는 것만으로도 그 모임에 참여하고 있다고 느낀다고 말하자. 그 모임에 대해 느끼는 긍정적인 감정에 대해 이야기하자. 준비가 되었을 때 이야기하겠다고 양해를 구하자. 아니면 자신의 민감성에 대해 설명하자. 하지만 자신을 합리화하는 구실로 삼지는 말자.

7. 대중 앞에서 연설이나 연기를 할 때

매우 민감한 사람들은 훌륭한 연설가가 될 수 있는 소질을 타고났다. 첫째, 당신은 종종 다른 사람들이 놓치고 있는 뭔가 중요한 이야기를 해줄 수 있다. 당신이 제공한 정보가 도움이 되고 그로 인해 보람을 느끼면 다음에는 더욱 쉬워진다. 둘째, 당신은 준비를 철저히 한다. 토스터기 전원을 뽑았는지 돌아서서 다시 확인하는 것처럼 모든 가능한 위험을 예방하려고 하기 때문에 아마 다른 사람들에게는 '강박적'으로 보일지도 모른다. 하지만 긴장에 '지나친 대비'를 하지 않으면 낭패를 볼 수 있다. 그래서 보통 최선을 다해 준비한다. 우리가 아는 많은 정치가들, 연기자들, 희극배우들이 수줍음을 극복하고 성공할 수 있었던 것도 바로 이런 이유에서이다.

다시 말해 중요한 것은 준비하고, 준비하고, 또 준비하는 것이다. 당신이 말하고 싶은 바를 정확하게 준비해서 익숙하게 느껴질 때까지 큰 소리로 읽는다. 낭독이 적절하지 않은 상황이라면 자신 있게 몇 가지 그럴듯한 이유를 대자. 그러고 나서 당당하게 읽으면 된다. 읽는 것도 준비와 연습이 요구된다. 여유 있게 읽을 수 있도록 시간 계획을 짜자.

그러다가 메모를 하는 방법으로 발전할 수 있다. 큰 모임에 참석했을 때, 차례가 되었는데 아무 생각도 나지 않을 경우에 대비해서 미리 요점을 메모해두도록 하자. 의사를 만날 때뿐 아니라, 긴장할 수 있는 자리에는 항상 메모를 해서 가져가도록 한다.

가능하다면 사람들 앞에서 연습을 해보는 것이 가장 효과적이다. 같은 시간대에 같은 방에서 같은 옷을 입고, 음향 시스템까지 제대로 갖추고 예행연습을 하면 당황하는 일이 줄어들 것이다. 무엇보다 긴장을 푸는 것이 가장 중요하다. 그러면 단상에서 스스로 즐기면서 연설을 할 수 있다.

나는 교직 생활을 하면서 대중 연설에 대한 두려움을 극복했다. 가르치는 일은 좋은 훈련이 될 수 있다. 사람들에게 지식을 전달하고 도움이 될 수 있다는 생각을 하면 두려움을 극복할 수 있을 것이다. 그리고 일단 자신을 대담하게 표현할 배짱만 있다면 진정한 통찰력을 보여줄 수 있다. 하지만 학생들은 때로 냉담한 반응을 보이기도 한다. 다행히 내가 대학에서 강의를 시작할 때는 예의 바르게 경청하는 분위기가 지배적이었다. 만일 그런 분위기가 조성된다면 큰 도움이 된다. 그리고 말하기를 두려워하는 학생들이 있다면 그들과 함께 배울 수 있다.

다른 사람들이 지켜보고 있다고? 정말 그럴까? 어쩌면 우리가 두려워하는 그 청중은 우리 내부에 있는 것이 아닐까? 아마 우리 내부에 청중을 만들어놓고 현실로 착각하고 있을지도 모른다.

내가 난생처음 벨리댄스를 배운 이야기를 하겠다. 나는 누군가 보고 있으면 긴장을 해서 몸이 말을 듣지 않기 때문에 어떤 신체적인 기술을 다른 사람들과 함께 배우는 것은 거의 불가능했다. 나는 곧 다른 사람들보다 형편없이 뒤처졌다. 하지만 벨리댄스를 배우면서 새로운 배역을 시도해보았다. 몸은 현실에 있고 생각은 꿈속을 헤매는 사랑스럽고 귀여운 여교수가 되기로 한 것이다. 들뜬 기분으로 벨리댄스를 배우려고 고군분투하는 내 모습을 지켜보면서 모두들 즐거워했다. 나는 사람들이 보고 있다는 것을 알면서도 아무렇지 않았다. 그들은 깔깔거리고 웃었지만 나는 그것을 애정으로 받아들였다. 그리고 그들은 내가 조금이라도 진전을 보이면 아낌없이 칭찬해주었다. 그 방법은 나에게 효과가 있었다.

사람들의 시선을 느끼면 스스로 즐길 수 있는 역할을 연기해보자. "우리 시인들은 원래 셈에 좀 어둡죠." 또는 "저는 타고난 기술자라서 그림이라고는 부서진 엔진 내부밖에 그릴 줄 모른답니다."

때로 누구라도 당황할 수밖에 없는 상황이 있다. 그러면 얼굴을 붉히고 참아낼 수밖에 없다. 그러면서 성숙해지는 것이다. 하지만 그런 일은 그렇게 자주 일어나지 않는다. 언젠가 나는 어느 공식 행사에 참여하기 위해 줄을 서서 기다리고 있었는데, 당시 세 살이던 아들이 어쩌다가 내 치마를 끌어 내렸다. 당신은 그보다 더 심한 일도 있었다고? 그런 일들은 얼마 지나면 웃어넘길 수 있다.

TEST

대인 불안을 극복하는 방법을 얼마나 알고 있나

○ 또는 ×로 답하고, 198쪽에서 답을 확인하자.

1. "그는 아마 나를 좋아하지 않을 거야" 또는 "지금도 항상 그렇듯이 앞으로도 할 수 없을 거야" 같은 부정적인 '독백'을 통제하려고 노력하면 도움이 된다. □
2. 내가 숫기 없이 행동하면 주위 사람들이 확실하게 눈치를 챈다. □
3. 거부당할 수 있다는 것을 예상하고 개인적으로 받아들이지 않을 필요가 있다. □
4. 대인 불안을 극복하기 위해 계획을 세우면 도움이 된다. 예를 들어 새로운 만남은 일주일에 한 번으로 제한한다. □
5. 계획을 세울 때 한 번에 멀리 나아갈수록 목표에 빨리 도달한다. □
6. 새로운 사람이나 새로운 상황에서 말할 것을 연습하지 않는 것이 좋다. 연습을 하면 딱딱하고 부자연스럽게 들린다. □
7. 신체 언어를 줄인다. 신체 언어는 적을수록 좋다. □
8. 어떤 대화를 시작할 때나 계속하고 싶을 때는 어느 정도 사적이고 한두 마디로 대답할 수 없는 질문을 한다. □
9. 귀를 기울이는 자세는 팔과 다리를 꼬고 뒤로 기대앉아서 얼굴은 무표정하게 하고 상대방과 눈을 마주치지 않는 것이다. □
10. 상대방을 만지지 않는다. □

11. 사람을 만나러 가기 전에 신문을 읽지 않는다. 신문을 읽으면 혼란스러워질 뿐이다. ☐

12. 재미있는 이야기를 하고 있는 한 나 자신을 드러낼 필요가 없다. ☐

13. 귀담아듣는다는 것은 내가 들은 내용을 확인하고, 상대방의 기분을 짐작해본 뒤 생각이 아닌 느낌으로 대답하는 것이다. ☐

14. 나 자신의 좋은 면에 대해서는 자세히 이야기하지 않는다. 사람들의 질투를 살 뿐이다. ☐

15. 대화를 깊이 하거나 좀 더 재미있게 하기 위해 때로 나의 허물이나 문제점을 이야기하면 효과가 있다. ☐

16. 상대방의 의견에 동의하려고 한다. ☐

17. 대화하면서 상대방과 좀 더 시간을 보내고 싶다고 느끼면 솔직히 말하는 것이 좋다. ☐

나의 민감함 다시 보기 5

부끄러움을 느꼈던 경험

대인 불안을 느꼈던 세 가지 경험에 대해 생각해보자. 가능하면 서로 다르고 자세히 기억할 수 있는 사건들을 선택하자. 각 경험을 이 장에서 이야기한 두 가지 요점, 즉 ①부끄러움은 우리의 특성이 아니라 누구나 느낄 수 있는 상태이며, ②내향성도 외향성만큼이나 여러 면에서 가치가 있다는 관점에서 재구성을 해보자.

① 그 사건에 어떻게 반응했고 지금까지 그 사건을 어떻게 생각해왔는가?

예를 들어 당신은 최근에 참석한 어느 파티에서 '부끄러움'을 느꼈을지도 모른다. 직장에서 힘들게 일하고 퇴근한 금요일 밤이었다. 사무실 사람들에게 시달리다가 진정한 친구가 되어줄 사람을 만나고 싶었다. 하지만 결국 친구들로부터 떨어져서 혼자 사람들의 시선을 느끼며 구석에 서 있었다. 그래서 일찍 그곳을 빠져나와서 자신의 성격과 인생 전반을 평가하면서 우울한 밤을 보냈다.

② 우리의 신경계가 자동적으로 반응하는 방식에 대해 알게 된 사실에 비추어 당시의 반응을 생각해보자. 아니면 내가 당신에게 그 일을 설명해주고 있다고 상상해보자.

“이봐요, 기운 내요! 바쁘게 하루를 보내고 시끌벅적한 곳에서 친구들과 떨어져 혼자 서 있으려니, 전에 파티에서 경험한 좋지 않은 기억들까지 되살아나면서 조금만 건드려도 폭발하기 일보직전이 될 수밖에 없었겠지요.” 우리는 내성적인 경향이 있다. 물론 파티에 가는 것은 좋지만 아는 사람들끼리 규모로 모이는 것이 좋다.

그렇지 않으면 당신만큼 민감해 보이는 사람을 택해서 가능한 한 빨리 함께 자리를 옮기자. 그것이 매우 민감한 사람들이 하는 파티다. 당신은 숫기가 없거나 매력이 없는 것이 아니다. 당신은 얼마든지 좋은 사람을 만나서 가까워질 수 있다. 단, 적절한 상황을 선택해야 한다.

③ 지금 하고 싶은 일이 있는가?

아마도 누군가에게 전화를 걸어서 함께 시간을 보내자고 할 수 있을 것이다.

TEST

'대인 불안을 극복하는 방법에 대해 얼마나 알고 있나'에 대한 답

만일 12문항 이상 맞았다면 시간 낭비를 하게 해서 미안하다. 당신 스스로 책을 써도 될 것이다. 그렇지 않다면 다음의 답들이 당신이 알아야 할 것들을 가르쳐줄 것이다!

1. (○) '부정적인 독백'을 하면 계속 긴장이 되고, 상대방이 하는 말에 귀 기울이기 어렵다.
2. (×) 당신은 민감하기 때문에 다른 사람들이 당신의 숫기 없음을 알아차린다고 느낄 수 있지만, 사실 사람들은 잘 눈치 채지 못한다.
3. (○) 사람들은 당신 자신과는 아무 관계가 없는 이유로 당신을 거부할 수 있다. 만일 거부당하면 당황할 수밖에 없다. 그 기분을 인정하고 떨쳐버리자.
4. (○) 처음에 힘든 것은 상관하지 말고, 하루나 일주일 단위로 단계적이면서도 구체적으로 진행하자.
5. (×) 할 수만 있다면 물론 좋다. 하지만 당신은 겁을 내고 있고 또한 실패할까 봐 두려워하고 있다. 그 두려움을 결국 극복할 수 있다고 확신해도 지금은 서두르지 말자고 스스로 안심시켜야 한다.
6. (×) 연습을 많이 하면 할수록 불안감이 덜해진다. 점차 느긋하고 자연스러워질 것이다.
7. (×) 신체 언어는 상대방에게 뭔가를 전달한다. 몸이 경직되고 굳어 있으면 대체로 좋은 인상을 주지 못한다. 몸을 움직임으로써 어떤 관심이나 열정, 또는 단순한 활기를 보여주는 편이 바람직하다.
8. (○) 어느 정도 동정을 살피는 것도 좋다. 대부분의 사람들은 자기 이야기를

하고 싶어 하고 상대방으로부터 관심과 약간의 대담함을 원한다.

9. (×) 적당히 편안한 정도로 가까이 서거나 앉아서 몸을 앞으로 숙이고 팔과 다리는 꼬지 말고 자주 눈을 맞춘다. 만일 눈을 맞추는 것이 너무 부담스럽다면 상대방의 코나 귀를 바라보는 것도 좋다. 상대방은 그 차이를 구분하지 못한다. 미소를 짓고 다양한 표정을 지어보자. 이때 필요 이상의 관심을 보이지 않도록 주의한다.

10. (×) 물론 상황에 따라, 특히 헤어질 때 어깨, 팔, 손 등을 살짝 건드려서 따뜻한 마음을 전달할 수 있다.

11. (×) 신문을 훑어보면 화젯거리가 생기고 세상과 연결된다. 단, 우울한 이야기는 피하자.

12. (×) 그냥 시간을 때우자는 것이 아니라 상대방과의 어떤 연결을 바란다면 자신을 드러내는 것이 중요하다는 의미이다. 그렇다고 해서 깊은 속내를 드러내라는 것은 아니다. 자신을 너무 일찍 많이 드러내도 어색해 보일 수 있다. 물론 상대방의 생각을 묻는 것도 잊지 말자.

13. (○) 예를 들어 어떤 사람이 새로운 사업 계획으로 흥분해 있다고 말한다. 그러면 "저런, 정말 신나겠군요. 축하합니다"라고 말하자.
그 계획에 대해 구체적인 내용을 물어보기 전에 먼저 상대방의 기분을 생각해주는 것은 당신의 가장 훌륭한 재산인 감수성을 표현하는 방법이다. 또한 상대방으로 하여금 내면세계를 좀 더 드러내도록 해서 당신이 좋아하는 대화를 나눌 수도 있을 것이다.

14. (×) 자화자찬하는 것은 물론 좋지 않다. 하지만 누구나 훌륭한 사람과 이야기하고 싶어 한다. 당신의 특기나 흥미를 적어보고 그런 것들을 대화에 끼워 넣을 수 있는 방법을 생각해보자. "나는 산을 좋아하기 때문에 여기로 이사 왔습니다"가 아니라 "나는 등산 학교를 열기 위해 이곳으로 왔습니다"라거나 "나는 산을 배경으로 진귀한 새를 찍는 것을 특히 좋아합니다"라고 말하자.

15. (○) 단, 주의할 점이 있다. 누군가를 처음 만날 때는 너무 많은 단점을 드러내지 말자. 지나치게 자기를 낮추면 비굴해 보일 수 있다. 그래도 자신에 대해 만족한다는 의미를 전달할 수 있다면 약점을 인정하는 것도 나쁘지 않다.(〈스타 트렉〉의 피카드 선장의 말을 기억하라. "나는 평생 몇 가지 훌륭한 실수를 저질렀다." 아주 겸손하면서도 현명하고 자신감에 넘치는 말이다.) 서로 고통스럽거나 당황스러운 약점을 털어놓는다면 대화가 한층 발전할 것이다.

16. (×) 대부분의 사람들은 작은 논쟁을 즐긴다. 게다가 논쟁을 하다 보면 상대방에 대해 많은 것을 알 수 있다.

17. (○) 물론 상대방 기분을 확인해야 하고 때로는 거절당할 각오도 해야 한다.

6장

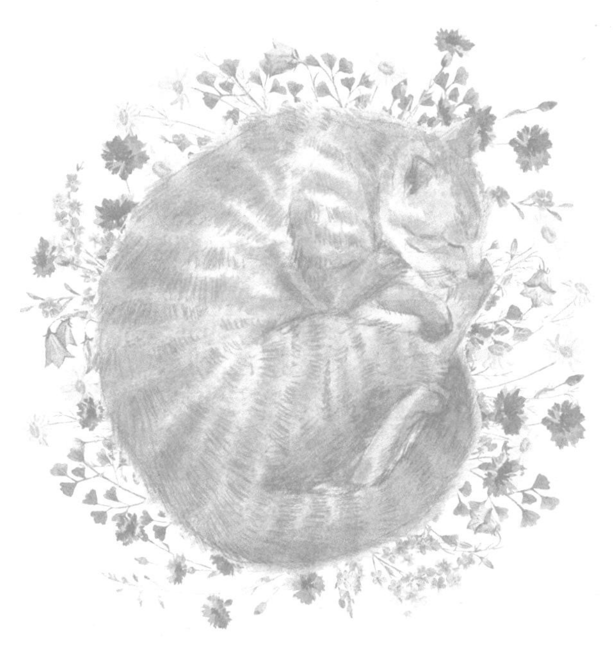

직업에서 민감함이 장점인 이유

우리는 무슨 일을 하든지 모든 면에서 신중하게 접근하는 경향이 있다. 그래서 전사 타입의 사람들이 충동적으로 지혜롭지 못한 결정을 내리고, 권력과 힘을 남용하며, 동향을 제대로 파악하지 못할 때, 이를 바로잡는 역할을 할 수 있다.

여러 가지 주제들 중에서도 적성, 생계 수단, 직장 문제는 매우 민감한 사람들에게 무엇보다 절박한 관심사이다. 그도 그럴 것이 우리는 긴 작업 시간, 스트레스, 자극적인 근무 환경에 좀처럼 익숙해지지 못하기 때문이다. 하지만 나는 우리가 직업적으로 겪는 어려움의 상당 부분이 자신의 역할, 스타일, 그리고 잠재적인 능력을 잘 모르기 때문에 발생한다고 믿는다. 이번 장에서는 사회에서 우리의 역할과 적성에 대해 이야기해보도록 하겠다.

◇ 학식이 깊고 생각이 많은 학자 타입

1장에서 말했듯이 모든 서구 사회를 비롯한 좀 더 공격적인 문화권은 두 계급, 즉 한편에는 충동적이고 강한 전사들과 왕들이, 다른 한편에는 보다 생각이 깊고 학식이 있는 성직자, 재판관 등 왕실의 고문들이 자리 잡고 있었던 사회조직으로부터 생겨났다. 이들 두 계급이 균형을 이루는 문제는 문화 계승을 위해 매우 중요한 것이며, 매우 민감한 사람들은 대부분 왕실 고문 계급에 속한다고 말할 수 있다.

나는 지금 모든 매우 민감한 사람들에게 학자, 이론가, 심리 치료사, 컨설턴트, 또는 재판관 같은 전통적인 왕실 고문 계급의 직업을 가지라고 말하는 것이 아니다. 다만, 우리는 무슨 일을 하든지 전사보다는 성직자나 왕의 고문처럼 모든 면에서 신중하게 접근하는 경향이 있다는 뜻이다. 한 사회나 조직의 꼭대기에 매우 민감한 사람들이 자리 잡고 있지 않으면 전사 타입의 사람들이 충동적으로 지혜롭지 못한 결정을 내리고, 권력과 힘을 남용하며, 과거와 미래의 동향을 파악하지 못하는 경향이 나타난다. 그것은 그들 잘못이 아니라 그들의 본성일 뿐이다.(아서왕의 전설에는 멀린이 나오고, 대부분의 영웅담에도 비슷한 인물들이 등장한다.)

고문 계급에 속하기 위해서는 충분한 경험과 교육이 필요하다. 우리는 각자에게 적절한 범위 안에서 다양한 경험을 하면 할수록 현명한 조언을 할 수 있다. 또한 조용하고 예민한 특성을 십분 활용하기 위해서는 교육을 받는 것이 중요하다. 나는 매우 민감한 사람들이 전통적인 직업, 즉 교육·의학·법률·예술·과학·상담·종교 분야에서 일을 해야 한다고 믿지만, 현실적으로는 점차 그런 영역에서 밀려나고 있다. 이것은 현 사회가 오로지 확장과 이익에 관심을 갖는 전사 스타일로 대체되고 있음을 의미한다. 이러한 일이 일어나고 있는 이유 가운데 하나는 매우 민감한 사람들이 자신감을 잃어버렸기 때문이다. 이렇게 매우 민감한 사람들의 기여가 줄어들면서 그러한 직업들 자체가 존엄성을 잃어가고 있다.

그렇다고 해서 민감하지 않은 사람들이 무서운 음모를 꾸미고 있다는 말은 아니다. 세상이 점점 복잡하고 자극적으로 되면서 적어도 처음에는 민감하지 않은 사람들이 성공하는 것은 당연하다. 하지만 그들은 우리 없이 오래 융성할 수 없다.

◇ 개성화 과정, 적성에 맞는 일을 찾아라

그러면 우리에게 적당한 직업은 무엇일까? 카를 융의 이론에 따라, 나는 인생이란 우리 각자가 이 땅에 사는 동안 특별한 물음에 답해야 하는 '개성화(개인 내부의 고유성 실현individuation) 과정'이라고 생각한다. 우리의 선조가 이러한 질문에 답하지 못했다고 해도 우리는 우리 세대의 방식으로 계속 그 답을 찾아야 한다. 하지만 답은 결코 쉽게 찾아지지 않으며, 평생 찾지 못할 수도 있다. 중요한 것은 노력하는 자체만으로도 구원받을 수 있다는 사실이다.

이러한 개성화 과정은 신화학자인 조지프 캠벨Joseph Campbell이 진로 문제로 고민하는 학생들에게 "적성에 맞는 일을 하라"고 권유

했다는 말로 해석될 수 있다. 그는 쉽거나 당장 재미있는 일을 하라는 의미가 아니라고 분명히 말했다. 각자에게 맞는 일을 하라는 것이다. 그런 일을 찾는 것은, 그리고 운 좋게 그 일로 돈을 버는 것은 가장 큰 축복 가운데 하나이다.

개성화 과정은 언제 적절한 방식으로 적절한 물음에 답해야 하는지를 판단하기 위해 민감성과 직관을 요구한다. 이 점에서 매우 민감한 사람인 우리는 순풍에 돛을 달고 가듯이 유리한 조건을 갖추고 있는 셈이다.

하지만 좋아하는 일을 하면서 어떻게 먹고살 수 있는가 하는 문제가 있다. 나는 융이 항상 주장했듯이, 우리 같은 타입에게 경제적인 지원을 해주는 것은 큰 실수라는 말에 대체로 동의한다. 매우 민감한 사람들은 만일 현실적이어야 할 필요가 없다면 나머지 세계와의 접촉을 잃어버리기 쉽다. 뜬구름 잡는 소리를 하는 사람에게는 아무도 귀를 기울이지 않는다. 그렇다면 어떻게 우리가 좋아하는 일을 하면서 돈을 벌 수 있을까?

한 가지 방법은 자신의 적성과 세상에서 필요로 하는 일, 즉 다른 사람들이 기꺼이 돈을 지불하는 일이 서로 맞물리는 지점을 찾는 것이다. 그런 교차점이 있다면 자신이 좋아하는 일을 하면서 돈도 벌 수 있을 것이다. 실제로 사람의 적성과 돈벌이의 관계는 아주 다양하고 평생에 걸쳐서 변화한다. 어떤 사람은 단지 돈을 벌기 위해 직장에 다니고 진짜 일은 여가 시간에 하기도 한다. 좋은 예로 알베르트 아인슈타인은 상대성원리를 연구할 때 특허청 직원으로 단순한 일을 하면서 중요한 문제에 대해 생각할 시간을 가졌다. 적성에 맞는 직업을 찾거나 만들어서 웬만큼 돈을 벌 수도 있다. 그런 직업은 여러 가지가 있을 수 있고, 경력과 능력이 발전하면서 계속 변화하기도 한다.

이쯤에서 다시 재구성을 해볼 필요가 있다. 당신의 중요한 직업적 단계나 변화를 열거해보자. 당신이 그러한 사건들을 어떤 식으로 생각해왔는지 적어보자. 아마 부모의 기대에 따라 의사가 되었지만 자신에게 맞지 않는다고 생각했을지도 모른다. 분명히 당신의 의도를 설명할 수 없어서 '너무 나약하다'든가 '의지가 부족하다'는 말을 인정했을지도 모른다. 이제 당신의 특성에 비추어 지금 이해하는 것을 적어보자.

매우 민감한 사람들은 불행히도 대부분의 의과대학에서 요구하는 비인간적이고도 힘든 교육과정에는 잘 맞지 않는다. 이제 새로 알게 된 사실에 비추어 무엇을 할 수 있을지 생각해보자. 일례로 부모와 함께 의과대학에 대해 다시 토론할 수도 있다. 아니면 좀 더 인간적인 의과대학을 찾아보거나 직업교육 방식이 다른 생리학이나 침술 같은 관련학을 공부할 수도 있을 것이다.

◇ 본연의 자신을 발견하는 해방을 누리자

개성화 과정은 무엇보다, 아무리 주변이 시끄러워도 자신의 내면의 목소리에 귀 기울이는 능력을 필요로 한다. 우리는 다른 사람들의 요구에 휩쓸리기 쉽다. 현실적인 책임이나 일반적으로 생각하는 돈, 명성, 안정 같은 성공을 추구하기도 한다. 또한 우리를 못마땅하게 생각하는 사람들에게서 압력을 받을 수도 있다. 결국, 매우 민감한 사람들은 대체로 인생의 후반부에 소위 내가 '해방'이라고 부르는 상태에 들어가는 경향이 있다. 그래서 다른 사람들의 강요보다는 자기 내면의 물음과 목소리를 따르게 된다.

매우 민감한 사람들은 다른 사람들이 하는 대로 따라가려고 하다가는 좀처럼 자유로워질 수가 없다. 우리는 다른 사람들의 요구에 민감하다. 또 한편으로는 직감적으로 내면의 물음을 포착한다. 이 두 가지 강력하고 상반된 경향은 오랜 세월을 두고 우리를 농락할 것이다. 만일 해방을 향한 진전이 느리다고 해도 걱정할 필요는 없다. 해방은 거의 필연적이기 때문이다. 하지만 나는 우리가 추구해야 하는 특정한 이상적 이미지를 만들고 싶지는 않다. 그것은 진정한 해방이 아니다. 해방이란 본연의 자신을 발견하는 것이지 누군가 자신에게 요구하는 대로 따라가는 것은 아니다.

◇ 나의 적성을 파악하기

우리 가운데 일부는 적성을 발견하는 일로 고민할 때 더 이상 직관은 도움이 되지 않는다고 생각할 수 있다. 애석하게도 직관은 너무 많은 가능성을 시사하는 내면의 목소리에 귀 기울이게 만들기 때문에 오히려 방해가 되기도 한다. 예를 들어 당신이 금전적인 수입은 무시하고 다른 사람들에게 봉사하고 싶다고 치자. 하지만 그러면 현실적인 생활수준을 향상시키는 것은 불가능하다. 그리고 당신이 지닌 예술적인 재능을 연마할 기회가 없을 것이다. 또 다른 예로, 나는 항상 가족 중심의 조용한 생활을 동경해왔다. 그러면서 영적인 삶에 헌신하고 싶었다. 하지만 그것은 세속적인 생활을 동경하는 한 한낮 꿈에 불과하다. 아마 환경보호를 위해 일하면 가장 행복할 것 같지만 그러기에는 인간적인 욕구가 너무 크다.

이처럼 여러 가지 목소리들이 너무 강하다. 어떤 결정이 옳을까? 만일 이런저런 목소리들이 들리면 결정을 내리기가 쉽지 않을 것이다. 직관적인 사람들이 보통 그렇다. 따라서 결정을 내리는 연습을 할 필요가 있다. 이제 당신이 선택할 수 있는 일들을 두세 가지로 나누어보는 것으로 시작하자. 아마 합리적인 찬반 목록을 만들 수 있을 것이다. 아니면 확실하게 한 가지 길로 마음을 정했다고 가정하고, 그런 방식으로 하루나 이틀을 지내보자.

직관적이고 내성적인 사람들이 가진 또 다른 문제는 사실에 대한 정보가 부족하다는 것이다. 그들은 육감을 중시한다. 그래서 다른 사람에게 물어보려고 하지 않는다. 따라서 특히 내성적이고 직관적인 스타일이라면 다른 사람들로부터 구체적인 정보를 구하려는 노력이 필요하다.

만일 '그냥 할 수가 없다'고 느낀다면 자신감이 부족한 것인지도 모른다. 하지만 누구나 마음속 깊이 정말 하고 싶은 일이 무엇인지 알고 있을 것이다. 어쩌면 계속 노력하기 싫어서 일부러 성공할 수 없는 길을 택할지도 모른다. 하지만 그러면 영원히 적성을 찾을 수 없다. 매우 민감한 사람들은 대부분의 직업에서 성공하기 위해 우리 문화가 정하는 기준에 필요한 일들, 예를 들어 대중 연설이나 공연 소음, 인간관계, 여행 등에 어려움을 겪을 수 있다. 그러나 이제는 그 원인을 알고 그로 인한 긴장을 해결하는 방법을 찾을 수 있게 되었다. 사실상 우리가 못 할 일은 없다.

매우 민감한 사람들에게 자신감이 부족한 것은 충분히 이해가 간다. 우리 가운데 상당수는 자신에게 결함이 있다고 느껴왔다. 다른 사람들의 비위를 맞추려고 하다가 그들이 밟고 다니는 징검다리에 불과한 보잘것없는 취급을 받았을지도 모른다. 하지만 노력도 해보지 않고 이 세상을 마감할 수는 없다.

실패가 두렵다고? 어떤 내면의 목소리가 그런 말을 하는가. 당신을 보호하는 현명한 목소리인가? 아니면 당신을 마비시키는 비판적인 목소리인가? 그 목소리가 옳고 실패는 불가피하다고 가정해보자. 노력해서 성공한 사람들에 대한 영화는 잊어버리자.

나는 노력했지만 실패한 사람들을 알고 있다. 그런 사람들은 얼마든지 있다. 그들은 엄청난 돈과 시간을 날렸지만 노력했다는 것만으로 행복해한다. 지금 그들은 자신과 세상에 대해 좀 더 배우고 현명해져서 또 다른 목표를 향해 움직이고 있다. 적어도 노력을 하면 완전한 실패라고 할 수는 없으며, 뒷전에 앉아 있을 때보다는 훨씬 더 자신감이 생긴다.

◇ 민감한 사람들은 어떤 일을 잘하나

매우 민감한 사람들이 선택한 직업에 대해 듣는 것도 도움이 될 것이다. 전화 설문 조사를 해본 결과, 매우 민감한 사람들 중에는 판매업에 종사하는 사람들이 많지 않았지만 훌륭한 포도주 상인이 한 사람 있었다. 부동산업을 하고 있는 한 여성은 사람들 취향에 맞는 집을 찾아주는 재주가 있다고 했다. 또한 교사, 미용사, 경매 중개사, 비행사, 비행기 승무원, 배우, 비서, 의사, 간호사, 보험 중개인, 운동선수, 요리사, 컨설턴트 같은 직업에 종사하는 매우 민감한 사람들은 조용하고 신중하며 양심적으로 일하고 있다는 것을 짐작할 수 있었다.

분명 매우 민감한 사람들에게 안성맞춤인 직업들도 있었다. 가구 제작자, 애완동물 미용사, 심리 치료사, 목사, 중장비 운전사(시끄럽지만 혼자 일하는), 농부, 작가, 예술가(상당수), 방사선 기사, 기상학자, 정원사, 과학자, 의료 기록원, 편집자, 인문학자, 회계사, 전기 기술자 등이다.

어떤 연구 결과에 의하면 위 숫기가 없는 사람들이 돈을 적게 번다고 하지만, 내가 조사한 바에 의하면 분명 많은 매우 민감한 사람들이 보수가 좋은 행정직, 관리직, 은행업 등에 종사하고 있었다. 또한 민감하지 않은 사람들의 두 배가량 되는 매우 민감한 사람들이 스스로를 주부 또는 전업주부라고 했는데(모두 여자는 아니다), 만일 그들이 돈을 벌지 않는 것으로 간주된다면 분명 평균 수입이 낮아질 것이다. 하지만 그들이 하는 일은 가족들의 수입을 더해주는 고가의 서비스로 볼 수 있다.

전업주부는 우리 사회가 그들이 하는 일에 대해 과소평가하는 경향을 무시해버릴 수 있다면 얼마든지 자부심을 가질 수 있는 직업이다. 우리 사회는 그들 덕을 톡톡히 보고 있다. 육아에 관한 연구들을 보면 아이를 잘 키우기 위해서는 눈치 빠른 '민감성'이 중요하다는 것을 알 수 있다.

좋아하는 일을 하면서 돈을 버는 법을 가르쳐주는 책들이 많이 있지만, 특별히 여기서는 매우 민감한 사람들과 관련해서 알아보겠다. 우리가 적성을 살려서 돈을 벌 수 있으려면 종종 전혀 새로운 서비스나 직업을 만들어야 하고 그러자면 자영업을 하거나 새로운 일거리를 창출해내야 한다.

매우 민감한 사람들로서는 그런 일이 망설여질 것이다. 하지만 우리 스타일로 할 수 있다는 것을 기억하자. 우리의 장점을 믿어야 한다. 우리는 직관적으로 다른 사람들보다 먼저 동향을 파악하고 시장이나 수요를 이해한다. 우리가 무언가에 흥미를 갖고 이야기하면 관심을 보이는 사람들이 있을 것이다. 정말 비상하고 앞서 가는 아이디어라면 그 전망을 인정하는 누군가가 어딘가에서 나타날 것이다.

오래전에 영화와 비디오를 무척 좋아하는 민감한 여성이 도서관 사서로 취직해서 최첨단 영화비디오 자료실을 만들자고 대학에 건의했다. 그녀는 그러한 매체가, 특히 성인교육에 좋은 수단이 될 것이라고 예견했다. 지금 그녀가 만든 영화비디오 자료실은 전국에서 가장 훌륭한 시설을 갖추고 있다.

자영업 또는 대규모 조직 내에서 완전히 자율적으로 하는 일은 매우 민감한 사람들에게 편리한 방법이 될 수 있다. 시간과 자극과 일정을 조정할 수 있고 상사나 동료들과의 갈등도 없기 때문이다. 아마 매우 민감한 사람들은 모험을 하기 전에 어떤 규모 사업자들보다도 성실하게 연구하고 계획할 것이다.

하지만 우리가 경계해야 하는 문제점들이 있다. 매우 민감한 사람들은 노심초사하는 완벽주의자가 될 수 있다. 관리자가 되면 부하 직원들을 닦달할지도 모른다. 또한 한 가지 일에 집중하지 못하는 습관을 극복해야 할 것이다. 창의성과 직관이 뛰어나서 아이디어가 너무 많다면 어느 시점에서 일찌감치 그 대부분을 버려야 하는 어려운 결정을 내려야 한다.

만일 내성적이라면 대중이나 시장과의 연결을 유지하기 위해 더욱 분투해야 할 것이다. 아니면 외향적인 사람을 동업자나 직원으로 둘 수 있다. 온갖 과다한 자극을 받아들일 줄 아는 사람을 동업자로 삼거나 고용하는 것은 좋은 방법이다. 하지만 세상과의 완충 역할을 해주는 사람들을 곁에 두는 동시에 스스로도 현실적인 접촉을 통해 올바른 판단에 필요한 정보를 직접 얻어야 한다.

◇ 예술가의 경우

매우 민감한 사람들은 대개 예술에 대한 소질이나 심미안을 갖고 있다. 일부는 생계 수단으로 삼기도 한다. 예술가들의 성격에 대한 잘 알려진 연구를 보면 대부분 민감성이 중요하다고 말한다. 하지만 그러한 민감성은 불행하게도 정신질환과 연결된다.

문제는 예술가들이 보통 자신의 기예와 창의성을 연마하면서 혼자 일한다는 것이다. 어떤 식으로든 은둔을 하면 민감성이 증가한다. 그래서 예술가들은 일부러 스스로를 고립시키기도 한다. 하지만 작품을 보여주고, 공연하고, 설명하고, 판매하고, 비평이 실리고, 비난과 찬사를 받아들일 시간이 되면 지나치게 민감해진다. 그리고 중요한 작품을 완성하거나 공연을 끝내고 나면 상실감과 혼란을 느낀다. 무의식으로부터 흘러나오는 아이디어를 더 이상

쏟아낼 곳이 없기 때문이다. 예술가들은 에너지를 분출하고 표현하는 것에는 익숙하지만 그 힘의 근원이나 영향은 잘 이해하지 못한다.

예술가들은 긴장을 조절하거나 내면의 자아와 다시 접촉하기 위해 마약, 알코올, 약물에 의지하기도 한다. 이 행위가 습관화되면 육체가 점점 균형을 잃어간다. 예술가들 사이에는 어떤 심리적인 도움을 받아서 너무 정상적이 되면 창의성이 떨어진다는 편견이 있다. 곤경에 처한 열정적인 예술가는 우리 문화에서 가장 낭만적인 인물처럼 보일 수 있다. 그러나 성자나 무법자나 탐험가들이 풍미하던 시대는 지나갔다.

내가 들어간 어느 수업에서 교사가 한번은 칠판에 유명 작가들의 이름을 적은 뒤 그들의 공통점이 무엇인지 말해보라고 했다. 답은 자살 기도였다. 그 수업에서는 그것이 비극이라기보다는 그들이 선택한 직업의 낭만으로 비추어졌다. 하지만 민감한 젊은이들을 유혹하는 영웅적인 예술가들의 삶은, 자신은 평범하게 살면서 누군가 대신 자신이 억누르고 있는 광기를 드러내주기를 바라는 사람들이 파놓은 함정일 수 있다. 민감한 예술가들이 겪는 많은 고통은, 앞서도 말했듯이, 대중에 노출되는 자극이 증가할수록 조용하게 충전하는 시간이 필요하다는 것을 알고 있으면 예방할 수 있을지도 모른다. 하지만 불안정한 예술가의 삶을 둘러싼 미신이 사라지지 않는 한 그러한 깨달음이 얼마나 도움이 될지는 미지수이다.

◇ 사회 봉사자의 경우

매우 민감한 사람들은 다른 사람들의 고통을 뼈저리게 인식하는 경향이 있다. 무엇이 필요한지를 직관적으로 분명하게 알고 있다. 이 때문에 매우 민감한 사람들이 봉사하는 일을 선택한다. 그리고 많은 사람들이 일을 하면서 기진맥진해진다.

다른 사람들에게 도움을 주기 위해 반드시 고된 일을 할 필요는 없다. 우리는 다른 사람들에게 힘든 일을 시키고 뒷전에 물러나 있는 것에 양심의 가책을 느낀다. 하지만 실제로 일선에 나서서 하는 일을 좋아하고, 그런 일이 적성에 맞는 사람들이 있다. 그런 사람들에게 자기만족의 기회를 주자. 또한 후방에도 전장을 내려다보면서 전략을 짜는 사람이 필요하다.

다른 식으로 표현하자면, 어떤 사람들은 요리를 좋아하고 또 다른 사람들은 설거지를 좋아한다. 오랫동안 나는 내가 좋아하는 요리를 하고 나서 설거지를 다른 사람에게 시키지 못했다. 그러다가 마침내 요리는 싫어하지만 정말 설거지를 좋아한다고 주장하는 사람을 만났다.

굳이 과다한 스트레스와 긴장을 유발하는 직업을 선택할 필요가 없다. 그런 일은 다른 누군가가 아주 잘해낼 것이다. 반드시 오랜 시간 일해야 하는 것도 아니다. 사실 우리는 의무적으로라도 일하는 시간을 줄일 필요가 있다. 스스로 건강을 돌보고 적정 긴장

수준을 유지해야 다른 사람들을 도와줄 수도 있는 것이다.

◇ 교사의 경우

그레그는 학생들과 동료들이 무척이나 따르고 존경하는 매우 민감한 교사였다. 하지만 그는 자신이 원했던 유일한 직업을 그만두는 문제를 놓고 고심하다가 나를 찾아왔다. 그는 가르치는 일이 매우 민감한 사람들에게 맞지 않는다는 사실을 확인하고 싶어 했다. 나는 그것이 어려운 일이라는 사실에는 동의했다. 하지만 그레그처럼 훌륭하고 민감한 교사들이 개인뿐 아니라 사회의 행복과 발전에 필수적이라고 생각한다. 나는 그런 보석들이 교육계를 떠나는 게 안타깝다.

나와 함께 토론을 거듭한 끝에 그는 가르치는 일이 민감하고 정이 많은 사람들에게 아주 적당한 직업이라는 사실에 동의했다. 그들에게는 가르치는 일이 딱 들어맞지만, 스트레스가 그 일을 계속하기 어렵게 만든다. 그는 자신이 일하는 방식을 바꾸어야 한다는 것을 깨달았다. 실제로 그것은 그의 도덕적인 의무였다. 그가 일을 그만두는 것보다는 과로를 하지 않는 편이 훨씬 다른 사람들을 위해 바람직하기 때문이다.

바로 다음 날부터 그레그는 오후 4시 이후에는 일을 하지 않기로 했다. 그는 창의성을 발휘해서 시간을 단축할 수 있었다. 하지만 양심의 가책을 느꼈다. 그는 동료들과 교장에게 자신의 새로운 근무 방식을 숨기려고 했지만 결국 들통이 났다. 교장은 그레그가 중요한 일을 잘 처리하고 더 행복해진 것을 확인한 뒤 그의 방식을 허락했다. 그를 따라 하는 동료들도 있었고 어떤 사람들은 그를 부러워하면서도 자신들의 방식을 바꾸지 못했다. 10년이 지나고도 그레그는 여전히 교사 생활을 하면서 행복하고 건강하게 지내고 있다.

우리는 지쳐 있을 때조차 다른 사람들을 위해 무언가를 계속하려고 한다. 하지만 그러다가는 진정한 능력을 발휘하지 못하고, 자기 파괴적이 되며, 스스로를 희생하고, 다른 사람들에게 죄책감을 불러일으킨다. 결국에는 그레그처럼 일을 그만두려고 하거나 아니면 건강을 해쳐서 어쩔 수 없이 물러나게 된다.

매우 민감한 사람들에게 사회정의와 환경보호에 앞장서지 말라는 이야기가 아니다. 그런 일들도 스스로의 방식으로 할 수 있다는 것이다. 아마 정부와 정치권에서 문제가 일어나는 이유는 좌파나 우파 때문이 아니라, 매우 민감한 사람들이 그들로 하여금 심사숙고할 시간을 갖도록 도와주지 않기 때문인지도 모른다. 정당의 이익을 위해 동분서주하는 충동적이고 공격적인 사람들에게 모든 것을 맡겨두고 있는 것이다.

로마에는 킨키나투스라는 훌륭한 정치가가 있었다. 전설에 의하면 그는 농장에서 조용하게 살고 싶어 했지만, 군사적 손실로부터 국민들을 구원해달라는 부름을 받고 공직에 두 차례 앉은 적이 있었다. 세상은 그런 사람들을 더 많이 구슬려서 공적인 자리에 앉힐 필요가 있다. 하지만 세상이 우리를 요구하지 않더라도 우리는 가끔씩 자원해야 한다.

◇ 사업가의 경우

사업 세계는 매우 민감한 사람들을 과소평가하고 있다. 기업은 재능이 있고 직관이 뛰어나면서도 양심적이고 신중한 사람을 직원으로 활용할 줄 알아야 한다. 우리는 전쟁이나 도전과 확장으로 비유되는 사업 세계에는 그다지 적합하지 않다. 그러나 사업이라는 것은 한편으로 예술적 감각, 선견지명, 사회적 책임감, 농부나 부모와 같은 보살핌, 대중을 교화하는 교육자로서의 능력을 필요로 하는 일이기도 하다. 기업들은 변화한다. 기업문화에 영향을 미칠 수 있는 지위에 있다면 그 기회를 충분히 활용하자. 귀를 기울이고 직관을 발휘하자. 누구를 칭찬하고, 보상하고, 승진시킬 것인가? 누가 불쾌감, 경쟁, 무감각을 조장하는가? 누가 창의력과 통찰력을 갖추고 있는가? 누가 화합과 윤리 의식을 조장하는가? 고객 서비스와 품질관리는 어떠한가? 그러나 무엇보다 중요한 점은 편안한 환경에서 일할 수 있느냐이다.

◇ 일반 직장인의 경우

매우 민감한 사람들은 모두 그 특성 자체로 인한 재능을 타고난다. 하지만 어떤 사람들은 특별히 좀 더 뛰어나다. 그런데 재능을 가진 사람들을 관찰해보면 상반된 특성들, 즉 충동·호기심·독립심·열정·내향성·직관·감수성·반항심 등을 함께 갖고 있는 듯하다.

하지만 직장에서 단체 생활을 하다 보면 그러한 특성으로 인해 어려움을 겪을 수도 있다. 첫째, 조직에서 사람들로부터 아이디어를 끌어내기 위해 실시하는 그룹 토의에서는 독창성이 오히려 문제가 될 수 있다. 예를 들어 자기 생각이 분명 맞는 것 같은데 다른 사람들은 그렇게 생각하지 않을 때가 있다. 그렇다고 다른 사람들에게 동조하면 자기 자신에게 충실하지 못한 것 같다. 반면에 그들을 따르지 않으면 소외되는 기분이 든다. 훌륭한 경영자나 관리자는 이러한 갈등을 이해하고 유능한 직원을 보호할 줄 안다. 그렇지 않으면 그는 재능을 다른 곳에서 펼쳐 보이려고 할 것이다.

둘째, 매우 민감한 사람들은 자신이 하는 일과 아이디어에 지나친 열정을 보이기도 한다. 어떤 일에 너무 흥분을 하면 다른 사람들에게는 위험하게 느껴질 수 있다. 본인으로서는 그 결과를 확신하기 때문에 그다지 위험하게 느끼지 않지만, 아무도 완벽할 수는 없으며 다른 사람들의 시기를 살 수도 있다. 게다가 그러한 열정을 이해하지 못하는 사람들은 너무 일에 빠져 있다고 당신을 원망할지도 모른다. 상대적으로 자신들이 일을 안 하는 것처럼 보일 수 있기 때문이다. 하지만 일을 놀이처럼 즐기는 사람들에게는 일을 하지 않는 것이 곧 일이다. 만일 당신이 그런 사람이라면 열심히 일하고 있는 것을 상사만 알게 하고 동료 직원들은 모르게 하자. 한 가지 좋은 방법은 휴식을 취하는 것이다. 일과 휴식을 적절히 배분하면 일의 능률을 올리는 데도 도움이 된다.

셋째, 감수성이 너무 풍부해서 다른 사람들과 사적으로 복잡하게 얽힐 수 있다. 직장에서는 특히 그런 점을 조심해야 한다. 일을 할 때는 경계선을 분명하게 그을 필요가 있다. 덜 민감한 사람들과는 거리를 유지하는 것이 좋다. 깊은 감정을 나누는 친밀한 관계는 직장 밖에서 구하자. 직장 밖에서 만나는 사람들은 민감성 때문에 일어나는 감정의 소용돌이로부터 안전한 피신처가 되어줄 수 있어야 한다. 그런 관계를 직장에서 찾는다면 동료나 특히 상사는 부담스럽게 느낄 것이고, 우리에게 '뭔가 문제가 있다'고 생각할 것이다.

넷째, 매우 민감한 사람들의 특성인 직관은 다른 사람들에게는 거의 신비스럽게 보일 수 있다. 우리는 남들이 보지 못하는 것을 본다. 따라서 남들과 다른 생각을 갖고 있으면 그것을 솔직하게 표현할 것인지 아니면 다른 사람들 의견에 따르면서 속으로만 생각할 것인지를 결정해야 한다.

마지막으로, 이런 재능을 가진 매우 민감한 사람들은 어떤 카리스마를 지닌 것처럼 보일지도 모른다. 그래서 다른 사람들이 믿고 따를 수 있다. 하지만 우쭐한 기분을 즐기다가 결국 다른 사람들을 잘못된 길로 인도할 수도 있다는 것을 기억하자.

이 모든 문제에 대한 해결책은 재능을 직장에서만 발휘하지 말고, 예술이나 미래를 위한 계획, 부업 또는 생활 자체를 통해서도 표현하는 것이다. 지금부터라도 직장에서 독창적인 아이디어를 내는 것에 그치지 말고 재능을 좀 더 확장해보자. 다시 말해, 단체와 조직 안에서의 인간존재를 바라보는 지혜와 통찰력을 연마하자. 그럴 때는 뒤로 물러나서 관찰자의 입장이 되어볼 수도 있다.

이제 혼자 일하든 고용주를 위해 일하든 우리의 민감한 특성이 여러 가지로 유리하게 작용할 수 있다는 사실을 알았다. 하지만 과거의 부정적인 생각을 떨쳐버리고 스스로 그 가치를 인정할 수 있으려면 많은 노력이 필요하다. 스스로 자신감을 갖지 못한다면 자신의 가치를 누군가에게 설득시킬 수 없다. 따라서 반드시 다음과 같은 작업을 해보기 바란다.

민감한 특성에서 오는 당신의 모든 장점을 열거해보자. 브레인스토밍 방식으로 비판 없이 모든 생각을 받아들이자. 물론 민감하지 않은 사람들도 같은 장점을 갖고 있을 수 있다. 하지만 당신은 그런 장점들을 더 많이 갖고 있다. 당신이 알고 존경하는 매우 민감한 사람들과 자신에 대해 생각해보고, 이 책에서 배운 대로 이해해보자. 될수록 많은 사람들을 열거해보자.

이제 면접에 필요한 간단한 연설문이나 공식적인 편지를 써보

자. 고용주를 조용히 설득하는 식으로 당신이 가진 민감한 특성의 장점들을 표현해보자. 참고로 다음 예문을 보자. 단, 편지를 쓴다고 하면 좀 더 격식을 갖추어 쓰자.

나는 10년간 어린아이들을 가르친 경력 이외에도 그래픽아트에 대한 상당한 지식과 레이아웃 실무 경험이 있다. 그 모든 일에서 내 성격과 기질이 도움이 되고 있다는 사실을 알고 있다. 나는 지극히 양심적이고 철저하며 일을 잘하기 위해 애쓰는 사람에 속한다.
동시에 나는 꽤 뛰어난 상상력을 갖고 있다고 생각하며, 항상 매우 창의적이라는 평을 들어왔다. 참고로, 학교에서는 우수한 성적을 받았고 지능지수가 높다. 나의 직관은 잠재적인 문제점과 오류를 잡아내는 능력과 더불어 일을 할 때 항상 큰 도움이 된다.
하지만 나는 떠들썩한 것을 좋아하는 사람이 아니다. 나는 주변을 조용하게 유지하려고 노력한다. 실제로 마음이 평온할 때, 그리고 주변 상황이 조용할 때 일의 능률이 가장 많이 오른다. 따라서 대부분의 사람들은 나와 함께 일하는 것을 편하게 생각하지만, 나로서는 몇 명과 함께하거나 혼자 일할 때가 행복하다. 독립심이랄까, 혼자서 일을 처리하는 능력은 나의 또 다른 장점으로…….

◇ 직장생활을 위한 조언

혼자서 연습해보자

우리는 누군가가 지켜보거나 어떤 식으로 긴장하고 있을 때, 예를 들어 한꺼번에 너무 많은 정보가 주어지거나, 너무 많은 사람들을 만나거나, 어쩔 수 없이 뭔가를 배워야 하거나, 무언가를 기억하지 못했을 때의 결과를 상상하면 제대로 실력 발휘를 못 하는 경향이 있기 때문에 훈련을 받는 상황을 힘들어할 수 있다. 가급적 스스로 훈련을 하도록 노력하자. 설명서를 집에 가져가거나 근무시간 후에 남아서 혼자 연구를 하자. 아니면 일대일로 훈련을 받도록 하자. 가르치는 사람이 편한 사이라면 더 좋다. 한 수 가르쳐달라고 하고 혼자 남아서 연습을 하자. 그러고 나서 자신을 초조하게 만들지 않는 사람을 앞에 놓고 시연을 해보자.

편안한 환경을 추구하자

민감할수록 불편한 환경이나 스트레스를 피해야 한다. 안전하게 보이는 상황도 우리에게는 스트레스가 될 수 있다. 다른 사람들은 형광등 불빛, 윙윙거리는 기계음, 또는 화학약품 냄새를 견딜 수 있지만 우리는 그러지 못한다. 이 점에서는 매우 민감한 사람이라고 해도 견디는 정도가 서로 다르다.

직장에 불만이 있으면 우선 마주하고 있는 상황에 대해 현실적으로 생각해보자. 불만을 이야기해야 할 때는 적어도 그 상황을 참아 보려고 노력했다는 사실을 언급하자. 자신의 생산성과 업적을 강조하면서 불편한 문제가 해결되면 좀 더 잘할 수 있을 거라고 말하자.

조금은 정치적으로 행동하자

어느 연구 결과에 의하면 '숫기가 없는' 사람들은 돈을 적게 벌고 능률이 떨어진다고 한다. 매우 민감한 사람들 가운데 그런 사람들이 있기는 하지만, 나는 때로 그것이 그들 스스로가 선택한 방식이 아닐까라는 생각을 한다. 하지만 만일 승진을 원하고 해고를 당하고 싶지 않다면 전략에 관심을 가질 필요가 있다.

이들은 보통 '정치 놀음'을 좋아하지 않는다. 하지만 그런 태도 자체가 사람들에게는 의심스럽게 보일 수도 있다. 쉽사리 오해를 받을 만한 소지를 갖고 있는데, 특히 직장에서 사람들과 잘 어울리지 않거나 생각을 함께 나누지 않으면 냉정하거나 거만하거나 괴짜로 보일 수 있다. 그런 오해를 사지 않도록 주의하는 것이 좋다.

적절한 때에 자연스럽게 또는 공식적으로 사람들에게 당신이 속한 조직에 대해 느끼는 좋은 감정을 표현하자. 아무리 긍정적인 감정을 갖고 있더라도 표현하지 않으면 다른 사람들은 모를 수 있다. 조직에서 당신이 어떤 식으로 기여하고 있으며, 앞으로 어떤 일을 하고 싶은지, 그러기 위해 열심히 일하겠다는 이야기를 좀 더 적극적으로 표현할 필요가 있다.

한편, 다음에 승진이 되리라고 당연하게 믿지 말고, 일주일에

한 번 조직에 기여한 일들을 아주 상세하게 기록해두자. 적어도 그런 일들을 인식하고 기억하고 있으면 언급하기가 쉬워진다. 그리고 다음 업무 평가에서 그 업적들을 최대한 요약해서 보고하자. 만일 이 과제가 부담되거나 한 달 후에도 여전히 실천하고 있지 않다면 그 이유를 곰곰이 생각해보자. 자화자찬처럼 느껴지는가? 아니면 조직과 상사에게 의도적으로 자신의 가치를 알리려고 하지 않는 것인가? 불만을 느끼고 조만간 떠나고 싶어 하는 것인가? 아니면 회사에서 경쟁을 부추기는 느낌이 드는가? 또는 덜 유능한 사람들은 그대로 두고 당신을 해고하려고 하는가? 우리는 굳이 떠벌리지 않아도 다른 사람들이 알아서 자신의 가치를 인정해주기를 바라지만, 그런 일은 좀처럼 일어나지 않는다. 혹시 직장에서 특별히 잘하는 일이 없는 것은 아닌가? 그래서 걱정스러운가? 그렇다면 직장 밖에서 자신이 하고 있는 일들을 기록해보자. 자전거 여행이나 읽은 책이나 친구와의 대화 같은 일이라도 좋다. 만일 직장 밖에서 하는 어떤 활동에서 활기를 얻는다면, 그것이 당신이 가장 좋아하는 일일지도 모른다. 그 일을 하면서 돈을 벌 수 있는 방법은 없을까? 그리고 만일 자녀나 노부모를 돌보는 시간을 가지고 있다면 거기에 자부심을 느끼자. 그런 일은 대부분의 고용주들이 인정하지 않지만 개인적으로는 중요한 업적이다.

마지막으로 승진을 하지 못하거나 '누군가가 나를 가로막고 있다'고 느껴지는 경우, 충분히 영악하지 못해서 당하고 있는 것인지도 모른다.

◇ "열심히 해도 승진이 안 되더라고요"

베티의 경우를 살펴보자. 베티는 나에게 심리 치료를 받기 위해 찾아왔다. 그녀가 가져오는 문제 가운데 하나는 직장에서의 좌절감이었다. 심리 치료사들은 오로지 한쪽 이야기만 듣기 때문에 정확한 상황을 모를 수 있다. 하지만 내가 보기에 베티는 직장에서 일을 잘하고 있는데도 승진이 되지 않는 것 같았다.

그러다가 업무 평가에서 그녀는 대부분의 상사들이 좋아할 만한 이런저런 행동 면에서 부정적인 결과를 받았다. 그때가 되어서야 그녀는 자신의 상사가 '가로막고' 있는 것 같다는 의심이 들었다. 지난번 상사에게서도 "새로 오는 상사에게 뒤통수를 얻어맞지 않게 조심하라"는 경고를 듣기도 했다.

다른 직원들은 대부분 새로운 상사와 그럭저럭 잘 지냈지만, 베티는 모두들 그 상사가 무서워 조심하고 있다는 것을 직관적으로 알았다. 나이가 많은 베티는 자신의 상사를 어리게 생각했지만 위협적으로 느끼지는 않았다. 베티는 또한 성실하고 헌신적이었다.

그녀는 종종 방문객들로부터 부서에서 가장 유능한 직원이라는 칭찬을 들었다. 그녀는 두려울 것이 없다고 생각했지만, 상사의 질투를 간과한 것이다. 게다가 베티는 누군가를 나쁘게 생각하고 싶지 않았다.

결국 베티는 인사부 직원에게 부탁해서 인사 기록을 보게 되었는데, 그 상사가 자신에 대해 근거 없는 사실을 써놓고 장점은 하나도 적지 않은 것을 알았다. 베티는 마침내 자신이 상사와 힘겨루기를 하고 있다는 사실을 알게 되었지만 어떻게 해야 할지 몰랐다. 그렇다고 복수를 하고 싶은 생각은 없었다.

내가 해야 할 일은 베티가 왜 상사의 표적이 되었는지를 깨닫게 해주는 것이었다. 실제로 그녀는 그런 일이 직장 경력에서 처음이 아니라고 시인했다. 나는 그녀가 본의 아니게 초연하고 우월하게 보여서 다른 사람들을 불안하게 만들고 있을지도 모른다고 생각했다. 그리고 그녀는 무엇보다 눈치가 없었다.

베티는 직장에서 '무리로부터 떨어져' 있어 쉽게 표적이 되었다. 내성적인 매우 민감한 사람들이 그렇듯이 자기 일만 끝나면 사람들과 어울리는 것을 피하고 곧장 집으로 갔다. 그녀는 종종 "나는 다른 사람들처럼 잡담을 즐기지 않아요"라고 말했다. 그 결과 비공식적으로 진행되는 일에 대해 아무것도 모르고 있었다. 그녀는 페르소나를 사용해서 어느 정도 잡담도 하고, '아첨꾼'들을 사귀면서 무슨 일이 일어나고 있는지를 알고 스스로를 보호해야 했다. 그러나 베티는 어떤 면에선 다른 사람들을 거부하고 있었고, 아니면 적어도 사람들이 그렇게 느끼게 만들었다. 결국 사람들은 그녀를 도와줄 마음이 생기지 않았고, 상사는 베티를 모함해도 안전하겠다고 판단한 것이다.

베티가 저지른 또 다른 실수는 매우 민감한 사람들에게 흔히 있는 일로, 그 상사의 '그림자', 즉 바람직하지 않은 부분에 대해 새까

맞게 몰랐다는 것이다. 사실 베티는 상사들을 지나치게 이상적으로 생각하는 경향이 있었다. 그녀는 상사에게서 친절과 보호를 기대했다. 직속 상사에게서 얻지 못하면 좀 더 윗사람에게 가서 도움을 청했다. 그러면서 그녀는 자신의 거취에 대해 상사가 알게 하는 것이 '옳다'고 생각했다! 물론 그 상사는 거기에 대응해서 오히려 간부들이 베티에게 등을 돌리게 만들었다.

내가 베티에게 좀 더 영악해지고 '정치적'이 되라고 말하자, 그녀는 처음에 자신을 더럽히라는 의미로 받아들였다. 나는 그녀의 그러한 순수함 뒤에 긴 그림자가 드리워져 있다는 것을 알았다. 결국 그녀는 자신의 꿈속에서, 울타리에 갇혀 분노하는 염소, 그다음에는 강한 여전사, 그리고 마침내 보다 세련된 직장 여성을 만났다. 꿈에서 만난 그런 모습들을 통해 그녀는, 스스로가 받아들이기 힘든 사실들을 지금까지 있는 힘껏 억눌러왔다는 것을 깨달았다. 그녀는 적어도 모든 사람, 특히 그녀가 이상적으로 생각했던 사람들(나를 포함해서)에 대해 의심할 줄도 알아야 한다는 것을 배웠다.

그녀는 상당한 용기와 깨달음이 필요한 자기 성찰을 통해 마음속으로는 사람들을 의심하고 있다는 사실도 인정했다. 지금까지는 그러한 의심을 불미스럽게 생각해서 항상 무시해버렸던 것이다. 그런 면을 인식하고 확인하면서 그녀는 어떤 사람은 좀 더 믿고 어떤 사람은 덜 믿을 줄 알게 되었다.

하고 싶은 일을 모두 할 수는 없다. 이러한 한계 또한 인간의 숙명이다. 만일 자신의 천직을 찾아서 조금이라도 진전을 보일 수 있다면 얼마나 좋을까? 그러면서 돈도 벌 수 있다면 금상첨화이다. 그리고 사람들끼리 화목하고 서로 이해하면서 일할 수 있다면 더 바랄 게 없을 것이다. 만일 그런 축복을 받았다면 감사해야 한다. 이제 지금까지 다른 책임감 때문에, 아니면 사회가 우리를 올바로 평가해주지 않았기 때문에 할 수 없었던 일에 도전해보자. 자신이 만일 이 문제와 화해할 수 있다면 누구보다도 현명한 사람이 될 수 있을 것이다.

나의 민감함 다시 보기 6

내 안의 마키아벨리 만나기

르네상스 이탈리아 군주들의 고문이었던 마키아벨리는 노골적으로 출세하는 방법에 대한 책을 저술했다. 그의 이름은 책략, 거짓말, 배신, 그리고 '수뇌부'의 모든 음모와 관련되어 있다. 나는 마키아벨리처럼 되라는 것은 아니지만, 그러한 특성을 꺼리는 사람일수록 자신과 다른 사람들 속에 숨은 그와 같은 성향을 인식할 필요가 있다고 생각한다. 그런 일들에 대해 아무것도 모른다고 주장한다면 곤경에 처할 수가 있다.

우리 내부 어딘가에 마키아벨리가 있다. 그렇다. 그는 잔인한 책략가이다. 하지만 어떤 군주도, 특히 온화한 군주라면 그의 적들만큼이나 무자비한 고문을 적어도 한 사람쯤 곁에 두고 있어야만 오랫동안 권력을 유지할 수 있었다. 당신도 어쩌면 이미 자신의 그런 부분을 알고 있을지도 모른다. 그 부분을 인격화해보자. 그가 어떻게 생겼는지, 어떤 말을 했는지 상상해보고, 그의 이름을 지어주자. 그리고 함께 대화를 나누자. 그에게 당신이 일하는 조직에 대해 이야기하도록 하자. 사람들은 승진을 하기 위해 어떻게 하고 있으며, 당신을 가로막고 있는 사람은 없는지 물어보자. 당신이 승진을 하려면 무엇을 할 수 있는지 물어보자. 그리고 잠시 그가 하는 말에 귀를 기울여보자.

이제 당신의 가치관과 훌륭한 성품은 그대로 유지하면서 그에게 들은 이야기에 대해 생각해보자. 예를 들어, 누군가가 부정한 방법으로 당신과 조직을 해치고 있다는 것을 알았다면? 아마 그 내면의 목소리는 강박관념일 수도 있고 아니면 당신이 이미 알고 있지만 인정하고 싶지 않은 사실일 수도 있다. 그러한 사실에 어떻게 대처해야, 아니 적어도 어떻게 처신해야 자신을 방어할 수 있을지 생각해보자.

7장

사랑할 때
민감한 사람들의 특징

카를 융에 의하면 대부분의 매우 민감한 사람들은 내면세계를 보호하기 위해 에너지가 안으로 집중되는 경우가 많다. 이렇게 갇혀 있던 에너지는 종종 특정 사람에게 집중될 수 있다. 사랑에 빠지는 데 중요한 요소로 작용하는 게 상대방이 아니라 자신의 상태일 수 있다는 것이다.

이 장은 사랑에 관한 이야기다. 우선 매우 민감한 사람들이 사랑과 우정을 만들어가는 과정부터 시작하겠다. 그리고 그러한 관계를 나름대로 유지하는 방법을 알아보자.

◇ 우리가 친밀감을 느끼는 방식

코라는 64세로, 가정주부이자 아동문학 작가이다. 그녀는 '성관계를 가진 유일한 사람'과 한 번 결혼했으며, "그 점에 대해 매우 만족한다"라고 분명하게 밝혔다. 그녀의 남편 딕은 민감한 것과는 거리가 먼 사람이었다. 하지만 두 사람은 서로 다른 점을 좋아한다. 예를 들어 그녀는 오랜 세월에 걸쳐, 모험 영화나 스키 활강 또는 슈퍼볼 경기에 가자는 남편의 제안을 거절하는 방법을 배웠다. 남편은 그런 일들을 친구들과 한다.

50대의 마크는 교수이자 시인으로 T.S. 엘리엇을 전공하고 있다. 그는 독신으로 스웨덴에 살면서 영문학을 가르친다. 우정이 마크의 생활 중심이다. 그는 드물지만 자신과 같은 사람들을 찾아서 진실한 관계를 추구한다. 마크는 어릴 때부터 정신없이 연애를 했다. "성인이 되어서는 드물지만 강렬한 사랑을 했습니다. 두 사람이 아직도 기억에서 지워지지 않습니다. 고통스럽죠. 문은 닫혀 있지만 사랑은 아직 끝나지 않았어요." 그는 쓴웃음을 지으면서 말했다. "하지만 저는 풍요로운 공상 세계를 갖고 있습니다."

앤 역시 어릴 때 연애를 열심히 했다고 기억한다. "항상 누군가가 곁에 있었어요. 그것은 일종의 탐색이었죠." 스무 살에 결혼한 앤은 7년을 살면서 세 아이를 낳았다. 생활에 쪼들렸고 남편의 학대도 심해졌다. 남편에게 몇 차례 심하게 맞은 후에야 그녀는 홀로서기를 해야 한다는 것을 알았다. 그동안 앤에게는 다른 남자들이 있었지만 결혼은 하지 않았다. 그러다가 쉰 살이 되어서야 '천생연분' 찾는 일을 그만두었다. 내가 그녀에게 자신의 민감한 특성을 해결하는 특별한 방법이 있느냐고 물었을 때 그녀는 딱 잘라 말했다. "마침내 남자들을 내 삶에서 내쫓았을 때 더 이상 민감성이 문제가 되지 않더군요." 그녀는 우정과 아이들과 자매들과의 관계에서 커다란 행복을 느끼고 있다.

우리가 1장에서 만났던 크리스틴 역시 어린 시절부터 열렬한 연애를 했다. "매년 한 사람을 선택했죠. 하지만 나이가 들면서 더 진지해졌어요. 누군가와 함께 있을 때도 늘 혼자 있고 싶어졌죠. 그러다가 어떤 사람을 만나서 일본에 갔어요. 그는 나에게 아주 중요했지만 끝내기를 잘했지요. 이제 나는 스무 살이고 남자들에게 쉽게 빠지지 않아요. 먼저 내가 누구인지 알고 싶어요." 자신의 정신 상태를 걱정하고 있는 크리스틴은 매우 정상적으로 보였다.

서른 살인 릴리는 엄격한 중국인 어머니에 대한 반항으로 자유분방한 20대를 보냈다. 하지만 2년 전, 문란한 생활로 인해 건강이 나빠지자 마침내 자신이 불행하다는 사실을 깨달았다. 면담을 하면서 그녀는 자신이 지루하고 활기 없는 가족으로부터 벗어나기 위해 자극적인 생활을 선택했을지도 모른다고 했다. 어쨌든 그녀는 건강을 회복하고 자신보다 더 민감하다고 생각되는 남자와 만나기 시작했다. 처음에 그들은 단순한 친구 사이로 지내다가 점차 서로를 아끼고 배려하게 되었지만 그녀는 서둘러 결혼하고 싶지 않았다. 그가 가족처럼 지루하게 느껴졌던 것이다.

20대인 린은 최근 크레이그와 결혼했다. 그들은 함께 영적인 구도를 하면서 깊고 새로운 사랑을 나누고 있다. 하지만 섹스를 얼마나 해야 하느냐는 문제가 있었다. 크레이그는 자신의 종교적 전통에 따르기 위해 금욕을 하고 있었다. 우리가 면담할 당시에 그는 마음을 바꾸었고, 오히려 린이 그의 전통에 따라 금욕하기를 원하는 쪽이었다. 그래서 두 사람이 모두 만족할 수 있는 타협안으로 '드물지만(한 달에 한두 번) 매우 특별한' 사랑을 나누기로 했다.

앞의 예들을 보면 매우 민감한 사람들은 다른 사람들과 가까워지려는 인간적인 욕망을 아주 다양한 방식으로 충족시키고 있다는 것을 알 수 있다. 나에게는 방대한 통계학적 증거자료는 없지만, 면담을 통해 매우 민감한 사람들이 다른 사람들보다 이 분야에서 좀 더 다양한 해결책을 찾는다는 인상을 받았다. 일반적으로 독신이나 확고한 일부일처제 또는 연인보다는 친구들과의 우정이나 가족관계를 선택하는 사람들이 더 많았다. 실제로 이런 특별한 방식들은 그들의 특성에 따른 필요에서 비롯될 수 있다. "필요는 발명의 어머니"라고 하지 않는가.

살아가는 방식은 다르다고 해도 매우 민감한 사람들은 미세한 것을 인식하는 특별한 능력과 지나치게 긴장하기 쉬운 경향 때문에 가까운 사람들과의 관계에서 고려해야 하는 몇 가지 공통적인 문제점들이 있다.

◇ 지독한 사랑에 빠지기도 한다

사랑에 관련해서 내 연구는 매우 민감한 사람들이 다른 사람들보다 더 깊이 사랑에 빠진다는 사실을 보여주고 있다. 그것은 좋은 일이다. 예를 들어, 연구에 의하면 사랑에 빠지면 자신감이 증가하고 자아 개념이 확대되며, 활기에 차고 기분이 좋아진다. 한편 사랑에 빠지는 이유가 상대방과는 별로 상관이 없을 수도, 즉 주변 환경이 달랐다면 사랑에 빠지지 않을 수도 있다는 사실을 알아둘 필요가 있다.

시작하기 전에 먼저 당신이 사랑에 깊이 빠졌을 때 어떤 일이 있었는지를 적어보자. 그리고 지금부터 내가 묘사하는 일들이 자신의 경우에도 해당되는지 알아보자.

우리 가운데 어떤 사람들은, 특히 회피 애착 유형은 결코 사랑에 빠질 수 없다고 생각한다. 하지만 절대 사랑을 할 수 없다고 말하는 것은 사막에는 절대 비가 내리지 않는다고 말하는 것과 같다. 사막을 아는 사람은 그곳에 비가 내린다고 말할 것이다. 따라서 만일 절대 사랑을 하지 않을 것이라고 생각하더라도 계속해서 읽어보기 바란다.

바람직한 관계로 이어지는 사랑이나 우정에 대해 다루기 전에 우선 압도적이고 불가능한 사랑에 대해 알아보자. 그런 사랑은 누구에게나 찾아올 수 있지만, 매우 민감한 사람들에게 좀 더 자주 일어난다. 따라서 양쪽 모두에게 불행한 경험이 될 수 있는 상황에 빠지지 않으려면 알아두어야 할 것들이 있다. 보통, 사랑은 이루어질 수 없을 때 더욱 열렬해진다. 만일 확실한 관계로 발전할 수 있다면 상대방을 있는 그대로 알게 되고 맹목적인 사랑은 진정될 것이다. 반대로 한쪽의 사랑이 너무 지나쳐서 관계가 발전하지 못하는 수가 있다. 극도로 강렬한 사랑은 요구가 너무 많고 비현실적이기 때문에 상대로부터 거부당한다. 사랑을 받는 사람은 종종 숨이 막힐 것 같고 어떤 면에서 진정한 사랑을 받지 못한다고 느낀다. 실제로 사랑하는 사람은 불가능한 상상을 하면서 상대를 진정으로 이해하지 못하는 경우도 있다. 그리고 또 한편으로는 상대가 채워주지 못하는 완벽한 행복을 위해 모든 것을 포기하기도 한다.

이런 사랑이 어떻게 가능할까? 아무도 대답할 수 없지만 몇 가지 유력한 가능성들이 있다. 카를 융에 의하면 대부분의 매우 민감한 사람들처럼 내성적인 사람들은 바깥세상으로부터 소중한 내면세계를 보호하기 위해 에너지를 안으로 쏟는다고 한다. 그러다가 마치 집 안에 갇힌 아이들이 결국 뒷문으로 빠져나가듯이, 갇혀 있던 에너지가 종종 한 사람 또는 장소나 물건에 기착해서 물불을 가리지 못하게 된다. 이렇게 지독한 사랑에 빠지는 이유는 실제로 상대방보다는 그동안 얼마나 오래 사랑을 보류했는지와 더 깊은 관계가 있다.

영화와 소설에서 자주 이러한 종류의 사랑을 볼 수 있다. 전형적인 영화로는 댄스홀의 무희와 사랑에 빠지는 교수를 그린 〈블루 엔젤The Blue Angel〉을 들 수 있다. 또한 헤르만 헤세의 《황야의 이리Steppenwolf》라는 소설은 매우 내성적인 한 신사가 도발적인 젊은 무희와 그녀를 둘러싼 정열적이고도 감각적인 무리를 만나면서 겪는 이야기다. 두 경우에서 주인공들은 그들의 직관적이고 내성적인 자아가 거부해왔으며 실제로 경험해보지 못했던 사랑, 섹스, 마약, 질투, 폭력이 난무하는 관능적이고도 자극적인 세계에 속수무책으로 빠져든다. 여성들도 역시 그런 경험을 한다. 제인 오스틴이나 샬럿 브론테의 소설을 보면 조심스럽고 내성적이며 책 읽기를 좋아하는 여성들이 사랑의 용돌이에 휩싸인다.

내성적인 사람도 사회적 존재이다. 자신을 보호하려는 충동이 아무리 강해도 다른 사람들을 필요로 하고 연결되기 바라는 무의식적인 욕망은 피할 수 없다. 다행히 일단 밖에 나가서 몇 차례 사랑을 해보면 아무도 완벽하지 않다는 것을 알게 될 것이다. 흔히들 바다에는 다른 고기들이 얼마든지 있다고 말한다. 지독한 사랑에 빠지지 않으려면 세상을 좀 더 경험하면서 어떤 사람들이 실제로 자신을 편안하게 해주는지 알아볼 필요가 있다. 당신이 경험한 극적인 사랑이나 우정을 돌아보자. 오랫동안 혼자 떨어져 지낸 이후가 아니었는지.

또 다른 방식의 지독한 사랑은 자신의 영적인 동경심을 다른 사람에게 투사하는 경우이다. 사랑하는 사람을 성스러운 존재로 착각하는 것은 그 사람과 직접 만나서 함께 지내다 보면 바로잡힐 수 있다. 하지만 그럴 수 없을 경우에는 의외로 오래 지속되기도 한다. 그러한 사랑은 뭔가 아주 근원적인 것임에 틀림없다. 융 학파가 말하듯이, 우리는 각자 가장 깊은 내면의 장소로 자신을 인도해주는 내조자를 가지고 있다. 하지만 우리는 그 내조자를 잘 인식하지 못할 수 있고, 종종 그러한 내조자를 필요로 하는 간절한 마음을 다른 사람에게 투사할 수도 있다. 융 학파는 이러한 내조자가 남성에게는 보통 여성성anima으로, 여성에게는 남성성animus으로 존재한다고 말한다. 우리는 자신을 천국으로 데려다 줄 것 같은 내면의 여성성이나 남성성과 사랑에 빠지는 것이다. 하지만 인간은 세속적이고 감각적인 천국을 함께 나누길 바라는 육체적인 인간에게서 그러한 여성성이나 남성성을 찾는다. 내 말을 오해하지 않기를 바란다. 육체와 관능은 모두 좋은 것이다. 단지 우리가 내면적으로 추구하는 목표를 대신할 수 없을 뿐이다.

◇ 과거의 결핍을 채우려는 사랑

앞서도 말했듯이, 매우 민감한 사람들이 사람이나 사물을 대하는 방식은 어린 시절 첫 보호자와의 애착형에 의해 크게 좌우된다. 인구의 50~60퍼센트의 사람들만이 어린 시절 안정 애착이 되므로(실로 충격적인 통계이다.), 가까운 관계에 대해 지나치게 조심스러워하거나 지나치게 강렬한 감정을 갖는다고 해서 비정상적이라고는 볼 수 없다.

종종 불안정 애착 유형의 사람들은 상처를 받지 않으려고 일부러 사랑을 피하기도 한다. 아니면 시간 낭비에 불과한 것처럼 생각하고, 사랑에 대한 자신의 관점이 다른 사람들과 어떻게 다른지 생각하려 하지 않는다. 하지만 아무리 무심한 척해도 언젠가는 다시 사랑을 원하게 된다. 애착을 감수할 정도로 안전하게 보이는 대상이 나타나는 것이다. 아니면 누군가에게서 과거에 잠깐 위안을 받왔던 사람을 기억나게 하는 점을 발견하게 된다. 그래서 내부의 무언가가 간절하게 다시 한 번 그런 기회를 원하게 되는 것이다. 그러면 갑자기 애정을 느낀다. 엘렌이 그랬다.

엘렌은 조각가였고 남편이 자신을 좋아하는 만큼 그에게 강한 애정을 느껴본 적이 없었지만 웬만큼 행복한 결혼 생활을 하고 있다고 생각했다. 하지만 몇 년에 걸쳐 완성한 대형 조각 작품을 떠나보내던 날 이상하게 허전한 감정이 들었다. 그녀는 그런 감정을 누군가와 좀처럼 이야기하지 않았지만, 어느 날 긴 은빛 머리를 틀어 올린 어떤 연상의 건장한 여성에게 털어놓게 되었다.

그때까지 엘렌은 마을 사람들이 다 괴팍하게 생각하는 그 여자를 눈여겨본 적이 없었다. 하지만 그 여인은 상담 교육을 받았고 따뜻하게 귀 기울이는 법을 알고 있었다. 다음 날 엘렌은 하루 종일 그 여자에 대해 생각하고 있는 자신을 발견했다. 다시 그녀를 만나고 싶었다. 그 여자는 매혹적인 예술가를 친구로 두는 것을 자랑스럽게 생각했고, 그들의 관계는 무르익었다. 하지만 엘렌에게 그것은 우정 이상이었다. 이상하게 절실한 갈망이었다. 놀랍게도 그들은 성적인 관계로 발전했고 엘렌의 결혼 생활은 점점 엉망이 되어갔다. 남편과 아이들을 위해서 그녀는 그 관계를 끝내고 싶었지만 할 수 없었다. 도저히 불가능했다.

1년 동안 세 사람 사이에 일어난 험악한 일들을 겪고 나서야 엘렌은 상대 여성에게서 참을 수 없는 결점들을 발견하기 시작했다. 무엇보다 그녀는 성격이 과격했다. 그로 인해 그들의 관계는 끝났고 엘렌은 다시 결혼 생활로 돌아갔다. 하지만 그녀는 심리 치료를 받기 전까지는 자신에게 왜 그런 일이 일어났는지 이해할 수 없었다.

그녀는 자신의 어린 시절을 탐색해보는 과정에서 어머니가 너무 바빠서 아이들을 돌볼 시간이 없었다는 사실을 알았다. 엘렌은 계속해서 보모들 손에 키워졌다. 엘렌은 노스 부인이라는 사람을 기억해냈다. 그녀는 나중에 엘렌의 첫 주일학교 교사가 되기도 했다. 노스 부인은 특별히 친절하고 다정했다. 실제로 어린 엘렌은 노스 부인을 하느님처럼 생각했다. 그리고 노스 부인은 은빛 머리를 길러서 쪽을 지고 다니던 건장하고 수수한 여인이었다.

성장기의 엘렌에게는 무의식적으로 몇몇 프로그램이 주입되었던 것이다. 첫째, 그녀는 보모들이 너무 자주 바뀌었기 때문에 누군가에 대한 애착을 회피하도록 주입되었다. 한편으로는 마음속 깊은 곳에, 노스 부인 같은 사람을 찾으면 어릴 때 그녀와 함께 보내던 시절로 다시 돌아가게끔 주입된 것이다.

우리 모두에게는 어떤 식으로든 프로그램이 주입된다. 그로 인해 자신을 사랑하고 보호해주기로 약속한 친절한 사람을 기쁘게 하고 그에게 매달리거나, 완벽한 보호자를 찾아서 전적으로 숭배하거나, 누군가에게 애정을 느끼는 것을 지나치게 조심하거나, 자신을 원하지 않았거나(이번에는 자신을 좋아하게 만들 수 있는지 보기 위해) 과보호를 했던 사람과 비슷한 타입에게 애착을 느끼거나, 아니면 자신이 어릴 때 좋아하던 사람을 닮은 안전한 피신처를 발견하려고 한다.

자신의 연애 경험을 돌아보자. 어린 시절의 애착 유형에 비추어 이해해보자. 혹시 어린 시절에서 비롯된 애정 결핍은 아닌가? 그러한 애정 결핍은 성인 사이의 정상적인 관계로 채워져야 한다. 어린 아이처럼 매달리는, 예를 들어 상대방을 항상 곁에 두려고 하는 사람에게는 과거에 해결되지 않은 문제가 남아 있는 것이다. 심리치료를 통해 잃어버린 것을 깨닫고 남은 감정을 애도하며 압도적인 감정을 조절하는 법을 배울 수 있다.

◇ 사랑을 싹트게 하는 요소

사랑과 우정에 대한 수백 가지 설명을 연구하면서 나는 가장 공통적인 두 가지 주제를 발견했다. 첫째, 사랑에 빠진 사람은 분명 상대방이 지닌 어떤 점들을 아주 좋아했다. 둘째, 큐피드의 화살은 보통 상대가 자신을 좋아한다는 것을 아는 순간에 그들의 갑옷을 관통했다. 이 두 가지 요인, 즉 상대방의 특별한 점을 좋아하고 상대방이 자신을 좋아한다는 사실을 아는 것은 세상 사람들이 서로를 동경하고 누군가 사랑을 고백해주기를 기다리면서 방황하는 이미지를 떠올리게 한다. 매우 민감한 사람들은 이 이미지를 마음에 두고 있는 것이 중요하다. 왜냐하면 사랑 고백을 하거나 받는다는 것은 극도의 긴장을 유발하는 사건이기 때문이다. 하지만 누군가와 가까워지고 싶다면 고백을 해야 한다. 용감하게 다가가서 말을 걸어야 한다. 프랑스 작가 시라노 드베르주라크Cyrano de Bergerac도 용감하게 사랑을 고백했다.

한 남자가 바람에 위태롭게 흔들리는 산골짜기의 다리 위에서 어느 매력적인 여성을 만난다. 또는 개울 위 30센티미터 높이의 튼튼한 목조 다리 위에서 같은 여성을 만난다. 어떤 곳에서 남자는 여자에게 좀 더 로맨틱하게 끌리게 될까? 내 남편과 지금은 사회심리학자로 유명한 한 동료가 실험한 결과에 의하면, 위태롭게 흔들리는 다리 위에서 훨씬 더 사랑에 빠질 확률이 높다고 한다. 또 다른 연구에서도 어떤 식으로든 긴장을 하면 누군가에게 연애 감정이 생기기 쉽다는 결과가 나왔다.

적당한 사람이 가까이 있을 때, 어떤 긴장감이 그에게 끌리도록 만드는 이유에 대한 몇 가지 이론이 있다. 우선, 우리는 항상 긴장감의 원인을 무언가에 돌리고 싶어 하는데, 특히 누군가에게 끌리는 감정으로 돌리는 경향이 있다는 것이다. 둘째, 견딜 만한 수준의 긴장감은 우리 마음속에서 자기 확장과 흥분으로 연결되며, 그로 인해 누군가에게 호감을 갖게 된다고 한다. 이러한 발견은 특히 매우 민감한 사람들과 좀 더 관계가 있다. 우리는 다른 사람들보다 쉽게 긴장을 하므로 좋은 사람과 함께 있을 때 좀 더 쉽게, 그리고 강하게 사랑에 빠지게 된다.

자신의 연애 경험을 돌아보자. 사랑한 사람을 만나기 전 또는 만나고 있는 동안 긴장감을 느끼게 만든 일이 있었는가? 어떤 시련을 함께 겪은 사람에게 강한 애착을 느낀 적이 있는가? 또는 위기나 고통을 해결할 수 있도록 도와준 의사나 심리 치료사, 가족 또는 친구에게 애정을 느꼈는가? 흔히 처음 겪는 일이 많이 생기는 고등학교와 대학 시절의 사랑과 우정에 대해 생각해보자.

사랑에 빠지는 또 다른 이유는 자의식 때문일 수 있다. 예를 들어, 한 연구에 의하면 열등감이 있는 여학생들이 자신감에 찬 여학생들보다 남자에게 좀 더 잘 끌린다고 한다. 마찬가지로 사람들은 특히 시련을 겪은 후에 사랑에 빠지기 쉽다. 앞에서 강조했듯이, 매우 민감한 사람들은 우리 사회가 추구하는 이상형이 아니기 때문에 열등감을 느낄 수 있다. 때로 누군가 자신을 원하기만 해도 다행이라고 생각한다. 하지만 그런 식으로 시작된 사랑은 실패할 수 있다. 뒤늦게 사랑하는 사람이 자신보다 훨씬 못하거나 자기 타입이 아니라는 사실을 깨닫게 될 수 있다. 자신의 연애 경험을 돌아보자. 열등감이 한몫하지 않았는가?

물론 주된 해결 방법은 자신의 민감성에 관련된 과거 경험을 재구성한 뒤 자존심에 상처를 받은 사건들에 대한 내면 작업을 통해 스스로의 방식으로 바깥세상에 나가서 아무런 문제가 없다는 사실을 확인함으로써 잃어버린 자신감을 되찾는 것이다. 아마 자신이 민감하기 때문에 깊이 사랑하는 사람들이 얼마나 많은지 알면 놀랄 것이다.

우리는 혼자가 되고, 지나치게 긴장하거나 낯설거나 뜻밖의 상황과 마주치는 것이 두려워 가까운 관계를 만들고 계속 유지하고 있는지도 모른다. 그래서 대학생 가운데 3분의 1가량이 집에서 떠난 첫해에 연애를 한다는 조사 결과가 나오는 것 같다. 사람은 함께 있을 때 좀 더 안전하게 느끼는 사회적 동물이다. 하지만 혼자가 되는 것이 두렵다고 해서 아무하고나 사귈 수는 없는 일이다. 상대방이 언젠가 눈치를 채고 상처를 받거나 아니면 거꾸로 이용을 당할 수도 있는 것이다. 서로를 위해 그런 일은 바람직하지 않다. 그렇다면 당신의 연애 경험은 어떠했는가? 혼자가 되는 것이 두려워서 사랑을 했는가? 나는 적어도 한동안은 연인이 없어도 견딜 수 있어야 한다고 믿는다. 그렇지 않으면 정말 좋아하는 사람을 기다릴 수 없다.

혼자 지내지 못한다고 해도 부끄러워할 일은 아니다. 어떤 사건이나 누군가에 의해 자신감을 키우지 못했을 수도 있다. 하지만 홀로서기를 위해 노력하는 것이 현명하다. 그렇다고 해서 완전하게 혼자가 될 필요는 없다. 친한 친구, 다정한 가족, 가끔 집에 찾아오거나 함께 영화를 보러 갈 수 있는 동료, 충직한 개, 귀여운 고양이 등 다른 곳에서도 얼마든지 위안을 찾을 수 있다.

◇ 결정적인 순간에 숨지 말자

매우 민감한 사람들은 특히 깊은 우정의 장점을 과소평가하면 안 된다. 우정은 연인 관계처럼 강렬하거나 복잡하거나 독점적이지 않다. 헤어졌다가도 다시 만날 수 있다. 짜증스러운 버릇도 아마 평생을 두고 관대하게 봐줄 수 있을 것이다. 때로 우정이 연인 관계로 발전할 수도 있다. 우정 또는 가족 관계를 깊이 하고 싶다면 사람들이 사랑에 빠지는 이유를 약간 활용하자. 상대방에게 좋아한다고 말하자. 그리고 강렬한 경험을 함께하기를 주저하지 말자. 함께 시련을 겪고, 계획을 세우고, 같은 편이 되자. 가끔 점심을 함께하는 것으로는 가까워지기 어렵다. 경험을 함께 나누는 과정만이 서로를 드러나게 된다. 그 과정을 통해 서로를 알고 이해한다면 빠르게 가까워질 수 있다.

실제로 종종 민감하지 않은 사람들이 우리를 좋아한다. 한때 내 친구들은 외향적이고 그다지 민감하지 않은 사람들이 대부분이었는데, 그들은 은둔 작가인 나를 알고 지내는 것을 다 자랑스러워하는 듯했다. 그들은 훌륭한 친구들이었고 내가 직접 마주할 수 없는 세상을 경험할 기회를 안겨주었다. 하지만 여러 가지 이유에서 매우 민감한 사람끼리도 어울릴 필요가 있다.

비슷한 성향의 매우 민감한 사람을 만나고 싶다면 지금 사귀는 외향적인 친구들에게 당신과 비슷한 사람들을 소개해달라고 하거나 매우 민감한 사람들이 모일 수 있는 장소를 찾아보자. 매우 민감한 사람들은 성인교육 과정, 교리 공부, 심리학 강의, 시 낭송회, 음악회, 오페라나 발레 공연 등에 자주 간다. 일단 다른 매우 민감한 사람을 찾았다면 그 장소의 자극에 대해 이야기를 꺼냄으로써 자연스럽게 대화를 이어갈 수 있다. 그리고 밖으로 나가 산책을 하거나 조용한 장소를 찾아 서로에 대해 좀 더 알아보자.

앞서도 말했듯이 매우 민감한 사람들은 가까운 사람들을 필요로 하고, 또 서로 잘 지낼 수 있다. 하지만 자꾸 내성적이 되려고 하는 성향을 경계해야 한다. 우리는 종종 다음과 같은 줄다리기를 벌인다.

당신은 사람들을 원하고 가까이 와달라는 신호를 보낸다. 그러면 누군가가 거기 반응한다. 그는 당신을 좀 더 만나고, 알고 싶어 하며 육체적인 접촉을 원할지도 모른다. 그러면 당신은 뒤로 물러난다. 상대방도 잠시 기다리다가 역시 뒤로 물러난다. 당신은 혼자가 되고 다시 신호를 보낸다. 그럼 그 사람이나 다른 사람이 다시 시도를 한다. 당신은 매우 기뻐한다. 그것도 잠시, 그리고 다시 부담을 느낀다. 두 사람은 줄다리기를 벌이다가 지쳐버린다. 적당한 거리를 유지하기가 불가능해 보인다. 아니면 상대방에게 맞추어 주려고 하다가 스스로를 돌보지 못하게 된다. 반대로 자기 고집만 부리다가 종종 사랑 표현이나 화해를 하지 못한다.

한 가지 해결책은 자신과 비슷한 사람을 만나는 것이다. 하지만 이 경우에는 두 사람이 너무 멀찌감치 떨어져 있을 수 있다. 반면 좀 더 적극적이고 활발한 사람과 만나면 따라가기가 힘들지도 모른다. 어느 쪽이 나은지는 잘 모르겠지만, 매우 민감한 사람일수록 계속 사람들을 만나서 줄다리기를 해봐야 한다. 시간이 가면서 상대방과 필요한 거리를 유지하는 요령을 터득하게 될 것이다.

◇ 민감한 사람들끼리의 만남

매우 민감한 사람들끼리 만나면 유리한 점이 있다. 적어도 서로를 이해함으로써, 지나친 자극이나 혼자 보내는 시간을 놓고 갈등하는 일이 거의 없을 것이다. 아마 비슷한 취미를 갖고 있을지도 모른다.

단점은 예를 들어, 낯선 사람에게 길을 물어보거나 쇼핑을 한나절씩 해야 하는 일이 생기면 서로에게 미룰 수 있다. 그리고 두 사람이 서로 거리를 두려고 하면 더 이상 가까워질 수 없다. 원한 관계로도 만족할 수는 있지만 남들 눈에는 무미건조하게 보일 수 있다.

하지만 그것은 사실 당사자들의 문제이다. 두 사람이 행복하다면 반드시 친밀하고 열정적인 사랑을 나누어야 한다는 법은 없다.

일반적으로 두 사람이 성격이 비슷하면 서로를 잘 이해하고 갈등할 일이 없다. 함께 있으면 지루해질 수는 있지만, 상대방을 안전하고 조용한 항구로 삼아서 각각 안팎으로 여행을 할 수가 있다.

그리고 돌아와서 각자의 흥미로운 경험을 공유할 수 있다.

◇ 민감하지 않은 상대를 만났다면

이런 경우에는 시간이 갈수록 두 사람의 차이점이 점점 더 커지기 쉽다. 만일 어느 한쪽이 지도 읽기나 금전 관리를 더 잘한다면 항상 상대방 몫까지 맡아서 하게 될 것이다. 문제는 혼자서 지도를 보거나 돈에 관련된 일을 해야 할 때 바보처럼 느껴지고 속수무책이 된다는 것이다. 따라서 각자가 맡아서 할 부분을 결정해야 하는데, 이때 자존심과 성에 대한 고정관념이 개입된다. 일반적으로 남자는 남자들이 하는 일을, 여자는 여자들이 하는 일을 잘 못하면 미안하게 느낄 수 있다. 아니면 나와 우리 남편처럼 그러한 고정관념을 불편하게 느낄 수도 있다.(나는 타이어 갈아 끼우는 법을 알고 싶어 하고, 그는 기저귀 가는 법을 알고 싶어 한다.)

우리의 특성으로 말하자면, 두 사람 가운데 조금이라도 덜 민감한 쪽이 긴장을 유발할 수 있는 일을 맡아서 하면 된다. 그러면 두 사람 모두에게 이로운 점이 있다. 한 사람은 도움이 될 수 있어서 좋고, 다른 사람은 도움을 받을 수 있어서 좋다. 실제로 덜 민감한 쪽은 자신이 절대 필요하다는 자부심을 느낄 것이다.

한편 좀 더 민감한 쪽은 세심한 감성이 필요한 일들을 맡아서 하면 된다. 독창적인 생각을 해내고, 삶의 의미를 추구하고, 속 깊은 대화를 나누고, 아름다움을 감상하는 일 따위는 겉으로는 덜 중요하게 보일 수 있다. 만일 두 사람 사이가 좋다면 그것은 아마 덜 민감한 쪽이 좀 더 민감한 쪽의 특성을 소중히 생각하고 필요로 하기 때문일 것이다. 그런 특성이 없으면 현실 생활이 무의미하게 느껴지고, 일의 능률이 떨어질지도 모른다. 그래서 좀 더 민감한 쪽은 그런 상황을 감지하고 우월감을 느낄 수도 있다.

오랜 세월 함께한 관계에서는 양쪽 모두 자신이 맡아서 하는 일에 아주 만족할 수 있다. 반대로, 특히 생의 후반부에 한 사람이나 양쪽 모두 불만이 생기기도 한다. 완전해지고 싶고 또 다른 생활 방식을 경험해보고 싶은 마음이 말썽 없이 무난히 지내고 싶은 마음보다 강해질 수 있는 것이다. 게다가 오랜 결혼 생활을 통해 상대에게 너무 의지하고 살다 보면 다른 존재 방식을 선택할 여지가 없어진다. 그래서 상대방이 떠나면 더 이상 살아남을 수 없을 것처럼 느낀다. 그때 그들을 연결하고 있는 것은 더 이상 사랑이 아니라 다른 대안이 없기 때문일 수도 있다.

해결책은 분명하지만 쉽지는 않다. 두 사람은 한동안 생활이 전처럼 편안하지 못하다고 해도 상황을 변화시켜보자고 합의해야 한다. 좀 더 민감한 쪽은 새로운 일에 도전해서 책임을 지고 때로는 혼자서 해야 한다. 덜 민감한 쪽은 상대방의 '정신적' 도움 없이 삶의 의미를 찾고 섬세한 부분들을 인식하고 접해보아야 한다. 이때 두 사람은 서로의 일에 참견하지 말고 옆에서 코치만 해준다.

가장 훌륭한 역할은 옆에서 든든한 버팀목으로 남아 있는 것이다. 또는 한동안 상대방이 없는 척할 수 있다. 그러면 서툴러도 부끄러워하지 않고 꾸려나갈 수 있을 것이다. 그러다가 필요하면 상대방에게 물어보고 도움을 받으면 된다.

앞에서는 덜 민감한 파트너나 친구를 만나서 위안을 얻을 수 있다는 것을 알았다. 하지만 당신이 지나치게 자극을 받고 있다는 사실을 몰라줄 때도 종종 있을 것이다. 두 사람이 같이 있을 때 상대방은 계속 기분이 좋은데, 당신에게는 문제가 생기는 것이다.

"그냥 하면 된다"라거나 또는 "재미를 놓치지 말라"고 말하는 호의적인 요구에 우리는 어떻게 대응해야 할까? 나 자신도 처음에는 우리 가족과 함께 살던 어린 시절에, 그리고 나중에는 남편과 함께 지내면서 그런 어려움을 겪었다. 내가 함께 어울릴 수 없기 때문에 다른 사람들까지 계획했던 일을 하지 못하게 되면 미안해진다. 그렇다고 나를 빼놓고 자기들끼리 가버리면 야속하게 느껴진다. 어떻게 해야 할까? 민감한 특성에 대해 잘 알지 못했을 때 나는 보통 다른 사람들을 따라갔다. 그러면 때로는 그럭저럭 버텼고, 때로는 고통스러웠으며, 때로는 끝내 병이 났다.

우리 아들이 아이였을 때 1년간 유럽에서 지낸 적이 있다. 그곳에서 친구들과 몇 주일 동안 여름휴가를 떠났는데, 첫날은 파리에서 지중해 연안까지 차를 타고 가서 동쪽으로 리비에라를 따라 이탈리아에 가기로 했다. 하지만 유럽의 관광객들 사이에 끼게 되리라고는 예상하지 못했다. 우리는 차가 밀리고 여기저기 경적이 울리고 오토바이가 부르릉거리는 골목을 누비고 다녔다. 그러다가 예약도 하지 않고 돈도 별로 없었지만, 리비에라의 꿈을 실현시켜 줄 어느 마을에서 쉬기로 하고 호텔을 잡았다. 우리 아들은 나를 침대 삼아 몇 시간을 잘 놀더니 피곤해져서 칭얼거리고 떼를 쓰기 시작했고 마침내 악을 쓰면서 울었다. 해 질 녘에는 별로 즐겁지가 않았다.

일단 호텔 방에 들어가자 나는 쉬고 싶었고, 아이를 재워야 했다. 당시에 나는 그 상황을 특별하게 생각하지 않았다. 우리 두 사람에게 당장 무엇이 필요한지 알았을 뿐이다. 하지만 남편과 친구들은 카지노에 갈 준비가 끝난 상태였다. 매우 민감한 사람들이 흔히 그렇듯이 나는 도박을 좋아하지 않는다. 그래도 구미가 당겼지만 가겠다고 나설 수가 없었다.

나는 결국 아들과 둘이 남았다. 아들은 곤히 잠들었지만, 나는 눈을 말똥말똥 뜬 채 누워서 슬프고 외롭고 다른 사람들이 부럽다는 생각을 했으며, 낯선 곳에 혼자 있는 것이 불안했다. 사람들은 들뜬 기분으로 돌아와서 우스갯소리로 나를 달래주며 "당신도 거기 갈 걸 그랬다"라고 말했다. 나는 카지노에 가지 못했고, 잠도 자지 못했으며, 그다음에는 내가 잠을 자지 못했다는 사실이 화가 나서 잠이 오지 않았다!

긴장을 하면 걱정과 원망하는 마음이 쉽게 생기고 자리에 누워도 잠들지 못한다. 하지만 그래도 누워 있는 것이 가장 좋다. 카지노를 구경할 기회는 또 있다.

나중에 누군가를 탓하지 말고 스스로가 책임을 져야 한다. 당신이 어떻게 느끼고 무엇을 즐길 수 있는지 가장 잘 아는 것은 바로 당신이다. 만일 단지 자극이 두려워서 무언가 하기를 주저한다면 그것을 할 때 돌아오는 대가와 비교해보자. 어린 시절부터 낯선 것에 대한 지나친 두려움을 갖고 있다면 시도하는 쪽으로 무게를 실어보자. 스스로 결정하고 행동해야 한다. 만일 실패한다 해도 그것은 스스로 선택한 일이다. 적어도 시도를 해본 것으로 만족하자. 또는 너무 지쳐서 집에 있어야겠다고 생각하면 깨끗이 포기하고 후회하지 말자. 다른 사람들이라도 재미를 보게 해주자.

◇ 혼자만의 시간이 필요할 때

덜 민감한 파트너나 친구를 만났을 때 또 다른 문제는, 우리에게는 생각을 하거나 하루를 반성할 혼자만의 시간이 더 많이 필요하다는 점이다. 그러면 상대방은 거부당한 느낌을 받거나 아니면 함께 있겠다고 조를 것이다. 따라서 왜 휴식이 필요한지에 대해 분명히 밝혀두자. 언제 다시 만나자고 말하고, 그 약속을 꼭 지키자. 어쩌면 함께 조용한 휴식을 취할 수도 있을 것이다.

만일 혼자 있겠다는 것을 상대방이 불만스러워하면 이 문제에 대해 좀 더 깊이 토론할 필요가 있다. 상대방은 당신이 경험하고 필요로 하는 것이 다르다는 사실을 모를 수 있다. 따라서 그가 무슨 말을 하고 어떻게 느끼는지를 들어보자. 아니면 두 사람이 서로 다르다는 사실을 부정하고 싶어 할지도 모른다. 또는 당신에게 어떤 문제나 결점 또는 병이 있는 것은 아닌가 걱정할 수도 있다. 또한 민감한 특성 때문에 어떤 모험을 함께할 수 없다는 사실에 실망하기도 한다.

그럴 때는 상대방에게 겸손하고 재치 있는 말로 자신이 가진 특성의 장점에 대해 상기시켜주면 도움이 될 것이다. 그렇다고 민감성을 변명으로 이용하지는 말아야 한다. 자신을 안심시키고 편안하게 해주는 사람과 함께 있으면 자극이 심해도 견딜 수 있다. 때로는 파트너나 친구와 함께 어울리기 위해 노력할 필요가 있다. 노력을 해도 안 될 때는 적어도 자신의 한계를 보여줄 수 있다. 각자가 상대방의 적정 긴장 수준을 알고 존중해주면 좀 더 행복하고 건강한 관계가 유지될 것이다.

◇ 솔직한 대화가 갈등을 막는다

대체로 민감성은 가까운 사람과의 대화를 크게 향상시킬 수 있다. 우리는 미세한 신호와 분위기, 역설, 모순, 무의식적 행동 등을 눈치 빠르게 알아차린다. 우리는 솔직한 대화가 인내심을 요구한다는 것을 이해하고, 가까운 관계의 가치를 충분히 인식하므로 거기에 기꺼이 시간을 낸다.

문제는 항상 그렇듯이 긴장이다. 긴장을 하면 사랑하는 사람들을 포함해서 주변의 모든 것에 무심해질 수 있다. 그럴 때는 상대방에게 "나는 단지 너무 지치고 당황스러울 뿐"이라고 설명하자. 그래도 어떤 도움을 줄 수 없거나 주어진 역할을 다할 수 없는 일이 생길 때는 가능하면 미리 알려주는 것이 도리다.

매우 민감한 사람들이 불쾌한 긴장을 피하려고 하는 것은 잘못일지 모른다. 대부분의 사람들, 특히 매우 민감한 사람들은 분노, 대립, 눈물, 근심, 싸움, 실망, 강요된 변화, 실수에 대한 비난뿐 아니라, 수치를 당하거나 다른 누군가를 비판 또는 모욕하는 것 등을 두려워한다.

우리는 책, 경험, 어쩌면 관계 상담 등을 통해 사람들과 관계를 유지하려면 어떤 식으로든 대화가 필요하다는 것을 이성적으로는 안다. 하지만 아무리 잘 안다고 해도 막상 감정을 표현할 때가 되면 마음처럼 되지 않는다. 우리의 직관이 항상 한발 앞서 나가 불쾌한 상황을 상상하고 미리 겁을 먹는 것이다.

두려움을 해결하는 방법에는 크게 두 가지가 있다. 첫째, 자신이 상상하는 결과를 의식하면서 또 다른 가능성도 함께 상상하는 것이다. 예를 들어 갈등이 해결된 후에는 어떻게 될지, 또는 만일 문제를 그대로 두면 어떻게 될지 상상해보자. 둘째, 자신이 솔직해질 수 없는 이유에 대해 상대방과 상의해볼 수 있다. "나는 이런저런 이야기를 당신에게 하고 싶지만, 당신이 이런저런 반응을 보일까 봐 털어놓을 수가 없다"라고 말하면 서로 대화를 나누는 방법에 관해 합의를 할 수 있다.

◇ 말다툼이 일어났을 때

둘 중에 한 사람이나 아니면 양쪽 모두 민감할 경우에는 가장 긴장된 대화, 즉 보통 말다툼이 일어날 경우에 대비해서 어느 정도 기본적인 원칙들을 정해둘 필요가 있다. 적어도 함부로 욕을 하거나 상대방의 과거 또는 두 사람이 안전하고 가깝게 느꼈을 때 함께 나눈 비밀스러운 이야기들을 들추어내지 말아야 한다. 그리고 지나친 긴장을 해소하기 위한 두 사람만의 규칙을 정해두자. 그 한 가지가 휴전이다.

말다툼을 하다가 도중에 걸어 나가는 일은 없어야 한다. 하지만 어느 한쪽이 정말 코너에 몰리면 자포자기하고 그 상황에서 벗어나고 싶어진다. 아무리 말을 해도 먹혀들지 않는 것 같거나 아니면 자신의 불쾌한 면을 돌아보고 죄의식을 느낄 수도 있다. 이럴 때는 잠시 물러나서 다 연민을 보이고 더 이상 다그치거나 창피를 주지 말아야 한다. 코너에 몰린 사람은 여전히 억울하게 느끼기도 한다.

말이 너무 빨라지고 격해지면 서로 무슨 말을 해도 들리지 않는다. 화가 머리끝까지 나면 자리를 뜨는 것이 안전한 방법일 수 있다.

매우 민감한 사람들은 가끔 말다툼을 하다가 너무 긴장한 나머지 돌이킬 수 없는 상황으로 치닫기도 한다. 불평을 이성적으로 표시하지 못하면 관계가 멀어질 수밖에 없으므로 당장은 서로 힘들어도 잠시 자신을 돌아볼 시간을 갖는 것이 좋다. 휴전 시간을 갖자. 단 5분이라도, 아니면 한 시간이나 하룻밤 동안의 탈출구를 만들자. 말다툼을 보류한다는 것은 두 사람 모두에게 참기 어려울 수 있다. 따라서 도망가려는 구실이 아니라 분명히 도움이 될 수 있는 휴전 시간을 갖기로 하는 기본 원칙을 정해두자. 그러면 휴전에 동의하기가 쉬워질 것이다. 휴전 시간을 갖고 나서 돌아보면 항상 모든 것이 달라 보인다.

싸움을 해결하는 또 다른 방법은 말과 말 사이의 언어, 대화 분위기를 조성하는 방식인 메타커뮤니케이션을 긍정적으로 이끌어 나가는 것이다. 긍정적 메타커뮤니케이션은 어떤 상황과 관계없이 우리가 일반적으로 말하고 느끼는 방식에 대해 이야기하는 하는 것이다.

반대로 부정적 메타커뮤니케이션은 예를 들어, "나는 지금 당신과 이 일을 상의하고 있지만 어차피 내가 원하는 대로 할 거야" 또는 "당신은 우리가 다툴 때마다 이성을 잃는다는 것을 알고 있어?" 라는 식의 말이다. 이런 말들은 말다툼을 한층 더 격앙시키므로 조심해야 한다. 반대로 긍정적 메타커뮤니케이션은 손상될 수 있는 관계를 안전하게 감싸준다. 예를 들어, "우리 논쟁이 좀 과열된 것 같지만 나는 단지 내 의도를 알리고 싶은 것뿐이야. 나는 당신에 대해 염려하고, 당신이 나와 함께 노력하는 것을 고맙게 생각하고 있어"라는 식의 말이다.

긍정적 메타커뮤니케이션은 갈등 상황에서 중요한 역할을 한다. 서로 상대방을 배려하고 있으며, 문제가 잘 해결될 수 있으리라는 것을 상기시켜서 긴장과 걱정을 줄일 수 있다. 특히 어느 한쪽이나 양쪽이 매우 민감한 사람인 경우에 반드시 필요하다.

나는 또한 '반사적 듣기'를 제안한다. 이 방법은 내 결혼 생활을 두 차례나 구원해주었다. 사랑과 우정의 심폐 소생술이라고나 할까. '반사적 듣기'는 간단하게 상대방의 감정에 대해 들은 것을 다시 물어보는 것으로, 결국 상대방의 감정에 귀를 기울이게 된다. 하지만 생각보다는 어렵다. 이때 고자세를 취하거나 '심리 치료사처럼' 말할 수 있는데, 일방적으로 듣기만 하면 그렇게 된다. 농구 선수들이 때로 슛이나 드리블만 따로 연습하기도 하듯이 우리는 가끔씩 오로지 듣기만을 연습해서 필요할 때 사용할 필요가 있다. 따라서 한 번쯤 가까운 사람과 '반사적 듣기'를 연습해보자.

반사적 듣기에서 감정을 중요시하는 또 다른 이유는 보통 우리가 감정을 무시하면서 살고 있기 때문이다. 하지만 적어도 가까운 사이에서는 서로의 감정을 존중해야 한다. 감정은 종종 생각이나 사실을 강조하고 통제하며 혼란스럽게 만들 수 있지만, 생각이나 사실보다 더 진실하다. 일단 감정이 분명해지면 생각과 사실도 분명해진다.

어떤 갈등 상황에서 '반사적 듣기'를 한다면 언제 자신이 부당하게 행동하는지, 언제쯤 어린애 같은 욕심을 버리고 잘못된 습관을 포기해야 할지 알게 되고, 변명이나 부정 없이 비판을 듣게 되며, 지나치게 긴장하는 일이 없을 것이다. 그럼 좀 더 심오한 주제로 들어가 보자.

◇ 나의 그림자와 화해하기

6장에서 나는 융 학파의 심리학자들이 개성화 과정이라고 부르는 것에 대해 설명했다. 그것은 내면의 소리에 귀 기울이면서 각자 자신의 길을 찾아가는 과정이다. 특히 우리가 피하고 경멸하고 무시하고 부정해온 자신의 일부나 그 소리에 귀를 기울이는 것이다. 융 학파가 '그림자'라고 부르는 이 부분은 강하고 온전한 사람이 되기 위해 반드시 필요하지만, 우리는 마치 그런 부분을 인정하면 큰일이라도 나는 것처럼 반쪽 삶을 살고 있다. 예를 들어, 어떤 사람은 자신이 항상 강하다고 자부하면서 나약해지는 것을 스스로 인정하지 않는다. 역사와 소설을 보면 그런 식의 오만함으로 인해 결국 파멸의 길을 걸은 사람들이 나온다. 반대로 어떤 사람은 자기 자신은 선량한 희생양이며 다른 사람들은 악하다고 생각한다. 어떤 사람들은 사랑하는 마음을, 또 어떤 사람들은 미워하는 마음을 부정한다. 그 밖에도 여러 가지가 있다.

자신의 그림자와 화해하는 최선의 방법은 그러한 부분과 협조하는 것이다. 지금까지 나는 매우 민감한 사람들의 양심과 충직함, 직관과 통찰력을 이야기하면서 낙관적인 입장이었다. 반면에 매우 민감한 사람들은 자신의 일부를 부정하고 거부하기 쉽다. 어떤 사람은 강인하고 인내할 줄 아는 자신의 잠재력을 부정한다. 또는 무책임하고 비정한 부분을 인정하지 않는다. 다른 사람을 필요로 하거나, 혼자 있고 싶어 하거나, 공격적인 부분을 부정하기도 한다. 또는 그 모든 것을 부정하는 경우도 있다.

우리가 자신의 그림자에 대해 알기 어려운 이유는 보통 그런 부분에 그럴듯한 변명을 갖다 붙이기 때문이다. 친한 친구들은 우리의 그림자에 대해 잘 알고 있으면서도, 말하기를 주저할지도 모른다.

하지만 함께 생활을 해야 하는 아주 가까운 사이에서는 상대방의 그림자를 알면서 이야기하지 않을 수 없다. 이 과정에서 다툼이 일어날 수도 있다. 하지만 서로의 그림자에 대해 알고 그것을 감수하거나 변화시킬 수 있는 방법을 알기 전에는 정말 가까워질 수 없다.

자신의 어두운 면을 보여주는 것은 고통스럽고 수치스러운 일이다. 그렇기 때문에 우리는 가까운 사람들에게 어쩔 수 없이 드러나거나, 아니면 상대방이 자신의 '무시무시하고' 비밀스러운 부분을 알아도 떠나지 않는다는 확신이 설 때 고백을 하게 된다. 이처럼 가까운 관계는, 자신의 어두운 부분에 대해 알고 그동안 부정적 에너지로 인해 사라졌던 긍정적 에너지를 되찾아서 지혜와 완전함을 향해 가는 개성화 과정을 위해서 아주 중요하다.

● **반사적 듣기**

연습을 할 때는 시간제한을 정한다.(최소 10분에서 최장 45분) 한 사람이 하고 나서 바로 다른 사람이 하지 말고, 한 시간이나 하루의 간격을 두고 역할을 바꾼다. 만일 주제가 두 사람 사이의 어떤 갈등이나 분노에 관한 것이라면, 어떤 상황인지 먼저 토론한다. 원한다면 하고 싶은 말을 쪽지에 적을 수도 있지만 가장 중요한 것은 되물으면서 듣는 차례가 되었을 때 어떤 자세를 취할 것인지를 적는 것이다.

해야 할 것들

- ✚ 귀담아듣는 사람의 몸짓을 취하자. 팔다리를 꼬지 말고 바로 앉는다. 앞으로 몸을 숙일 수도 있다. 상대방을 바라본다. 시계를 보지 말자.
- ✚ 상대방이 표현한 감정을 되물어본다. 사실적인 내용에 대해서는 자기 차례가 되었을 때 이야기할 수 있으므로 참고 들어보자. 상대방이 하고 싶은 말을 모두 끝낼 때까지 기다리자.

예를 들어 상대방이 "나는 당신이 입은 코트가 마음에 들지 않아요"라고 말할 수 있다. 그러면 당신은 상대방이 표현한 감정에 중점을 두고 "당신은 이 코트를 **정말** 싫어하는군요"라고 되물어본다. "당신은 **이 코트**를 정말 싫어하는군요"처럼 마치 코트가 어때서 그러냐는 듯이 '이 코트'를 강조하면 안 된다. 그리고 "당신은 **내가** 이 코트를 입는 것을 싫어하는군요"라고 말해서 자신에게 초점을 맞추어서도 안 된다.(보통 방어적인 태도) 앞의 예를 좀 더 발전시켜보자. 당신이 상대방의 감정을 인정하자, 그는 "그래요, 그 코트를 볼 때마다 지난겨울이 생각나요"라고 말한다. 이 말에는 아직 별 감정이 들어 있지 않다. 그러면 당신은 좀 더 기다린다. 상대방이 말한다. "나는 그 집에 살기 싫었어요." 당신은 다시 상대방의 감정을 강조하면서 "당신은 그곳이 마음에 들지 않았군요"라고 말한다. 이때 "왜?"라고 하면 안 된다. 그리고 "나는 최대한 빨리 그곳에서 함께 나오려고 했어요"라고 해서도 안 된다.

그러면 이제 상대방은 당신이 모르고 있던 지난겨울에 관한 이야기를 들려줄 것이다. "그래요. 지금 생각해보면 나는 당신과 한방을 쓰고 있었는데도 전보다 더 외로웠어요." 상대방의 감정을 인정하면 결국 해결이 필요한 문제점들이 분명하게 드러난다.

하지 말아야 할 것들

- 질문하지 않는다.
- 충고하지 않는다.
- 자신의 유사한 경험담을 꺼내지 않는다.
- 분석하거나 해석하지 않는다.
- 상대방의 감정 외에 다른 곳에 신경 쓰지 않는다.
- 더 깊이 생각할 여유를 가질 수 있을 만큼 침묵하다가 적당한 시간에 되물어야 한다. 직감으로 시간을 조절하자.
- 상대방이 무슨 말을 하든지 변명을 하거나 당신의 입장을 이야기하지 않도록 한다. 원한다면 나중에 당신이 들은 이야기에 동의할 수 없다고 말할 수 있다. 감정으로 인해 판단이 흐려져 그다음에 오는 생각이 틀릴 수도 있지만, 감정 그 자체는 옳거나 그른 것이 아니므로 보통 서로의 감정을 존중해주면 문제가 더 이상 커지지 않는다.

◇ 가까운 관계를 통한 자기 확장

우리 인간은 성장하고 확장하려는 강한 욕구를 갖고 있는 듯하다. 영토나 재산, 힘뿐 아니라 지식과 의식과 정체성도 확장하고 싶어 한다. 그를 위한 한 가지 방법이 자기 자신 속에 다른 사람들을 포함시키는 것이다. '나'보다 좀 더 큰 '우리'가 되는 것이다.

사랑을 하면 우리 삶에 다른 사람이 들어옴으로써 신속하게 자기 확장이 이루어진다. 그러나 결혼에 대한 연구에 의하면, 결혼 후 몇 년이 지나면 두 사람의 관계가 악화되기 시작하는데, 유익한 대화가 그 속도를 늦추어주며, 앞에서 살펴본 개성화 과정이 그 속도를 좀 더 늦추거나 또는 역전시킨다고 한다. 남편과 나는 결혼생활에 대한 만족도를 증가시키는 또 다른 방법을 알아냈다. 부부와 연인들을 조사한 결과, 두 사람이 '흥미롭다'(단순한 '즐거움'이 아닌)고 느끼는 일들을 함께하면 좀 더 서로에게 만족을 느낀다는 사실을 알아낸 것이다. 이것은 당연한 듯이 보인다. 상대방에게서 더 이상 새로운 점을 찾지 못한다고 해도 새로운 일을 함께하게 되면, 그 관계와 자기 확장 사이를 연결시킬 수가 있다.

매우 민감한 사람들은 삶 자체가 이미 너무 자극적이므로 집에 돌아오면 조용한 것을 원할지도 모른다. 하지만 상대방과의 관계를 새롭게 하기 위한 노력조차 하지 못할 정도가 되어서는 안 된다. 그러자면 서로 떨어져 있을 때 다른 일로 너무 지쳐버리지 않도록 해야 한다. 조용한 음악회에 가거나, 지난밤의 꿈에 대해 이야기를 하거나, 불을 피워놓고 새로운 시집을 함께 읽는 등 긴장을 하지 않고도 자신을 확장시킬 수 있는 일들을 찾아보자. 반드시 함께 롤러코스터를 타야 할 필요는 없다.

◇ 민감한 사람들과 성

성 문제는 많은 연구가 필요하고 책 한 권을 써도 부족할 만한 주제이다. 우리 문화는 성적으로 정상인지 비정상인지에 대해 이러쿵저러쿵 말들이 많다. 하지만 그중 80퍼센트는 민감하지 않은 사람들이 하는 말이다. 그렇다면 우리에게 이상적이고 정상적인 성은 어떤 것인가? 확실하게 말할 수는 없지만, 만일 우리가 자극에 좀 더 민감하다면 성적 자극에도 보다 민감할 수 있다. 그럼 성생활이 좀 더 만족스러울 것이다. 반면에 우리는 성적 자극의 다양성을 덜 필요로 할 수도 있다. 그리고 다른 자극에 의해 지나치게 긴장하면 분명 성적 기능과 즐거움에 방해가 된다. 이제 우리의 특성에 대해 이론적, 현실적으로 충분히 알게 되었으므로, 우리의 성생활도 어떤 식으로 영향을 받을 수 있는지 짐작할 수 있을 것이다. 만일 성적으로 문제가 있다면 역시 과거의 성적 경험이나 느낌에 대해 재구성해보는 작업이 필요하다.

◇ 민감한 사람들과 자녀

아이들은 민감한 보호자 밑에서 더 잘 자라는 듯하다. 나는 매우 민감한 사람들이 자녀나 다른 아이들을 돌보면서 행복해하는 경우를 많이 보아왔다. 또한 어떤 부모들은 민감성 때문에 아이를 갖지 않거나 한 아이로 제한하고 있었다. 이 경우에는 과거에 아이들과 함께 지낸 즐겁거나 괴로운 기억이 어느 정도 작용했을 수 있다.

아이들을 키우고 싶은지에 대해 생각할 때는 당신 아이들과 미래의 가족은 좀 더 당신 마음에 들 것이라고 기대해도 좋다. 당신 아이들은 당신 유전자와 영향을 받을 것이기 때문이다. 툭하면 시끄럽게 싸우는 가족들은 적어도 그런 상태를 편안하게 느끼거나 상관하지 않는다. 당신의 가족생활은 분명 그것과 다를 것이다.

한편 아이들이 생활의 자극을 크게 증가시킨다는 사실을 부정할 수는 없다. 아이들을 키우는 일은 보람도 있지만 또한 책임감이 따른다. 아이들과 함께 세상에 나가야 하고, 유치원·초등학교·중고등학교를 찾아다녀야 하며, 다른 가족들·의사·치과 의사·피아노 교사를 만나야 한다. 사실 자녀 문제는 끝이 없다. 섹스, 마약, 운전, 교육, 직업, 결혼 등 세상 문제를 송두리째 들고 온다. 부모들은 그런 일에 신경을 쓰느라고 많은 것을 포기해야만 한다.

반드시 자녀를 가져야 하는 것은 아니다. 이 세상 모든 것을 다 가질 수는 없다. 때로 자신의 한계를 아는 것도 현명하다. 나는 종종 아이들을 갖지 않는 것이 좋다고 말하기도 한다. 그리고 또 어떤 때는 아이들을 갖는 것이 좋다고 말한다. 각각 나름대로 장점이 있는 것이다.

나의 민감함 다시 보기 7

사랑하는 사람과 함께 이해해보기

이 작업은 가까운 사람과 해야 한다. 상대방이 이 책을 읽지 않았다면 적어도 이 책의 첫 장과 이 부분을 읽어보게 하자. 만일 함께할 사람이 없다면 과거에 가까웠던 사람이나 앞으로 가까워지고 싶은 사람과 한다고 상상하자. 그러고 나서 다음 질문에 답해보자. 만일 두 사람이 모두 민감하다면 한 사람씩 답을 해보자.

1. 상대방은 당신의 민감성에서 비롯된 어떤 면에 가치를 두는가?
2. 상대방은 당신의 어떤 면을 바꾸고 싶어 하는가?
3. 당신의 민감한 특성 때문에 두 사람 모두 어떤 갈등을 겪어왔는가?
4. 상대방이 당신의 민감성을 배려해주기를, 그리고 당신이 스스로를 좀 더 보살피기를 바라는 것에 대해 이야기해보자.
5. 당신의 민감성을 변명으로 삼아서 무언가를 하지 않거나 말다툼에서 무기로 사용한 적이 없었는지 이야기해보자.
   이런 이야기를 나누다가 흥분하게 되면 앞에서 배운 '반사적 듣기'를 사용하자.
6. 당신의 가족 가운데 매우 민감한 사람이 있었는가?

그 사람과의 관계가 지금 두 사람의 관계에 어떤 영향을 미치는가? 예를 들어, 매우 민감한 어머니 밑에서 자란 남자가 민감한 여자와 결혼을 했다고 상상해보자. 남편은 민감성에 대해 어떤 선입견을 갖고 있다. 그러한 선입견을 경계하면 남자와 그 아내와 어머니 사이의 관계가 향상될 수 있을 것이다.

7. 한 사람이 좀 더 민감하고 다른 사람은 덜 민감하다고 규정함으로써 각자가 얻는 이점에 대해 이야기해보자.
   또한 현실적이고 구체적인 이점 외에 두 사람의 관계에서 당신의 재능이 필요한가? 당신은 상대방에게 자신이 없어서는 안 되는 존재라고 느끼는가? 상대방이 하지 못하는 일을 할 때 기분이 좋은가?
8. 반대로 각자 아쉬운 점을 이야기해보자. 상대방이 지금 당신을 위해 해주는 일을 스스로 할 수 있기를 바라는가? 당신이 잘하는 일을 상대방이 맡기는 것이 피곤한가? 당신이 그러한 일들을 좀 더 잘하기 때문에 상대방에 대한 존경심이 줄어드는가? 또는 상대방이 자존심에 상처를 입는가?

8장

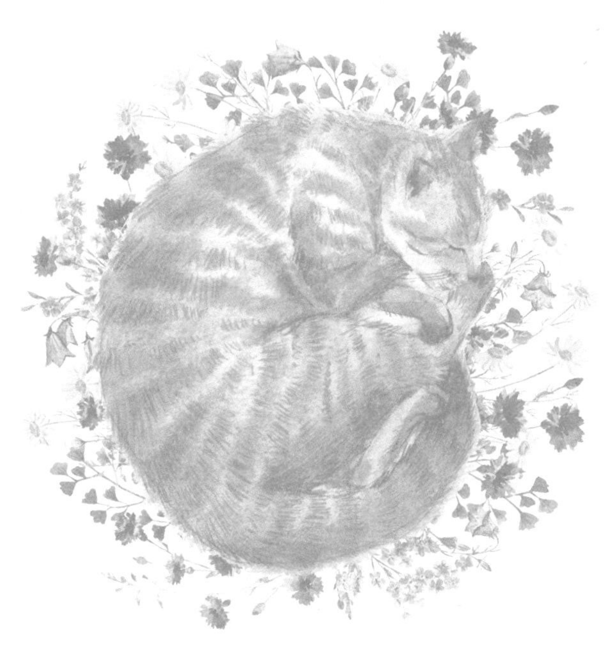

소중한 나의 특성과 더불어 살기 위한 조언

매우 민감한 사람들은 어린 시절 대체로 민감한 특성을 보호받지 못하고, 유년기와 청년기를 힘들게 보냈을 가능성이 크다. 조사 결과, 자신의 특성을 제대로 이해하고 상처를 치유하지 않은 사람들은 불안, 우울, 자살의 위험이 훨씬 높았다. 특히 현재 심각한 고민거리를 갖고 있다면 조심할 필요가 있다.

이 장에서는 과거와 현재의 어려움을 해결하는 여러 가지 방법들을 넓은 의미에서의 심리 치료적 관점에서 설명할 것이다. 또한 특별한 문제가 없는 매우 민감한 사람들을 위한 치료의 찬반론, 치료 방법, 치료사를 선택하는 법 등에 대해 설명하겠다. 어린 시절에 받는 상처에서부터 시작해보자.

◇ 다독이지 않으면 곪아터진다

나의 고등학교 시절 학급에서 놀림을 받던 드레이크라는 아이가 있었다. 지금 생각하면 민감한 아이였다. 하지만 당시 드레이크에게는 문제가 상당히 많았다. 그는 선천성 심장 질환, 간질, 각종 알레르기, 그리고 햇빛을 견디지 못하는 약한 피부를 갖고 태어났다.

운동을 하거나 실외에 나갈 수 없었던 그는 우리 사회가 정상으로 생각하는 소년들로부터 완전히 제외되었다. 자연히 책을 좋아했고 매우 관념적이었다. 또한 그 나이 또래의 소년들이 대부분 그렇듯이 여학생들에 대해서도 열심이었다. 물론 여학생들은 그와 사귀고 싶어 하지 않았다. 그의 관심을 받는 것조차 두려워했던 것 같다. 사랑을 원하는 간절한 마음이 그를 지나칠 정도로 진지하게 만들었는데, 여학생들은 그런 태도에 질색했다. 어쨌든 그는 상대를 바꾸어가면서 수줍고 열렬하게 사랑을 했고, 그 때문에 놀림거리가 되었다. 같은 반 아이들이 드레이크가 퇴짜를 맞은 연애시를 손에 넣은 뒤 전교생에게 공개적으로 읽어준 사건도 있었다.

다행히 드레이크는 영재반에 들어갔고 거기서는 좀 더 인정을 받았다. 그가 발표를 하거나 과제물을 써 오면 모두들 칭찬을 했다. 그리고 당당히 일류 대학에 전액 장학금을 받고 들어갔다. 하지만 대학 생활에 대해 그 누구보다도 두려워했던 것 같다. 대학에 가면 과거에 그의 삶을 힘들게 했던 바로 그런 또래들과 밤낮으로 함께 지내야 했기 때문이다. 하지만 대학 생활이 그에게 어떠했을까? 자신을 보호해주던 가정과 의료 기관을 떠나서 어떻게 느꼈을까? 그 답은 첫 크리스마스 휴가를 다녀온 후에 드러났다. 기숙사에 돌아간 첫날 밤, 드레이크는 목을 매어 자살했다.

우울한 이야기로 여러분을 겁주려는 것은 아니다. 드레이크는 많은 문제점을 갖고 있었다. 물론 매우 민감한 사람들이 그렇게 나쁜 종말을 맞는 경우는 드물다. 하지만 이 장이 여러분에게 실제적인 도움이 될 수 있으려면, 위안과 함께 경고도 필요할 것이다. 내 연구결과에 의하면 유년기와 청년기에 극심한 어려움을 겪은 매우 민감한 사람들의 경우, 자신의 특성과 과거를 이해하고 상처를 치유하지 않으면 불안, 우울, 자살의 위험이 훨씬 높은 것으로 나타났다. 특히 현재 심각한 고민거리를 갖고 있다면 조심할 필요가 있다. 민감하지 않은 사람들은 같은 상황에서도 미묘하고 혼란스러운 점들을 그냥 흘려보낸다. 우리의 특성은 그 자체가 결함은 아니지만 정교한 악기나 기계처럼, 또는 예민하고 혈통이 훌륭한 동물처럼 특별히 조심해서 다루어야 한다. 그리고 우리 가운데 상당수는 어릴 때 수준 이하의 보살핌을 받았다.

◇ 내게 필요한 것이 무엇인지 알아야 한다

나는 민감한 사람들의 모든 심리 상태를 성장기에 겪은 일들로 설명할 수 있다고 믿지는 않는다. 우리는 지금도 계속해서 다른 사람들, 육체적인 건강, 환경 등으로부터 영향을 받고 있으며, 우리 내면의 무언가에 의해 움직이고 있다. 적성에 대해 6장에서 말했듯이 우리 각자는 적어도 살아 있는 동안 할 일을 찾고 그 일에서 어느 정도 진전을 보여야 한다. 그리고 과거에 겪은 어떤 힘든 사건이 처음에는 방해가 되는 것처럼 보이지만, 때로는 인생의 목적에 부응하기도 한다. 아니면 인생사를 완전하게 경험하고 이해하는 것이 바로 우리 삶의 목적이라고도 할 수 있다.

나는 또한 민감한 특성을 이해하지 못하는 심리 치료사들이 저지르는 공통된 실수에 대해 지적하겠다. 그들은 우리의 '증세'를 설명할 수 있는 원인을 유년기에서 찾는다. 그들은 매우 민감한 사람들을 보면서 '아무 이유 없는' 소외감을 느끼고, '과다하게' 또는 '신경증적으로' 불안해하며, 직장에서나 가까운 사람들과의 사이에서나 성적으로 유난히 '지나치게 움츠러들어 있다'고 생각할지 모른다. 그리고 그 이유를 설명할 수 있으면 심리 치료사나 내담자 모두가 안도감을 느낀다. 사실 이런 증상들은 민감한 특성에 대한 기본적인 사실을 알고 있으면 완화되고 개선된다. 심리 치료에서는 과거의 경험을 재구성하고 우리의 특성과 더불어 사는 법을 배운다.

사람들은 말한다. "오, 이봐요! 어린 시절은 누구에게나 힘들어요. 세상에 완벽한 가정은 없어요. 알고 보면 다들 문제가 있지요. 사람들이 계속해서 심리 치료를 받는 것은 어린애 같은 짓이에요. 그들의 형제들은 같은 환경에서 자랐지만 그렇게 야단법석이지 않아요. 다들 자기 나름대로 살고 있죠."

하지만 어린 시절은 다 같지 않다. 어떤 경우는 정말 끔찍하다. 그리고 형제라고 해도 자란 환경이 서로 다를 수 있다. 통계분석을 보면 같은 가정에서 자란다고 해도 아이들에게 미친 가족 환경의 영향은 일치하지 않는다. 형제들은 각기 전혀 다른 유년기를 살아간다. 가정 안에서 각기 다른 위치에 있고, 겪는 일이 다르며, 부모가 환경과 나이에 따라 달라지기 때문이다. 게다가 우리는 아주 민감했다.

다시 말해, '같은' 유년기나 '문제가 없는' 유년기라고 해도 우리는 다른 형제나 같은 과거를 가진 다른 사람들보다 더 힘들게 보냈을 수 있다. 만일 어린 시절의 상처를 치유할 필요가 있다면 치료를 받아야 한다.

내 질문에 대한 댄의 첫 답변을 듣는 순간, 나는 그가 전형적인 매우 민감한 사람이라는 것을 알았다. 그는 매우 내성적이고 늘 혼자 있는 시간이 필요하다고 생각했다. 그리고 모든 형태의 폭력을 혐오했다. 그는 어느 비영리단체의 경리부에서 일하고 있었는데, 그곳에서 친절하고 '사교적'인 직원으로 평가받고 있었다. 하지만 그는 대부분의 직장에서 어려움을 겪었다고 했다. 그러다가 다시 그가 폭력을 싫어한다는 화제로 돌아갔다.

댄은 그의 형과 자주 싸웠다고 회상했다. 그의 형은 그를 쓰러뜨리고 두들겨 패고 발길질을 했다. 나는 다른 문제가 있지 않았는지, 그리고 왜 그의 가족들이 그러한 폭력을 방관했는지 궁금했다. 나는 그의 어머니가 그를 민감한 아이로 생각했느냐고 물었다.

"모르겠습니다. 어머니는 별로 신경을 쓰지 않으셨어요."

위험신호였다. 마치 내 생각을 읽기라도 한 것처럼 그가 말했다.

"우리 부모님은 애정 표현을 하지 않으셨어요."

나는 고개를 끄덕였다.

"사실 괴팍한 분들이셨죠. 부모님에 대한 좋은 기억이 없습니다. 안아주거나 하시는 일은 없었어요." 이어 그는 어머니의 정신병에 관해 털어놓았다. "만성 우울증에 정신 분열 증세가 있었어요. 텔레비전에 나오는 사람들과 이야기를 하셨죠." 알코올중독 증세도 있었다. 월요일에서 금요일까지는 깨어 있다가 금요일 밤부터 월요일 아침까지는 취해서 쓰러질 때까지 마셨다. "아버지도 역시 알코올중독이셨어요. 아버지는 어머니를 때리기 시작하면 제어가 되지 않았습니다."

그의 어머니는 술에 취하면 항상 그에게 같은 이야기를 반복했다. 그녀는, 자신의 어머니가 냉정하고 집에만 틀어박혀 지내는 환자였고, 보호자라고는 계속 바뀌는 하녀와 보모들뿐이었으며, 아버지가 병이 들자 하루하루 서서히 죽어가는 아버지와 단둘이 지내야 했다는 푸념을 늘어놓았다.(종종 아이를 돌보지 않는 가정사는 대물림된다.)

"어머니는 그 이야기를 하면서 우셨어요. 어머니는 착한 여자였습니다. 민감한 사람이었죠. 저보다 훨씬 더요." 그 말이 떨어지기 무섭게 그는 다시 말을 이었다. "하지만 아주 사악했죠. 항상 제 약점을 찾아냈어요. 어머니는 무섭게 간교한 면이 있었어요.(매우 민감한 사람들이 모두 성자는 아니다.)"

댄은 유일한 보호자를 위험하다고 느끼는 갈등에 빠졌다. 그는 어릴 때 옷장 속에, 욕실 세면대 밑에, 자동차 안에, 창문 옆에 숨어 있던 이야기를 했다. 하지만 그런 환경에서도 가뭄에 내리는 단비 같은 사람이 있었다. 댄에게는 친할머니가 있었다. 그녀는 지나치게 깔끔하고 엄격한 여자였는데, 남편이 죽은 후에는 손자 댄을 말벗으로 삼았다.

"어릴 때 기억 중 하나는 카드놀이를 하는 60대의 세 여자와 함께 앉아 있던 거예요. 나는 여섯 살이었고 카드를 손에 잡을 줄도 몰랐죠. 하지만 그들은 네 명이 필요했죠. 그래서 나는 그들과 카드놀이를 하면서 내가 어른스럽고 중요한 사람처럼 느껴졌고, 아무에게도 할 수 없는 말을 그들에게는 할 수 있었죠."

댄에게 할머니는 민감한 아이가 살아남기 위한 방법을 터득하는데 필요한 안전망이 되어주었다. 댄은 또한 성격이 쾌활했다. "어머니는 항상 '왜 너는 노력을 안 하니? 뭐가 되려고 그래. 넌 가망이 없어'라는 식으로 잔소리를 했죠. 나는 그런 말은 무시해버리기로 마음을 먹었습니다."

매우 민감한 사람들은 나름대로 강인한 생존자가 될 수 있다. 그리고 댄은 나머지 이야기를 해주었다.

열네 살에 댄은 직업을 구했다. 댄은 함께 일하던 남자를 존경했다. 그는 박식했고, 어른으로서 댄에게 충고도 해주었다. "나는 그를 믿었는데 결국에는 그에게 추행을 당했어요."

(다시 말하지만, 학대를 당하면 한 번으로 끝나지 않고 또 그런 일이 생기게 된다. 어린 시절 애정에 굶주린 댄은 사람들과 가까워지고 싶은 간절한 마음 때문에 위험신호를 볼 수 없었다. 게다가 그는 역할 모델이 없었기 때문에, 그리고 아무도 그를 위해 나서주지 않았기 때문에 자신을 방어할

줄도 몰랐을 것이다.)

댄은 어깨를 으쓱했다. "그래서 나는 '사람들이 아무리 나를 못살게 굴어도 견뎌낼 수 있다'는 것을 배웠습니다."

댄은 마찬가지로 붕괴되고 혼란스러운 가정에서 자란 어릴 적 여자 친구와 결혼했다. 그들은 가정환경을 극복하기로 단단히 마음먹고 양쪽 가족과 단호하게 경계선을 그으며 20년간 잘 살아왔다. "이제 나 자신을 돌보는 법을 알고 있습니다."

또한 그는 전년도에 깊은 우울증에 빠졌을 때 3개월간 심리 치료를 받으면서 자신을 돌보는 방법에 관해 많이 배웠고 많은 심리학 서적을 읽었다. 하지만 집단치료는 받지 않았다. 대부분의 매우 민감한 사람들이 흔히 그렇듯이, 그도 자신의 사생활을 낯선 사람들에게 밝히고 싶지 않았던 것이다.

"내게 필요한 것이 무엇인지 아는 것이 가장 중요합니다. 나의 민감성에 대해 알고 존중하는 거지요. 일할 때는 긍정적이고 냉철해지려고 합니다. 내가 좋아하지 않는 사람이나 쓸데없는 일에 말려들지 않으려고 조심하죠. 내 안에는 구멍이 나 있어요. 때로 계속 살아야 할 아무 이유가 없다는 생각이 들지요. 죽거나 살거나 아무 상관이 없다고 말이에요."

그리고 계속 차분한 어조로, 민감한 특성으로부터 얻는 풍요로움을 알고 있다고 말했다.

"나는 사물에 깊이 감동하지요. 그 강렬한 기쁨을 잃고 싶지 않아요." 그는 활짝 미소를 지었다. "하지만 많이 외롭습니다. 슬픈 일들이 더 많았죠. 하지만 인생에는 두 가지가 모두 있는 법이에요. 나는 어떤 영적인 해답을 추구하고 있습니다."

◇ 힘든 상황에 처해 있다면

이 장의 끝에서 우리는 각자의 유년기를 평가하고 당시에 일어난 일들을 생각해볼 기회를 가질 것이다. 4장에서 언급한 내 연구 결과를 다시 되풀이하겠다. 매우 민감한 사람들은 유년기가 힘들면 더 많은 상처를 입으며, 어른이 되어서 우울하고 불안해지기 쉽다. 또한 어떤 문제가 일찍 일어나거나 시작되었을수록, 그리고 그 문제가 중요한 보호자의 행동에 근거할수록, 그 영향이 깊고 오래 지속된다는 사실을 기억하자. 우리는 평생 자신을 참고 견뎌야 한다. 대신 우리는 아무 문제가 없다면 갖지 못했을 다른 특성들도 갖추고 있다. 예를 들어 우리는 좀 더 양심적이고, 복잡하며, 다른 사람들을 배려한다.

비록 결손가정에서 자랐다고 해도, 우리의 민감한 특성에서 오는 장점을 잊지 말자. 우리는 완전히 휩쓸리기보다는 뒤로 물러서서 곰곰이 생각하는 경향이 있다. 댄에게 할머니가 있었던 것처럼 직관적으로 어디서 도움을 받을지를 알고 있다. 일종의 보상으로 우리는 광활한 내면에서 영적인 힘을 얻는 것이다.

면담한 사람들 가운데 최고령자였던 어떤 분은, 영적인 삶을 살아갈 운명을 지닌 사람들은 어려운 유년기를 보낸다는 믿음을 갖고 있었다. 그래서 다른 사람들이 세속적인 세계에 정착하는 동안 그들은 계속해서 내면세계를 추구한다는 것이다. 내 친구 한 명은 "인간은 태어나서 20년간 교육과정을 이수하고 다음 40년간은 연구를 한다"라고 표현했다. 어떤 사람에게 그 과정은 옥스퍼드 대학원 과정만큼이나 힘들다.

우리는 내면세계에 대해 알고 싶어 한다. 무엇보다 우리는 고결하다. 어떤 순간, 어떤 상처, 어떤 사실을 대면하기가 아무리 힘들어도 계속해서 충실하게 개성화 과정에 임한다. 그러면 힘든 유년기를 보냈거나 현재 힘든 상황에 처해 있는 이들이 선택할 수 있는 방법에 대해 알아보자.

치유 방법은 '파이를 자르듯이' 여러 조각으로 나눌 수 있다. 장기간이 될 수도 있고 단기간으로 끝날 수도 있으며, 스스로 극복하거나 전문적인 도움을 받을 수도 있다. 개인 치료와 집단치료가 있으며, 혼자 하거나 가족이 함께할 수도 있다. 하지만 여기서는 인지·행동 치료, 상담, 물리치료 그리고 영적 치료 등 네 가지로 나누어서 설명하겠다.

네 가지를 모두 사용한다면 더할 나위 없이 좋겠지만, 치료사와 기본적인 생각이 서로 다르다면 시간 낭비가 될 수 있다. 그에게 네 가지를 언급하면서 개인적으로 선호하는 방법이 어떤 것인지 물어보자.

1. 인지·행동 치료

단기적인 '인지·행동 치료'는 특정한 증상을 완화시키는 것을 목적으로 한다. 이 용어는 우리의 사고방식에 관여한다는 의미에서 '인지', 우리의 행동방식에 관여한다는 의미에서 '행동'이라는 단어가 결합되어 만들어졌다. 이 방법에서는 감정과 무의식 동기는 무시된다. 모든 것이 현실적이고 합리적이며 분명하다.

우선 무엇을 치유하고 싶으냐는 질문을 받을 것이다. 일반적인 불안감이 문제라면 휴식, 또는 뇌파를 이용해 안정된 정신 상태를 얻는 바이오피드백에 대해 배우게 될 것이다. 뭔가를 두려워한다면 두려움이 사라질 때까지 아주 천천히 그 대상에 노출될 것이다. 우울하다면 '모든 것이 절망적이다. 아무도 나를 생각해주지 않는다. 실수를 저지르면 안 된다' 등의 터무니없는 믿음과 생각을 멈추는 방법을 배우게 된다.

만일 심리적으로 도움이 될 수 있다면 옷을 차려입고 외출을 하거나 친구를 사귀는 등의 구체적인 목표를 세우도록 도와줄 것이다. 그 목표를 달성하기 위해 필요한 일들과 그런 일을 하고 난 뒤 스스로 칭찬하는 법을 배운다. 그리고 직장 문제 또는 이혼이나 가족 문제로 스트레스를 받고 있다면, 좀 더 현실적이고 현명하게 헤쳐나갈 수 있는 방식으로 문제를 재구성해준다.

이러한 방법들은 그다지 심오하고 매혹적으로 보이지는 않지만 종종 효과가 있으며 시도해볼 가치가 있다. 모든 것을 바로 잡지는 못해도 도움이 될 것이다. 그리고 한 가지 문제를 해결하면 자신감이 생겨서 전반적인 생활이 개선되기도 한다. 물론 이러한 방법은 책을 통해서도 배울 수 있다. 하지만 단계적으로 세심하게 코치를 받는 것이 더 도움이 된다. 친구끼리 서로 해줄 수도 있지만 전문가들은 훨씬 더 경험이 풍부하다. 그들은 언제 한 가지 방법을 끝내고 다음 단계로 넘어가야 하는지를 잘 알고 있다.

2. 상담 치료

상담을 위주로 하는 치료는 대부분의 사람들이 '심리 치료'로 알고 있는 방법이다. 이 방법은 개인(혹은 집단)과 심리 치료사(혹은 상담자들) 사이에 이루어지는 대화와 관계를 활용한다.

수많은 이론과 기술들이 있겠지만 여기서는 일반론에 대해 이야기하겠다. 심리 치료사들은 대부분 내담자의 필요에 맞추어 여러 가지 방법들을 적절히 섞어서 사용한다. 그래도 심리 치료사에 따라 특별히 중점을 두는 방법이 있다. 어떤 사람은 함께 있는 공간을 내담자가 자신과 함께 뭔가를 탐색할 수 있는 안전한 장소로 느낄 수 있도록 해준다. 또 어떤 사람은 내담자가 유년기의 애착을 새롭게 경험하고, 미래의 가까운 관계에 기대하는 것에 대한 새로운 정신적 그림을 제공하는 특별한 장으로 만들기도 한다. 또는 과거를 애도하고 떠나보내는 것에서 의미를 찾는 장소라고 말하기도 하며, 관찰 뒤 새로운 행동을 시도하는 장소나 무의식과 좀 더 화해하는 장소라고도 표현한다.

우리는 심리 치료사와 함께 치료에 대한 느낌, 다른 사람들과의 관계, 개인의 과거사와 꿈 등 아무거나 생각나는 대로 이야기한다. 그리고 그 과정에서 드러나는 사실로부터 뭔가를 배울 뿐 아니라 스스로 그와 같은 내면 작업을 하는 법에 대해서도 배운다.

단점이라면? 심리 치료사가 경험이 부족하거나 우리의 현실적인 문제가 다른 곳에 있을 때는 끝없이 상담을 해도 답이 나오지 않을 것이다. 심리 치료사는 자기 자신의 문제점에 대해 잘 알고 있어야 한다. 심리 치료사와의 관계와 기존의 관계들까지 모두 섭렵하려면 몇 년이 걸릴 수 있다. 하지만 때로 단 몇 달 만에 커다란 진전을 볼 수도 있다.

3. 물리치료

물리치료에는 운동, 영양, 음식 알레르기, 지압, 향기 치료, 마사지, 태극권, 요가, 근육 마사지, 생체 에너지, 댄스, 모든 종류의 명상법이 있으며, 항우울제와 항불안제 등의 약물 치료가 포함된다. 몸이 변하면 마음도 변한다. 물리치료에서 사용하는 약물들은 특히 이런 효과를 겨냥하고 있다. 또한 수면, 운동, 영양, 환경, 성호르몬 등의 상태를 조절하면 뇌에, 즉 우리의 생각에 영향을 줄 수도 있다. 반대로 명상을 하거나, 친구와 만나서 고민을 털어놓거나, 편지를 쓰는 등으로 마음에 변화를 주면 몸이 변화하기도 한다. '대화법'은 우리의 뇌를 변화시킨다. 지금까지 설명한 세 가지 형태의 치료, 즉 인지·행동 치료와 상담 치료, 물리치료 등은 우울증 치료에 효과적인 것으로 알려져 있다. 우리는 이 가운데 하나를 선택할 수 있다.

4. 영적 치료

영적 치료는 자신과 자신이 살고 있는 세계의 비물질적인 면을 탐색하는 것을 의미한다. 영적 접근법은 우리에게 위안을 주며, 우리가 보고 있는 것 이상의 삶이 있다고 말해줌으로써, 이 세상에서 받은 상처를 치유하고 좀 더 견딜 만하게 해준다. 또한 우리가 현재 보이는 이 상황에 갇혀 있는 것이 아니라 이보다 더 많은 것들이 있다고 말해준다. 아마 그 모든 것 뒤에는 오래전에 계획된 하나의 목적이 있을지도 모른다.

덧붙이자면, 우리가 영적인 방법에 마음을 열면 종종 이 세상에는 우리가 알아야 할 것이 더 많이 있다고 설득당하기 시작한다. 그래서 영적인 접근법 외의 다른 방법들은 삶의 중요한 일면을 무시하는 것처럼 보일 수 있다.

어떤 치료사들은 주로 영적으로 기울어져 있다. 따라서 시작하기 전에 치료사가 추구하는 방식이 자신에게 적합한지 생각해봐야 한다. 아니면 성직자들, 영적 지도자들, 또는 종교나 영적 수행과 직접 관계하고 있는 사람을 찾아볼 수도 있다. 단, 그들에게 도움을 받기 전에 적절한 심리학 교육을 받았는지에 대해 자세히 알아보자.

◇ 민감한 사람들과 인지·행동 치료

중요한 문제는 앞의 네 가지 접근법이 매우 민감한 사람들에게 적합해야 하듯이 우리 각자에게 적합해야 한다는 점이다. 여기 몇 가지 알아볼 수 있는 방법들이 있다. 아마 매우 민감한 사람이라면 어느 시점에서 인지·행동 치료법이 필요할 수 있다. 2장에서 설명했듯이, 매우 민감한 사람들은 활성화 시스템과 멈춤 확인 시스템 사이의 대립을 관리하는 뇌의 시스템을 충분히 발전시키는 것이 바람직하다. 그러한 능력은 연습하면 누구든지 발전할 수 있는데, 인지·행동 치료법은 최고의 훈련장이 될 수 있다.

하지만 이것은 매우 이성적인 방법으로, 주로 매우 민감한 사람들을 어리석고 비합리적이라고 믿는 경향이 있는 민감하지 않은 사람들에 의해서 개발된다. 특히 우리가 그들이 제시하는 기준이나 목표에 도달하지 못하면 은근히 비난을 하고 긴장감을 더할 수 있다. 그들은 그러한 목표가 '정상'이라는 식으로 말하지만, 그것은 사실 천성을 무시하고 우리더러 그들 자신이나 대다수의 사람들처럼 되라는 것일 수 있다. 하지만 훌륭한 인지·행동 치료사는 개인적인 차이는 물론이고 모든 작업에서 자긍심과 자신감을 중요하게 생각한다.

또한 매우 민감한 사람들은 종종 표면적인 증상에 집중하기보다는 좀 더 내면적이고 직관적인 방법을 선호한다. 하지만 현실적이고 실용적인 방법에 대한 거부감 자체도 이러한 접근법을 시도해볼 만한 이유가 될 수 있다.

◇ 민감한 사람들과 상담 치료

상담 치료는 매우 민감한 사람들이 선호하며 또한 그 과정에서 많은 것을 배울 수 있다. 또한 우리의 직관력과 깊이를 발견할 수 있으며, 가까운 사람들과 좀 더 잘 지내게 된다. 상담 치료를 통해 우리의 무의식은 더 이상 문제의 근원이 아닌 협력자가 된다.

단점은 치료가 너무 오래 걸릴 수 있다는 것이다. 하지만 훌륭한 심리 치료사는 준비가 되면 혼자서 내면 작업을 하라고 권할 것이다. 매우 민감한 사람들은 이러한 종류의 심리 치료를 이용해서 세상을 회피하려고 할 수도 있지만, 훌륭한 심리 치료사는 그것 역시 허락하지 않는다.

흔히 환자가 심리 치료사에게 강하게 끌리는 경향이 있는데, 그것을 긍정적 또는 이상화 전이라고 부른다. 특히 매우 민감한 사람들이 이런 경향이 강해서 치료가 더 오래 걸리고 거의 떠나지 못하는 상황이 생기기도 한다.

치료사에 대한 강하고 긍정적인 전이나 애착은 어떤 치료법에서도 일어날 수 있으므로 좀 더 설명을 하겠다. 전이가 반드시 긍정적인 것만은 아니다. 그것은 우리의 삶에서 중요한 사람들에게 한때 느꼈던 억압된 감정, 말하자면 분노, 두려움 등을 전가시키는 것이다. 하지만 대부분은 치료사에 대한 감사, 도움을 받을 수 있다는 희망, 또는 다른 모든 감정들이 한 가지 목표로 대치되면서 증가하는 긍정적인 감정들이 지배적이다.

강한 긍정적 전이에는 많은 이점이 있다. 치료사처럼 되려고 하거나 그의 마음에 들고 싶어 하면서 다른 경우라면 시도해보지 않았을 방식을 사용하여 변화할 수 있다. 또한 치료사가 어머니, 연인, 또는 평생의 친구가 될 수 없다는 쓰라린 현실을 마주하고 그것을 처리하는 법을 배우기도 한다. 또한 그가 완벽한 사람으로 보이고, 함께 있으면 천국처럼 느껴지는 진짜 원인을 깨달음으로써 그러한 강한 감정들을 보다 적절한 방향으로 유도하는 방법에 대해 생각할 수 있다. 마지막으로, 좋아하는 누군가에게 도움을 받고 함께할 수 있다는 것은 좋은 일이다.

그런데 이러한 전이가 이루어질 수 없는 연애 감정으로 발전할 수 있다. 또한 당신의 치료사가 그렇다면 그것은 비윤리적이다. 당신은 사람을 잘못 만나고 있으므로 그 상황에서 혼자 빠져나올 수 없다면 전문적인 도움을 받아야 한다. 그런 경우에 그것은 예기치 못한 힘든 경험이 될 수 있다. 강한 전이는 우리의 자긍심을 떨어뜨리므로, 완전히 의존적이 되고 위축된다. 만일 전이로 인해 치료가 지연된다면 경제적으로도 손해이다.

매우 민감한 사람들이 전이를 더 강하게 경험할 가능성이 높은 이유에는 여러 가지가 있다. 첫째, 자아가 할 수 없거나 할 생각이 없는 커다란 변화를 무의식이 원할 때 전이가 더 강해진다. 매우 민감한 사람들은 종종 세상과의 접촉을 조절하기 위해서나 사회적 편견에서 해방되기 위해, 또는 단지 그들의 인격과 좀 더 화해하기 위해 커다란 변화를 필요로 한다. 둘째, 7장에서 설명한 것처럼 심리 치료는 사람들을 사랑에 빠지게 만들고, 매우 민감한 사람들은 더 깊이 빠지게 되는 모든 요인들을 갖추고 있다. 당신이 선택하는 치료사는 분명 훌륭하고 현명하며 유능하게 보일 것이다. 그가 당신을 좋아하는 것처럼 느껴질 수도 있다. 하지만 아무도 귀 기울여 주지 않거나 생각조차 하기 두려운 모든 것들을 함께 나누는 그런 상황은 매우 자극적이 될 수 있다는 것을 잊지 말자.

강한 전이를 피하기 위해 치료를 받지 말라고 하는 것은 아니다. 실제로 강한 전이를 느끼는 자체만으로도 치료가 필요하다는 증거가 된다. 그리고 유능한 치료사의 손에서 전이는 변화를 위한 훌륭한 원동력이 된다. 하지만 치료사에게 느낄 수 있는 전이를 경계해야 한다. 적어도 그에게서 우리가 받을 수 있는 모든 도움을 받을 때까지는 말이다.

◇ 민감한 사람들과 물리 치료

매우 민감한 사람들은 특히 심신 조절이 안 되는 상태를 멈추게 할 때 물리치료로 효과를 볼 수 있다. 잠을 자지 못하고 피곤하고 우울하거나 불안할 때가 있다. 그러한 악순환이 계속되는 원인은 매우 다양하다. 나는 바이러스, 사업 실패, 가까운 친구의 죽음에 의한 우울증이나 심리 치료에서 고통스러운 문제를 접하게 되었을 때 물리적인 해결책인 약물 치료가 도움이 되는 경우를 보아왔다. 우리의 몸이 안정되기 전에는 생각이 달라지지 못하기 때문에 물리적으로 그 고리를 끊어버리는 것이 합리적이다.

하지만 잠시 골치 아픈 문제들을 잊고 열대지방으로 휴가를 다녀온 후 악순환에서 벗어난 사람도 있었다. 여행에서 돌아오면 문제점들을 새로운 관점에서 바라보게 된 것이다. 반대로 여행을 끝내고 집으로 돌아와서야 불안감에서 벗어나기도 한다. 이때 필요한 것은 자극을 줄이는 일이다. 우리의 직관은 정신을 변화시키기 위해 정확하게 신체적으로 무엇이 필요한지 알려주는 훌륭한 안내자가 될 수 있다.

더불어 세심한 영양 관리로 효과를 볼 수도 있다. 모든 인간은 필요한 영양와 피해야 하는 음식이 크게 다르며, 매우 민감한 사람들은 특히 더 그렇다. 만일 만성적으로 긴장하는 사람이라면 긴장을 완화시켜주는 영양소가 좀 더 필요할 것이다. 식욕이 없거나 소화가 안 돼서 먹는 음식에서 필요한 영양를 섭취하지 못할 수도 있다. 따라서 우리에게는 특히 영양 섭취에 관한 정보가 필요하다. 우리는 배가 고플 때 금방 기진맥진해지는 경향이 있다. 따라서 아무리 바쁘고 정신이 없어도 규칙적으로 식사를 해야 한다. 섭식 장애는 분명 심각한 문제가 될 수 있는데, 바로잡기 위한 방법에는 여러 가지가 있다.

또한 생식 호르몬 수준의 변화도 매우 민감한 사람일수록 좀 더 영향을 받는 듯하다. 갑상선호르몬 역시 마찬가지다. 이 모든 시스템들은 서로 연결되어 있어서 코르티솔과 뇌의 신경전달물질 분비에 급격한 영향을 미친다. 예를 들어, 한동안 기분이 좋았다가도 금방 모든 것이 비관적으로 느껴지는 까닭 모를 감정의 기복은 호르몬 때문일 수 있다. 에너지나 정신 집중의 변화도 마찬가지다.

약물 치료에서 마사지까지 어떤 물리치료를 받더라도 자신이 매우 민감하다는 사실을 기억하자. 약물 치료를 받게 되면 가장 적은 양에서 시작하자고 부탁하고 치료사와 민감한 특성에 대해 미리 상의하도록 하자. 그러면 우리 같은 사람들을 경험해본 치료사를 소개시켜줄지도 모른다.

심리 치료사와 마찬가지로 물리치료사에게도 강한 전이를 조심하자. 특히 심리적 문제로 물리치료를 받을 때는 더욱 경계해야 한다. 이런 경우는 사실, 적어도 매우 민감한 사람들에게는 현명한 방법이 아닐 수 있다. 안기고, 위로받고, 이해받고 싶다는 갈망은 대화나 접촉을 통해 만족될 수 있다. 같은 사람으로부터 그 두 가지를 한꺼번에 받으면 매우 혼란스럽고 당황하게 될지도 모른다. 만일 치료사에게 심신을 모두 맡겨야 한다면 특히 그 사람의 자격과 신원을 조사해보아야 한다. 물리요법뿐 아니라 다년간 상담심리학을 공부한 사람이어야 한다.

◇ 민감한 사람들과 영적 치료

매우 민감한 사람들은 대부분 종종 영적인 접근법에 끌린다. 내가 면담한 사람들 가운데 내면의 치유 작업을 필요로 한 사람들은 거의 모두 영적인 접근법을 시도해본 경험이 있었다. 매우 민감한 사람들이 영적인 방법에 이끌리는 한 가지 이유는 내면을 들여다보는 경향이 있기 때문이다. 또 다른 이유는 다른 시각, 즉 초월·사랑·믿음으로 사물을 바라보면서 긴장을 풀 수 있다면 힘든 상황에서 벗어날 수 있으리라고 생각하기 때문이다. 대부분의 영적 수행은 정확하게 그런 종류의 시각에 도달하는 것을 목적으로 하고 있다. 그리고 우리 중에는 실제로 영적인 경험을 하는 사람들이 많다.

하지만 영적 접근에만 몰두할 때 특히 불리하거나 위험한 점들이 있다. 첫째, 사람들과 어울리고 자신의 육체와 사고와 감정을 이해하는 법을 배울 수 있는 다른 교훈들로부터 멀어질 수 있다. 둘째, 영적 교사에게 긍정적 전이가 일어날 수 있는데, 종종 그 사람들은 우리가 영적 교사를 이상화하는 감정을 극복하고 성숙할 수 있도록 도와주지 못한다. 오히려 그런 감정을 조장하기도 한다. 왜냐하면 그들이 하는 말에 무조건 따를 준비가 되어 있기 때문이다. 그리고 그들은 그것이 우리에게 좋다고 믿는다. 단지 '사이비 교주'만을 말하는 것이 아니다. 주류 교회의 훌륭한 성직자들에게도 역시 지나치게 이상화하는 감정을 느낄 수 있고, 마찬가지로 그런 감정이 빗나갈 수 있다. 셋째, 대부분의 영적 구도는 이기심과 자아와 개인적인 욕망을 희생할 필요가 있다고 말한다. 신이나 지도자에게 완전히 헌신하는 사람들도 있다. 나 자신도 우리가 살면서 자아를 희생해야 할 때가 있다고 생각한다. 자아의 욕망은 고통의 근원이며, 고통스러운 과거를 되돌아보고 현재에 전념하지 못하게 하며, 개인을 초월하지 못하게 가로막는다고 하는 동양의 관점에는 분명 진리가 있다.

하지만 나는 많은 매우 민감한 사람들이 그들의 자아를 너무 빨리 포기하는 것을 보아왔다. 만일 자신의 자아가 별 가치가 없다고 생각된다면 그럴 수도 있을 것이다. 그리고 진정으로 자아를 포기하고 영적으로 빛나는 사람을 보면 그렇게 되고 싶어진다. 하지만 카리스마적인 능력은 확실하지 않다. 단지 보기 드물게 평온하고 스트레스에서 벗어나 있으며 절제된 생활 방식을 취하고 있는 것일 수도 있다. 영적으로는 성자처럼 빛나지만 심리적으로나 사회적으로, 때로는 도덕적으로 엉망일 수도 있다. 마치 등잔 밑이 어둡듯이.

진정한 구원이나 깨달음을 이 세상에서 얻을 수 있다면 그것은 힘든 개인적인 문제를 회피하지 않는 노력을 통해서 가능할 것이다. 그리고 매우 민감한 사람들에게 무엇보다 필요한 일은 세상을 부정하지 않고 밖에 나가서 함께 어울리는 것이다.

◇ 심리 치료의 효과

만일 치료를 필요로 하는 심각한 정신적 외상이나 어린 시절에 받은 상처가 없다면 이 책에서 제공하는 지식만으로도 어떤 도움이 필요한지 판단할 수 있을 것이다. 하지만 심리 치료의 목적이 반드시 문제를 고치거나 증상을 완화시키기 위한 것만은 아니다. 지혜와 통찰력을 얻고 무의식과 교류하는 법을 배우는 과정이 될 수 있다. 물론 책, 세미나, 대화 같은 다른 수단을 이용해서도 얼마든지 내면 작업에 대해 배울 수 있다. 많은 훌륭한 심리 치료사들이 책을 저술하고 강의를 하고 있다. 하지만 특히 예민한 마음과 직관 그리고 내면세계를 가진 사람들은 심리 치료를 통해 많은 도움을 받을 수 있다. 심리 치료는 그러한 특성들을 인정해주고 더욱 빛나게 해준다. 이러한 소중한 부분들이 발전할 때 심리 치료는 더할 나위 없이 유익하고 신성한 공간이 된다.

내가 매우 민감한 사람들에게 가장 많이 권하는 심리 치료의 형태는 카를 융의 방식과 의도를 따르는 융 학파의 심리 치료 또는 융의 분석법이다. 만일 어떤 유년기 상처를 해결해야 한다면, 반드시 이 분야의 훈련을 받은 사람을 찾아야 한다. 융의 방식은 프로이트 정신분석이나 대상관계(이론성장 과정에서 나타나는 대인 관계의 추구와 성격 형성 과정을 중심으로 한 연구-옮긴이) 같은 모든 '심층 심리학'이 그렇듯이 무의식을 강조한다. 그리고 무의식이 우리를 어딘가로 안내하고 자아 너머로 의식을 확대하려고 한다고 이해함으로써 영적인 차원까지 포함한다. 그 메시지는 꿈, 증상, 또는 우리의 자아가 문제라고 생각하는 행동으로 나타나고 있다. 우리는 단지 주의를 기울이기만 하면 된다.

융 학파의 치료 또는 분석법의 목적은 첫째, 우리가 두려워하거나 거부해온 자료를 담아서 안전하게 검사해볼 수 있는 용기를 제공하는 것이다. 심리 치료사는 황야에서의 경험 많은 안내자 같은 역할을 한다. 둘째, 그 황야에서 내담자가 편안하게 느낄 수 있도록 해준다. 융 학파는 치료법을 찾는 것이 아니라 우리로 하여금 평생 동안 내면과의 대화를 통해 개성화 과정에 임하도록 한다. 매우 민감한 사람들은 무의식과 매우 가까이 있고, 생생한 꿈을 꾸며, 상상과 영성에 강하게 끌리기 때문에 그러한 면을 잘 활용하면 크게 성숙할 수 있다. 어떤 점에서 융의 심층 작업은 오늘날의 왕실 고문 계급을 위한 기초 훈련인 셈이다.

융 학파 훈련 기관에서 공부한 분석가를 만나면 '융의 분석'에 들어간다. 보통 분석가들은 이미 유능한 심리 치료사들로서 여러 가지 적절한 방법들을 사용하기도 하지만, 분명 융의 방법을 선호한다. 그들은 아마 일주일에 두 차례씩 몇 년에 걸쳐서 함께 작업하기를 바랄 것이다. 그리고 특별 훈련을 받았기 때문에 값이 더 비싸다. 또한 분석가는 아니지만 융 학파 심리 치료사를 만날 수도 있다. 하지만 '융 방식'이라는 것이 어떤 훈련을 받았다는 의미인지 물어보기 바란다. 폭넓은 독서와 수업, 견습, 그리고 오랫동안 개인 분석을 해온 사람이 바람직하다. 특히 개인 분석이 중요하다.

일부 융 학파 훈련 기관을 찾아가서 아직 공부를 하고 있는 '분석가 후보생' 또는 '심리 치료사 인턴'을 만나면 가격이 저렴하다. 그들은 유능하고 열성적이므로 우리로서는 유리한 거래인 셈이다. 한 가지 문제점이라면 융 학파의 방법은 서로 궁합이 잘 맞아야 하는데 그런 짝을 만나기가 쉽지 않다는 것이다.

주의할 점은, 구식 성 관념이나 동성애 혐오증을 가진 융 학파를 경계하는 것이다. 대부분의 융 학파는 융이 살던 빅토리아 시대의 스위스보다는 동시대 문화에 적합한 사고방식을 갖고 있다. 그들은 독립적으로 생각하도록 배운다. 융 자신도 한때 말했다. "내가 융 학파가 아니라 융이라는 것이 얼마나 다행인가." 하지만 성별과 성적 취향에 대한 융의 이론을 고지식하게 따르는 사람들도 있다.

첫째, 자기중심적인 심리 치료사의 비위를 맞추면서 참고 견딜 필요는 없다. 심리 치료사는 그릇이 충분히 커서 우리가 끊임없이 그 그릇의 자아와 부딪히지 않아야 한다. 둘째, 처음 몇 번 상담을 하는 동안 심리 치료사가 보이는 강한 개인적인 관심(대부분의 훌륭한 치료사들에게서 볼 수 있는)에 너무 미혹되지 마라. 시간을 갖고 스스로에게 충실해라. 일단 과정이 시작되면 심리 치료가 어려운 작업이 될 것이며, 항상 즐겁지만은 않다는 것을 알아야 한다. 강한 전이뿐 아니라 무의식에 말을 걸 때 억압되어 있다가 풀려나오는, 설명할 수 없는 힘들이 있다.

때로 심리 치료가 안전한 그릇이 아니라 끓어오르는 가마솥처럼 너무 강렬하고 자극적일 수 있다. 만일 그렇다면 심리 치료사와 그것을 조절하는 법을 상의해야 한다. 아마 휴식을 취하거나 얼마 동안 좀 더 편안하고 표면적인 상담을 해야 할 필요가 있을지도 모른다. 휴식은 과정을 늦추는 것처럼 보여도 사실은 속도를 높여주기도 한다.

넓은 의미로 보면, 심리 치료는 지혜와 완전함으로 향해 가는 길이라고 말할 수 있다. 만일 힘든 유년기를 보낸 사람이라면 반드시 이 길을 걸어야 한다. 특히 심층 작업은 매우 민감한 사람들을 위한 운동장이 될 수 있다. 거기서 길을 잃는 것 같은 느낌이 들지도 모르지만, 매우 민감한 사람들에게는 마음 놓고 자신을 표현할 수 있는 자리가 된다.

나의 민감함 다시 보기 8

유년기에 받은 상처에 대한 평가

당신이 충분히 행복하고 무난한 유년기를 보냈다면, 이미 유년기 문제를 해결하고 현재에 만족하고 있다면 이 평가를 생략해도 좋다. 아니면 읽으면서 당신의 행운에 감사하고 다른 사람들에 대한 동정심을 키우자.

나머지 사람들은 이 작업이 혼란스러울 수 있다. 아직 과거를 들추어낼 준비가 되지 않았다고 생각되면 넘어가자. 당장은 못 느끼지만 이후 충격이 있을 수도 있다. 앞에서와 마찬가지로 만일 감당할 수 없을 정도로 고통스러우면 심리 치료를 받는 방법을 생각해보자.

다음 목록 중 자신에게 해당되는 사항에 체크를 하자. 그리고 태어나서 처음 5년 이내에 일어난 일에는 별 하나, 2년 이내에 일어난 일에는 별 두 개를 표시한다. 만일 오랫동안 지속된 상황이라면 별 표시에 동그라미를 친다. 그 사건이 당신의 전 생애를 지배해왔다고 생각되면 마찬가지로 동그라미를 친다. 이렇게 표시를 해보면 점수를 매기지 않아도 당신에게 가장 큰 문제가 무엇인지 알 수 있다.

□ 부모가 나의 민감성을 달가워하지 않았고 제대로 대처하지 못했다.

□ 나는 분명 원치 않는 아이였다.

- ☐ 부모가 아닌 여러 보호자나 친지들에 의해 키워졌다.
- ☐ 부모가 나를 너무 과보호했다.
- ☐ 참기 어려운 두려운 일들을 억지로 해야 했다.
- ☐ 부모는 내가 육체적으로나 정신적으로 기본적인 결함이 있다고 생각했다.
- ☐ 부모, 형제, 이웃, 학교 친구 등에 의해 억압을 받았다.
- ☐ 성적인 학대를 당했다.
- ☐ 신체적인 학대를 당했다.
- ☐ 언어폭력을 당했다. 비웃음을 당하고, 놀림거리가 되고, 큰 소리를 듣고, 끊임없이 야단을 맞았다. 또는 가까운 사람들의 눈에 비친 나의 이미지가 매우 부정적이었다.
- ☐ 관심을 받지 못했거나, 특별히 아주 잘했을 때만 관심을 받았다.
- ☐ 부모나 가까운 사람이 알코올중독이나 마약중독 또는 정신병을 갖고 있었다.
- ☐ 오랫동안 몸이 아팠거나, 장애를 입었거나, 부모가 무기력했다.
- ☐ 내가 부모를 육체적으로나 정신적으로 보살펴야 했다.
- ☐ 정신과 의사가 보기에 우리 부모는 자기중심적이고 가학적이며, 어떤 식으로든 함께 살기가 매우 어려운 상대라고 판단될 정도였다.
- ☐ 학교에서나 이웃에서 멸시와 놀림을 받았다.
- ☐ 학대 이외의 다른 유년기 충격을 받았다.(중증 또는 만성적인 질병, 부상, 장애, 가난, 자연재해, 부모의 실직 등)
- ☐ 사회적인 편견에 의해 열등한 취급을 받았다.
- ☐ 내 힘으로는 도저히 어쩔 수 없었던 생활의 큰 변화가 있었다.(이주, 사별, 이혼 등)

- ☐ 내가 잘못했다고 느끼는 것에 대해 강한 죄의식을 느꼈고, 누구와도 의논할 수 없었다.
- ☐ 죽고 싶었다.
- ☐ 아버지가 떠났고(사별이나 이혼 등으로) 나의 양육에 관여하지 않았다.
- ☐ 어머니가 떠났고(사별이나 이혼 등으로) 나의 양육에 관여하지 않았다.
- ☐ 앞의 두 경우에서 부모가 나를 일부러 방치하거나 거부했고, 또는 내 잘못으로 부모를 잃었다.
- ☐ 가까운 가족이 죽거나 어떤 식으로든지 나를 떠났다.
- ☐ 부모가 끊임없이 싸우거나 이혼했거나 내 문제로 싸웠다.
- ☐ 10대에 문제아였거나 자살 기도를 했거나 알코올이나 마약을 복용했다.
- ☐ 10대에 반항적이었다.

이제 다 했으면 체크한 곳과 별 표시와 동그라미를 살펴보자. 만일 그 수가 별로 많지 않다면 감사하는 마음을 갖자. 몇 개 정도 있다면 아마 깊은 상처나 손상을 안겨준 고통이나 두려움이 되살아날 것이다. 당신의 과거를 눈앞에 그려보자. 그 다음에는 그러한 부정적인 사건들을 상쇄시켜주는 일들과 당신을 도와주는 모든 사람들 그리고 당신이 가진 최고의 특성, 재능, 업적에 초점을 맞추어 생각해보자. 그리고 잠시 동안 그 모든 것을 꿋꿋하게 견디고 열심히 살아온 당신 자신을 칭찬해주자. 마지막으로 이제부터 당신에게 필요한 것이 무엇인지 생각해보자.

옮 긴 이
노혜숙

이화여자대학교 수학과를 졸업하고, 서강대학교 대학원 철학과를 수료했다. 현재 전문 번역가로 활동하고 있다. 옮긴 책으로《너무 일찍 나이 들어버린, 너무 늦게 깨달아버린》,《베이비 위스퍼 골드》,《완벽의 추구》,《해피어》 등이 있다.

타인보다 더 민감한 사람

초판 1쇄 발행 2011년 4월 22일
개정판 1쇄 발행 2017년 2월 23일
개정판 14쇄 발행 2024년 6월 24일

지은이 일레인 N. 아론 **옮긴이** 노혜숙

발행인 이봉주 **단행본사업본부장** 신동해
편집장 김경림 **표지디자인** [★]규
마케팅 최혜진 이은미 **홍보** 반여진 허지호 송임선
국제업무 김은정 김지민 **제작** 정석훈

브랜드 웅진지식하우스
주소 경기도 파주시 회동길 20
문의전화 031-956-7366(편집) 02-3670-1123(마케팅)
홈페이지 www.wjbooks.co.kr
인스타그램 www.instagram.com/woongjin_readers
페이스북 https://www.facebook.com/woongjinreaders
블로그 blog.naver.com/wj_booking

발행처 ㈜웅진씽크빅
출판신고 1980년 3월 29일 제406-2007-000046호

한국어판 출판권 ⓒ 웅진씽크빅, 2017

ISBN 978-89-01-21503-7 03180

웅진지식하우스는 ㈜웅진씽크빅 단행본사업본부의 브랜드입니다.
이 책의 한국어판 저작권은 Imprima Korea Agency를 통해
KENSINGTON PUBLISHING CORP와의 독점계약으로 웅진씽크빅에 있습니다.
저작권법에 의해 한국 내에서 보호를 받는 저작물이므로 무단전재와 무단복제를 금합니다.

• 책값은 뒤표지에 있습니다.
• 잘못된 책은 바꾸어 드립니다.